以课领训

乡村教师培训有效路径研究

胡来宝　著

中国科学技术大学出版社

内 容 简 介

2021年是"国培计划"实施的第十年,伴随"国培计划"成长的不仅有乡村教师,还有乡村教师培训工作者。祁门县教师进修学校秉承坚守之信念,以课题为抓手,探究形成了一整套适合山区农村乡村教师专业发展的培训成功经验。"以课领训"就是众多模式中的一种。本书围绕中小学教师培训建构乡村教师专业常态化发展为研究内容,着重记录了县级教师培训工作者在推动乡村教师专业发展中形成的理论成果、典型案例、实践课例和调研报告。本书适合教师培训者以及关心乡村教师发展的各界人士阅读。

图书在版编目(CIP)数据

以课领训:乡村教师培训有效路径研究/胡来宝编著. —合肥:中国科学技术大学出版社,2022.5

ISBN 978-7-312-02598-3

Ⅰ.以… Ⅱ.胡… Ⅲ.农村学校—中小学—师资培养—研究—中国 Ⅳ.G635.12

中国版本图书馆 CIP 数据核字(2022)第 072746 号

以课领训:乡村教师培训有效路径研究
YI KE LING XUN:XIANGCUN JIAOSHI PEIXUN YOUXIAO LUJING YANJIU

出版	中国科学技术大学出版社 安徽省合肥市金寨路96号,230026 http://www.press.ustc.edu.cn https://zgkxjsdxcbs.tmall.com
印刷	安徽国文彩印有限公司
发行	中国科学技术大学出版社
开本	710 mm×1000 mm 1/16
印张	15.25
字数	298千
版次	2022年5月第1版
印次	2022年5月第1次印刷
定价	46.00元

序

如果说教育是国家发展的基石,那么教师则是名副其实的奠基者。对于祁门县教师进修学校——一所皖南山区小县城的教师培训(以下简称"师训")机构而言,为教师服务,为教育奠基,是一次只有起点没有终点的跋涉。

一群人,一种精神;一堂课,一个梦想;一次培训,注入一股力量(一个故事)。说起教师培训,"一栋老房子,一群老头子,一套老法子"也许是最为形象不过的描述和概括了。"提高教育质量:我们能为教师做些什么?""如何改变乡村教师对培训的晕轮效应?"2007年以来,祁门胡来宝带着责任与问题踏上了"让教师学习真实发生"的培训变革之旅。由于受山区点多面广等诸多因素影响,教师专业发展长期处在"自然"发展、"靠天收"的状态,加之培训长期在"机构敷衍、教师应付"的"双负面效应"下徘徊,特别是"上面讲、下边听"的培训学习方式从内容到过程极大的随意性和任务性,导致在培训学习中分析问题的思维和角度出现偏差,有的甚至丧失了真实的自我,以至于教师对培训颇有微词,甚至潜意识中抵触培训,拒绝学习。胡来宝带领祁门县教师进修学校秉承坚守之信念,以课题为抓手,探究形成了一整套适合山区乡村教师专业发展的培训成功经验。"以课领训"就是众多模式中的一种。该县在国培计划改革区县整体推进项目试点"送培送训"中,"以课领训"模式不断得以改进和完善,形成了持续不断的再造模式,把培训从"教师培训"引向"教师学习",构建了教师学习"生态圈",不仅有效地促进了乡村教师的专业发展和生命活力,更加有效地实现了乡村教师专业发展常态化这一目标。"既有真实课堂情境,又有理论高度,'以课领训'可以说解决了乡村教师的实际问题。"学员们反馈评价说,专家来自身边,不再是居高临下的指导,更多的是同在共行的建构和陪伴,是结合课堂实例、可操作的实践方法的指导。"把培训做到教师课堂,基于真实的课堂教学情境,既有名师专业对话,更有教师主体参与。"以课领训让教师培训学习从"形式化""随意化"走向了"主题化""专业化"。

培训过程中,祁门师训遇到不少现实困难:参培学员来自于全县各地,有城区的、有中心校的、有乡村的,从20多岁到50多岁不等,层次不一、学历不等、年龄差异大。因此,找准"需求"是关键,课程开发是重点。教学是艺术,培训不是万能的。以课领训每次突出一个主题,从训前问题聚焦,到训中任务驱动,再到训后行为跟进,力求一次主题培训,实现教师该主题上的深度思考和专业触动与发展。

进入新时代,党和国家将教育上升为党之大计、国之大计,教师作为教育的第一资源,教育要发展,关键是要发展和提升师资。组织高质量培训,使教师静心钻研教学,切实提升教学水平。"好老师"需要"好培训"。西北师范大学的李瑾瑜教师曾指出:"'好老师'需要的'好培训'应该是技术工具理性与人文情意取向相结合的培训。"以课领训遵循"行是知之始",以培训者之"无为",成教师之"有得",促师训之"作为"。胡来宝又和他的同伴们不断拓展"以课领训"中"课"的内涵、"训"的外延,从课堂发展到课标、课题、课业,最终实现课程的建构。新的模式基于真实情境,借助互联和培训现场创设学习场,孕育在场感,锻造话语权,创生新思维。在"场"中改变教师思维习惯,帮助教师形成持续、长久的培训文化力。教师学习最重要的一定是"在场","在场"之所以重要是因为其灵魂在场。生命以什么样的状态在场? 培训就是帮助教师建构主体参与的教育教学多元化的"话语体系"和"思维体系",教师学习只有在不断参与中获得存在和认同,方能激发起内在的渴望和需求。通过提升教师在场学习力唤醒教师潜在自主学习意识与能力,帮助形成推动教师持续、长久学习的动力,这是培训的根本目标。训,通过培训效果的显性化提高教师在场的学力,推动思维的发展、灵性的生长,这是培训的核心;激发学习的活力,培育学习的激情,激活生命成长的动力,这是培训的价值所在。培训活动通过"在场",营造"引力场""思维场""情感场",最终成就教师专业的"生命发展场"。

以课领训,承载着一位乡村教师培训工作者和他所在区域内教师专业成长与发展的历程。他用"以课领训"成就着参加培训的教师学员,也成长着自己和同行。一个合格的师训工作者,首先需要的是对教师培训富有深厚的职业情感。教师培训要求师训工作者要对培训充满感情、热情、激情。教师培训是要帮助教师把教育观念、教学思想转化成一种坚定的信念,师训工作者自己则必须对教育工作有坚定的信念。信念源自于情感。一个有职业情感的师训工作者,一定是一个对教育工作充满感情、激情和热情的人。只有对教育充满感情、激情和热情的人,才有可能去接受教师培训工作,热爱教师培训工作,并愿意为教师培训工作默默地努力和付出。什么是教师培训? 教师培训就应该是"他站在哪,哪就是教师培训。"这里不仅有师训工作者来自内心的对教师职业的"认同",更有职业的内化,它是职业情感的基础,是职业道德形成的前提。没有了职业的"认同",就谈不上职业情感的提升、职业道德的完善。当你拥有深厚的职业情感时,你去做这份工作,哪怕只是做与其相关的工作的时候,一定会是主动的、积极的,甚至是有点兴奋的。深入细心地观察,冷静理智地思考,虔诚执着地探求,坚持不懈地努力,这就是教师培训者特有的职业情感。

培训,永远给不了教师解决问题的标准答案,但一定要能给教师一个解决问题的方法和思路。一个好的教师培训工作者一定会是一个能用心去理解和帮助教师的人,也是善于用积极的思维方式和多种可能性的建议成就教师的人,更是能用自己的智慧去用心唤醒和焕发老师的学习愿望与学习潜能的人,一定是善于用自己的智慧引发教师内心共鸣的人。只有令他感动、激动的东西,才有可能成为引发教师主动发展的动力!

宋冬生

目 录

序 ·· (i)

理 论 成 果

关于建构参与式有效培训的思考 ································ (003)

"以课领训"——参与式培训模式的建构 ······················· (005)

"以课领训"——立足课堂,注重引领,突出提升 ················ (009)

"以课领训"——推进教师培训生成性资源建设 ················· (011)

基于教师培训主体性实践的话语共同体建构 ····················· (019)

基于教师主体性实践的微培训应用 ······························· (024)

"以课领训"——农村山区县域内教师一体化有效培训模式 ······ (027)

教师培训主体性实践探究——培训,让教师动起来! ·············· (033)

微课在中小学教师培训课堂中的应用 ···························· (041)

"以课领训"——夯实教师培训主体性实践 ······················ (047)

乡村教师培训学习的有效支持方式——"以课领训"模式的再造 ······ (052)

"以课领训"建构区域内教师专业——发展常态化培训学习"生态圈" ······ (062)

"以课领训"——用培训文化引领和推动教师专业持续发展 ······· (072)

基于"以课领训"的教师思维型学习模式建构 ····················· (080)

基于"以课领训"的在场学习力——提升培训效果显性化创新实践 ······ (093)

提升教师在场学习力 孕育教育培训文化力——基于教师主体参与式学习的"以课领训"再造 ····················· (103)

典 型 案 例

基于"以课领训"的乡村教师专业常态化发展"生态圈"模式 ············· (115)

参与式有效教师培训模式创新探究——安徽省基础教育课程改革教育教学成果报告 ……………………………………………………………… (129)

县域内教师教育培训体系创新探究——安徽省第九届优秀教育科研成果报告 …………………………………………………………………… (138)

"送培送训"模式创新——"以课领训" ……………………………… (152)

基于培训效果显性化的在场学习力提升送训模式 ………………… (155)

基于网域的效果显性化在场学习力提升 …………………………… (160)

基于主体参与的"以课领训"再造创建学习场提升学习力 ………… (176)

实 践 课 例

初中语文"有效学习评价"专题"以课领训"研修活动方案 ………… (183)

初中语文"有效教学研究"专题"以课领训"研修活动方案 ………… (191)

初中语文"学习效果显性化"专题"以课领训"研修活动方案 ……… (196)

调 研 报 告

农村中小学教师培训现状调研暨建构参与式有效培训模式的尝试与构想 … (203)

农村山区村小教学点教育的现状及出路——村小教学点教师培训调研及思考 …………………………………………………………… (213)

村小教学点教师专业发展现状及对策——以皖南山区为例 ……… (220)

深化改革底部攻坚 推进均衡聚力乡村——2015年"国培计划"乡村复式教学教师专业发展调研报告 ……………………………… (225)

后记 ………………………………………………………………… (234)

理论成果

关于建构参与式有效培训的思考[①]

构建"有效教师培训"是2009年某次国培项目的研修主题,当前参与式培训正是广大培训者积极探索和追求的。通过这次国培学习,我对如何构建"有效教师培训"有了进一步的认识和思考。

首先,要为构建参与式有效培训奠定基础。作为培训的组织者和实施部门,每次开展培训前都要确立好"相对一致"的培训对象,对象的多元化必然会带来"有效性"程度的多元化。

其次,要为构建参与式有效培训创设情境。在确立培训对象后,对培训对象要进行充分的问题调研、分析,以聚焦问题为原则,确立课程设置,满足培训需求,解决培训问题。

再次,要为构建参与式有效培训寻找切点。切实在培训过程中解决好理论与实践"两张皮"的问题,主讲教师不仅要有理论研究水平,同时还应有一定的一线实践研究经验。

第四,要为构建参与式有效培训创建平台。主讲教师在培训内容的安排和环节的设计上,要尽可能充分考虑到学员有机会参与、能参与、愿意参与,案例的选择要尽可能贴近参训学员的实际,精彩纷呈固然好,平淡朴实更有效。

第五,要为构建参与或有效培训营造氛围。在实施培训的过程中,无论是心灵对话还是激情感染或案例引领互动,培训者都要善于积极营造能与参训者相互交流、共同思考、共同探究、共同达成的学习氛围,让学员在学习的过程中建构起自己的教学理念、教学思路,形成自己的教学模式。

---

① 本文刊登在2019年12月的《东师国培简报》上,有删改。

只有建立起教师需要的培训,才能建立起有效的教师培训。目前有不少培训在过去单一的主讲模式后增加交流环节,给培训戴上"参与式"的帽子,认为就实现了"有效培训"。参与式有效培训应是一种全新的、能满足学员需求,更能让学员在全面参与的过程中分享理论收获和获得能力提升的快乐的过程。

"以课领训"
——参与式培训模式的建构[①]

培训追求有效:让教师用较少的时间得到较大的收获
培训突出实用:用理论实例引领激励,用问题交流启发

当前教师培训领域里最普遍的话题是转变培训方式,提高培训的针对性和实效性。一直以来,教师培训的成效不显著固然有多方面的原因,但笔者认为,在教师培训教学中,教学理论与课堂实践的分离是导致针对性不强、实效性不突出的重要因素。近几年我们在坚持"以课题为抓手",积极探寻促进农村中小学教师专业成长与发展的路径,始终以建构教师有效参与式学习培训模式为突破口,在完成了"新课程背景下农村中小学教师专业发展有效途径探究"的省级课题研究之后,于 2009 年又完成了"建构有效参与式教师培训模式探究"这一市级课题的申报立项工作。该课题以"建立以受训者为中心"的全新的中小学教师学习模式,针对如何促进教师专业自主发展的有效性和针对性开展研究,通过近三年的实践摸索,先后成功建构了"小班化、参与式""带着做""问题研讨""以研强训"和"以卷推训"等积极有效地教师参与式培训模式。同时,在建构"以课领训"参与式学习模式的研究与实践中也取得了一些新成效。

一、理论的提出

建构主义等现代学习理论表达了一个立场——学习是学习者个体的自主行为;有意义的学习是一种知识结构和能力结构的顺应、同化、平衡。学习强调真实情景、自主建构和能力本位,由此产生了自主、合作、探究和体验式学习方

[①] 本文刊登在 2011 年第 12 期《教学理论与实践》上,有删改。

式。基于新课程改革的理念指导,这就要求我们培训者在整个教师培训的过程中能置参与者于现场真实感中,寻找和发现角色认同,真正实现情感体验、情理交融,并从中感染领悟、震撼心灵,实现提升。要实现这一目标,"以课领训"无疑是当前教师学习的有效模式之一。

所谓"以课领训",源于"以课代训",但与"以课代训"又有着本质的不同。以课代训,仅仅是让优秀教师通过公开课、示范课、优质课展示自己,从而起示范作用,让参训教师模仿优秀教师的课堂教学方式,以思考和建构自己的教学方式,从而实现自身发展。"以课领训"是以教师专题培训学习为目标,借助教学课例,帮助参训教师学习并掌握教学理论知识,努力提升课堂实践能力,从而获得宝贵的经验。

二、"以课领训"模式的建构

中小学教师培训普遍存在着"重案例,轻理论"的实际现象,笔者在安徽省组织的第三轮中小学教师继续教育培训中,就开始尝试将专题培训内容中的相关理论知识通过"问题"的方式设计在调研问卷和考核试卷中,让广大教师在参与的过程中,不知不觉地接受理论的引领,即构建"以卷推训"参与式模式。为更加有效地推进专题学习,结合"以卷推训",在集中培训和集中问题指导中,笔者将理论与实践课例相结合,探究出了新的教师学习模式——以课领训。

(一)优质课为示范,引领教师学习

2010年,笔者组织了"小学中老年教师基础知识暨新课程能力提升培训",为追求培训课堂的实效性和趣味性,我们邀请了一批与参训学员有着相同背景(所在学校模式相同、年龄相仿、教学经历相似)的一线优秀教师,如叶新兰、汪爱丹、胡新一等,为学员上示范课和展示课。学员们对于如何合理安排复式班教学、如何处理教材、如何扎实有效地进行教学活动有了一个切身的体会和感悟。他们明晰的教学模式、全新的教学理念、精心设计的教学环节、热烈且民主的教学氛围让全体学员教师开阔了眼界,对增强培训效果起到了积极的引领作用。课后,老师们纷纷表示要认真总结培训所学的知识,不断反思,努力把培训中学到的教学理念和教学方法运用到平时的教学中去。精彩的课堂教学示范课真正起到了引领的作用。

（二）案例课为载体，理论实践相结合

在"备好课""上好课"专题中，笔者邀请工作在一线的省教坛新星、教学新秀、骨干教师等准备课例，采取送训到校的方式，组织教师学习。活动实施前，要与授课教师反复沟通，要求其在备课时根据培训目标，重点突出培训要求。培训活动按三个环节进行：先由送教教师向参训学员说课，让学员了解授课教师的设计意图和教学理念；然后由授课教师借班执教，参训学员听课；再由专职培训教师结合送教课对学员进行备课理论和相关上课理论知识培训。学员只有明白了授课教师的教学设计理念和意图，才会明白授课老师设计这些环节的目的，从而使学员获得最直接的课堂体验，感同身受，进一步提升自己的能力。

在"有效评价（命好题）"专题培训中，我们进一步完善"以课领训"的培训模式，仍然采取小班化和送训到校的方式，但采取的是分学段、分学科的方式进行，即中小学分开、学科分开。同时，改革通识培训的内容，积极建构"参与式"教学模式，内容上朝着"精细化"方向迈进。也就是说，先由参训学员学校根据学科安排，公开授课；然后由培训专职教师依托"案例课"对教师进行"有效评价"（命好题），最后进行学科专题知识培训。在培训中，结合课例，建构学员学习参与的平台。例如，依托"案例课"在培训中设置了"请您分享""请您欣赏""请您参与""请您反思""请您设计""请您思考""请您体验"等培训环节，让教师在培训中分享课堂快乐、欣赏精彩案例、参与教学情景、反思教学行为、设计教学环节、思考教学困惑、体验教学经验。在具体的培训过程中，让教师最大限度地参与到学习的过程中来，实现教师在参与中学习、在学习中体验、在体验中感悟、在感悟中提升。

（三）"带着做"，让教师在模仿中改进提升

"带着做"教师培训模式的核心理念把新课程提倡的自主学习、合作学习、探究学习的学习方式应用到教师培训工作当中去，使培训更具针对性和实效性。

在"评好课"专题中，我们进一步总结"案例课为载体，理论实践相结合"这一有效成功经验，同样采取送训到校、小班化学习的方式，建构了"以课领训，带着做"的培训模式：先由专职教师对参训学员进行"观课议课（评好课）"通识理论培训；然后参训学员深入本校一位教师公开课的课堂进行"观课"实践操作；再由专职教师根据选择的观课议课主题，结合课堂案例进行"议课"指导。

在实施的"以课领训"活动中，培训者以最大限度地建构教师参与为宗旨，

"培训者"以"中心发言人"的身份走进学员中,以"组织者""引领者""合作者""交流者""对话者"的形象融入到教师群体中;并借助"请您分享""请您欣赏""请您参与""请您反思""请您设计""请您思考""请您体验""请您反思""请您模仿"等环节设计,建构教师参与学习的平台,引领教师真正参与到学习中来。

"以课领训"参与式学习模式的探究,当然还包括"同课异构,学思同行"和"研究课,同在共行"等方式的建构。

三、实践反思

在建构"以课领训"的探究与实践中,让参训教师通过"以课领训"获得了亲身体验,触发了他们的情感世界,引发了多向思考,推动了培训实践中的合作交流。在培训中,主讲教师与参训教师进行大量的互动交流,达到了最佳的培训效果,极大地提高了培训的质量。由于种种原因,"以课领训"模式还存在着一系列有待进一步探究和解决的问题。

(1) 为解决工学矛盾,在假期组织的集中培训,导致优质课或示范课没有学生听讲,缺乏课堂互动,无法引领教师把握课堂节奏、处理课堂问题。

(2) 参与式的培训需要在"小班化"的前提下实施,使得培训受到时间、空间、培训环境和技术等制约。例如,培训案例课的价值有时无法体现,其原因有:一是客观因素影响,即短时间没办法(或技术)把案例课中的情景通过音像或文字的方式呈现出来,只能通过语言概括回顾,达不到良好的效果;二是主观因素影响,即受培训组织者自身业务水平和能力局限,有时对案例课的把握与资源挖掘不足,直接影响着培训的效果。

(3) 培训组织者与案例课执教教师之间的默契形成需要一定的时间,否则会直接影响培训的效果。

这些问题将在今后的实践中不断探究、改进和提升,也更期待更多的同仁和专家们的指引。

"以课领训"
——立足课堂,注重引领,突出提升[①]

为切实提高中小学教师培训的针对性、实效性,探索农村中小学教师专业发展的有效途径,祁门县教师进修学校从本学期开始,先后通过依托基层学校"电教课公开课"、党建"手牵手"活动课和"送课到校"的方式,深入开展"以课领训"实践研究活动,取得了良好的培训效果。

随着教师培训的不断深入,"重案例、轻理论"的现象越来越突出[②],以及教师培训逐步走向精细化的需要,聚焦课堂、立足课堂就成为当前教师培训的必然选择和追求。如何实现培训的务实性,既能使培训的内容实在、实用,让参训者高兴,又能让参训者学到有用的理论知识,可用于指导今后的课堂教学实践,成为当前中小学教师培训的最大问题和制约中小学教师培训工作发展的瓶颈。2010年开始,祁门县教师进修学校就以"建构教师有效参与式学习模式"课题为抓手,积极探寻"以课领训"教师有效参与式学习模式。该教师培训模式经过反复实践、探究、论证初步取得了阶段性成果,为了能使该培训模式形成最终可操作推广的教师培训模式,2012年3月初,祁门县教师进修学校依托基层学校"电教课公开课"、党建"手牵手"活动课和"送课到校"等方式,进一步完善了"以课领训"教师参与式培训模式。

该教师参与式学习模式"立足课堂,注重案例引领,突出理论提升"。整个培训流程分两大部分:先由中小学教师向参加学习的学员呈现一堂公开课(或示范课),然后由负责组织培训的"主持人"以公开课(或示范课)教学为案例,对课堂现象进行理论归纳和提升。在整个过程中,培训者始终以一个"中心发言人"的角色与广大教师合作、交流、引领、生成。

---

① 本文于2012年3月发表于安徽教育网,有删改。
② 教师对理论知识不重视,不屑一顾,这种现象目前较为普遍,他们认为培训最好是可以现学现卖,拿起就用。

在此基础上，为进一步建构各基层学校校本教研与培训提升相结合的"研训一体"学习模式，我们把"以课领训"活动与学校的电教公开课紧紧结合在一起，即先由参训学校电教公开课的老师献课，再由祁门县教师进修学校以电教公开课为案例，对新课堂技能和建构有效课堂、高效课堂等技能进行系统地提升。为进一步提高培训的有效性，我们还对此模式做了进一步拓展，即把一些学校电教周中的优质电教课进行调整后，选送到其他学校进行展示交流，然后由祁门县教师进修学校的"中心发言人"根据对该优质课的理解和把握，从完善课堂教学环节的操作技能与理论引领的角度，逐步培养教师由案例课的课堂现象提升到课堂教学理论的归纳、提炼、运用能力。整个培训过程立足课堂，既注重了教学案例的引领，又突出了专业理论的提升。

从"以课代训"走向"以课领训"，再走到"送课领训"，所有活动都致力于培养和提高教师课堂教学技能和课堂问题诊断能力，真正实现了提升教师专业技能和综合素养的目标。

当然，在整个活动中，一方面由于培训组织者自身水平和能力的限制，另一方面由于案例课都是临时安排的，加之课堂又都是动态生成的，培训者对课堂信息捕捉能力有限，而且有些地方分析处理也不到位，在一定程度上也制约着培训的效度。这些问题，我们都期待于在今后的培训实践中不断完善、提升，真正实现"聚焦课堂、有效学习、和谐共进"。

"以课领训"
——推进教师培训生成性资源建设

一、对教师培训生成性资源的认识

"生成性资源"也称"动态生成性资源",一般指在真实的培训情景中,除了培训者的"预设资源"以外,能够被利用来促使培训目标更好实现的各种因素。例如,学员的学习状态,学习方法与思维方式,发表的意见、观点,提出的问题,争论乃至错误的回答等,其中能够被用来引导学习、促使培训目标实现的因素,都是培训过程中的动态生成性资源。

在教师培训领域,尽管一直倡导培训者要与教师进行交流与对话,通过了解他们的疑惑和困难,紧贴教学实际,以深入开展学习和研讨,但目前对教师培训领域中运用生成性资源的研究并不充分。通过实践探究形成的"以课领训"模式,相对于来自专家和专门编制的培训课程的接受式培训,更容易激活教师的深度学习思维,使培训成为动态生成的过程并不断深化,从而极大地提高培训的有效性。

二、"以课领训"推进教师培训生成性资源运用的实践

(一)"以课领训"模式

"以课领训"是由祁门县教师进修学校历经六年实践探究而形成的基培训主体性实践的一种有效教师培训模式。该模式有机地将"训—研—教"融于一体。"训"是教师培训主题,"研"是教学问题研究,"教"是课堂教学实践。其中,课堂教学实践是主体,培训内容根据教师课堂教学中的问题而生成,培训方式

主要采用真实课堂情景下的教学问题研究为主。该模式将"训—研—教"融合于一体,即通过县域内优质资源共享,破解了农村校本研修中普遍存在的指导薄弱、资源匮乏、缺失后劲的难题,促进了教师学习方式的转变,从"被动"走向参与式、协作式、混合式和个性化的"我要学",加速了常态化培训的进程,聚焦问题,教、学、做合一,初步形成了便捷高效的一体化培训运行机制。这不仅有效地解决了教师培训理论和实践"两张皮"的问题,实现了教师培训的针对性和实效性,还有效地实现了城乡教师的观念和思想的转变,更有效地促进了城乡教师课堂行为的"集体"转变。在实施培训过程中,培训者和被培训者作为平等的双方,用研修的视角交流,共同反思具体的课堂行为,相得益彰。

"以课领训",立足点在"课"(真实教学情境——案例课),着力点在"领"(专题学习——理论引领),提升点在"思"(以主题为中心展开交流研讨——质疑碰撞),关键点在"训"(围绕主题学习——主体性实践)。教师的培训学习,既有真实的课堂教学情境,又有围绕课堂教学的专业理论提升,更有课堂教学的问题思考和主体性行为实践体验;既让教师体验到了优秀教师的真实课堂,又能及时汲取专家的专业理论知识,还能参与同行、名师、专家之间的思想交流与思维碰撞,从分享中品味、思考,从感悟中消化、吸收。

"以课领训"让参与学习的教师们,在看得见、摸得着的"一例一题一研一改一得"[1](一堂真实案例课,一个围绕案例课主题展开的专题理论,一起围绕本次主题活动开展的有深度和有广度的交流研讨,一次改进主题教学活动的实践,完成训后行为跟进尝试的一点收获)中改善实践,让全体参与者在活动中收获,唤醒潜在的自主学习意识,点燃生命的激情和思维的火花,让教师的成长更扎实。其本质与核心是:问题引领、体验课堂、唤醒意识、引发思考、质疑碰撞、启迪思维、点燃智慧、获取知识、发展能力、提升素养。

(二)"以课领训"模式促进培训资源生成

1. 营造生成培训资源的情境

"以课领训"模式的立足点在"课"(真实教学情境——案例课)。"教师的工作都是基于一定的情境而展开的,其知识运用具有情境性的特征。"[2]"以课领训"以教师真实案例课为情境,参训教师有主题、有目标、有意识、有选择地走进课堂进行观课。观课之后,培训者(倡导理论专题提升专家作为一个学者兼培训主持人实施授课)设计一些突出该次培训主题的开放性问题。如"结合本次培训主题谈谈,今天的课堂你最欣赏的是什么?最困惑的是什么?站在同在共行的角度思考,假如是我来教,我会怎样做?"既给每个教师以更为广阔的思维空间,也为生成培训资源创设了一个情景。

2. 设计生成培训资源的环节

"以课领训"模式的着力点在"领"(专题学习——理论引领)。过去在培训中也力求设计"请您分享""请您思考""请您参与""请您判断"等模式,虽然在改变传统的一言堂模式中发挥了一些实效,可始终没有"请您体验""请您实践""请您设计"等这样更有助于教师亲身体验和实践的环节,生成性资源总是不尽如人意。

"听来的记不住,只有做了才不会忘记。"教师培训作为成人教育,必须要依据成人的学习特点来设计培训内容,更要设计出有助于提高成人学习效率的方式,即建设生成性资源,否则再好的内容也只能掀起老师们思维的一丝涟漪。如笔者在培训中设计的一个模拟课堂教学情境的"撕纸"实践环节:

培训者:下面我们来模仿一个课堂教学片断。请5位老师离开自己的座位来扮演学生,我扮演执教老师。

组织5位"同学"进入"课堂"。

培训者:下面大家一起看,并思考老师的教学过程。

培训者:同学们,我们都知道,课堂是一个讲求规则的场所,为了有效确保我们模拟的课堂真实、有效,我先讲一下"教学要求"。每个人拿一张纸,然后闭上眼睛,不许说话,也不许看。

培训者:将自己手中拿到的白纸对折,然后沿着对折线撕掉一块;再对折,再沿着对折线撕掉一块;再对折,再沿着对折线撕掉一块……(教师一边说,一边注意观察"学生"的行为,根据自己的教学需要决定教学进程是否需要继续)

5位"同学"根据老师的讲授要求并结合自己的理解,有的在对折的地方撕掉了一块又一块,有的第一次在沿着对折线撕下一半,后面的动作只在撕下的一半中完成,依次类推;有的沿着折线撕开,再沿着折线撕开……

待"学生"完成教学任务后,每人再发一张纸,大家共同完成教师的教学任务。看看是一个怎样的结果。

任务完成后,请5位"同学"说说各自的做法。

学生1:按照老师的要求做的。先把纸对折,然后在对折线上撕去一小块。

学生2:按照老师的要求做的。先对折,然后撕下一块,以此类推做的。

学生3:按照老师的要求做的。先对折,然后沿着折线撕开,因为老师一再强调"沿着对折线撕下一块","对折的线"怎么可能撕得到"一块"来,所以我就这样做了。以此类推做的。

....

培训者:好!大家看看我们为什么5个"同学"在刚才的教学中会有不同的结果?问题在哪?是老师学科知识有问题?还是教学知识有问题?是"学生"的理解有问题?还是我们的教学行为有问题?或是我们的教学思想理念有问题?

大家讨论。

学员1:"老师"的学科教学知识不妥。对折"线"上怎么可能撕下"块"来?

学员2:"老师"不合理的教学语言导致了学生理解上的偏差,看上去是维持教学秩序的"正常"行为,恰恰束缚了"学生"的学习行为,特别是不许说话,也不许睁开眼,让学生在课堂学习的过程中失去了对话和交流的机会,所以导致了学生学习的结果与老师预设的教学目标出现了差距。

学员3:"老师"教学行为背后是"老师"教学思想和理念的错误,这才导致了这样的教学结果。当前推行课堂教学行为变化,"以学定教"倡导学生自主学习,"老师"错误地理解为学生的自主学习就是"封闭"学习。有效学习应该是让学生在"自主、合作、探究"三位一体的行动中完成的,"自主、合作、探究"不能人为去割裂。

....

3. 思考交流实现资源生成

"以课领训"模式的提升点在"思"(以主题为中心展开交流研讨——质疑碰撞)。经验是重要的学习资源,"成人的学习需求、学习兴趣、学习动机的形成及学习内容的选择在很大程度上都要以其经验为依据"。[3]经验对学习具有积极的促进作用,但经验对成人的学习也有消极作用。这就要求培训者要了解学员的工作、生活和学习情况以及心理特征,确定学习内容时要考虑学员已有的知识水平和"最近发展区",并以学员的兴趣爱好和参与活动的主体性为基本尺度,开发经验课程。

例如,在一次"课堂行为转型"主题培训上,培训者出示唐僧和诸葛亮人物图片,设计问题:"你认为谁是好老师?""你会选择谁做你孩子的老师?"教师们各抒己见,然后培训者相机引导:唐僧遇到妖魔鬼怪就把打败妖魔鬼怪的机会让给徒弟,类似于老师在课堂上把问题抛给学生,让学生自己克服。诸葛亮"事无巨细,事必躬亲"类似于老师把所有问题都解决了,单向性地把知识灌输给学生。两者最大的区别就在于在唐僧式的课堂教学中学生作为有效资源被最大化地利用了,而在诸葛亮式的课堂中老师决定了学生的思维,学生处于被动的地位。再来看唐僧对徒弟的评价:"我这三个徒弟,个个本领高强。"对学生放手就是对学生的肯定,学生的学习积极性就会大大提高。在经历"九九八十一难"之后,师徒四人看到了菩提树,徒弟们问道:"师傅,这是何物,我们怎么不曾见过?"唐僧答道:"徒儿们,这是菩提树!"在唐僧式的课堂上,当学生通过自己探究、小组讨论都无法解决问题时,老师就给予及时的点拨。诸葛亮式的课堂上,老师控制着一切,学生只能跟着走,甚至可能还会掉队。唐僧可以带出一批批高徒,而诸葛亮只有他自己,无人能出其右。以此引导教师改变课堂教学行为,转变学生的学习方式,有效实现了培训主题的目标。

4. 主体性实践生成培训资源

教师的实践成果是培训的生成性资源,过程更是教师培训的生成资源。"以课领训"模式的关键点在"训"(围绕主题学习——主体性实践)。在观摩案例课、接受专题理论提升、参与互动交流的基础上,"以课领训"通过实践环节,把教师在培训中所学转化为教学实践行为。例如,在一次主题培训中,笔者参考了网络上的一个教师招考案例,设计出培训资源生成环节:

问题:假如给你一天时间教学三角形的内容,你希望教会学生哪些知识?

应聘者1:"评委老师,我希望我的学生,知道三角形有三条边、三个角、三条高,知道三角形按角可分类为锐角三角形、直角三角形、钝角三角形,知道三角形的内角和是180度,知道两个完全一样的三角形可以拼成一个平行四边形,知道三角形的面积等于底乘高除以2;知道……"

应聘者2:"评委老师,我希望我的学生,能够观察判断出什么是三角形,能够通过测量判断出是什么类别的三角形,能够通过动手折图来证明三角形的内角和是180度,能够通过寻找数据来计算三角形的面积,能够……"

应聘者3:"评委老师,我希望我的学生能够发问三角形有内角,三角形有外角吗?外角和是多少度?发问四边形、五边形……的内角和是多少度?发问既然三角形三条边的长短决定了三角形的大小,那么能根据三条边的长短能求出面积吗?发问……"

评委评价:应聘者1是一名"知识型"教师,他教会学生"搬运";应聘者2是一名"技能型"教师,他教会学生"制作";应聘者3是一名"智慧型"教师,他教会学生"创造"。

在阅读完案例后,要求教师根据以上案例,通过小组之间的合作,选择一位应聘者的回答内容拟定一个教学思路。

通过活动,让参训教师真正体会陶行知先生"教什么和怎么教,绝不是凭空可以规定的。他们都包含'人'的问题,人不同,则教的东西、教的方法、教的分量、教的次序都跟着不同了"这句话的含义。引导教师在思考教学内容、教学策略的时候,以学生为本,以学生的学为本,做到"从教师走向学生"。在这个过程中,培训资源在教师的参与和实践中自然生成。

三、教师培训生成性资源建设思考

"转变学生学习方式要从转变教师培训方法开始。"充分运用生成性资源蕴含着教师培训观念的大转变,只有在培训中"以教师为本",才能促进学校中的"以学生为本"。这一变化必然会改变原有的培训教学系统及其结构,带来培训方式、培训方法、培训内容等多方面的变革。在实践中必须注意以下三个方面。

(一)培训,让老师的心先静下来

"成人在非正式的环境中学习最有效!"[4]这是作为培训工作者必须认识的成人学习规律。基于成人学习特点的有效培训,就是让成人在现实的应用环境中学习新知识、技能、价值观和态度。

因为太多的因素,各界对教师培训一直以来都是颇有微词的。加之每次培训教师都是从岗位上匆匆奔赴而来,培训需要让老师的心从"忙碌"中"静"下来,也需要让老师从"浮躁"中"静"下来。培训者在培训开始前可利用一小段时间,因地制宜地组织或开展一些静心活动。教师培训,不同年龄层次的"静心"活动需要根据参训群体之间的默认度来决定,县域内组织的培训"静心活动"以5~10分钟为宜。简短的"静心活动"不仅能让教师的心静下来,融入培训情境;更能在短时间内,融洽培训者与学员之间的关系,为培训生成性资源建设提供可能。

(二)培训,让培训者的角色转变过来

教师培训走到今天,正如我们的"课改"步入到了"改课"阶段一样,"改课"的最终目标是:通过转变教师课堂教学行为,实现转变学生学习方式。要实现教师课堂教学行为的转变,就必须从改变教师培训的行为开始。一直以来,教师培训是以培训者为中心的"教",而不是以参训教师学员为中心的

"学",强调的是知识的灌输,没有给学员思考的时间,很少让学员参与讨论,即使有也是临近尾声随意地安排一个"交流互动"环节,采用案例的目的也只不过是用来证明培训者自身的想法。其实,每一个成年人都有着丰富的经历或阅历沉淀,都有自己的看法和主张,不是靠培训者几句话、几个案例就能左右的。

为此,今天的教师培训更需要培训者从培训的专业角度出发,从培训的内容取舍、环节设计、气氛渲染、环境营造、角色转变等诸多方面入手,极力改变自己的培训行为。通过创设情境诱发问题,设计质疑引发思考,引用案例激发思想,培训者要主动让自己走到"后台"的位置,在整个培训过程中,扮演好研究者、设计者、组织者、引导者、建构者、评价者等角色。

在培训中动态生成的意见、观点和问题等,并不是都可以或都可能作为培训资源来利用的,培训者必须明确培训的目标,在诸多"生成"资源中,敏锐地选择和把握那些具有代表性又反映了主要问题或主要矛盾的"生成"资源,适时利用其并加以点拨,通过引导交流、互动和研讨等方式不断地深入,准确地揭示出问题的本质,以获得解决问题的各种思路。

(三)培训,让学员成为学习的主体

在教师培训中,培训者要注重学员原有的经验,强调学员发展的主体性、主动性。培训者需要由传统的讲授主体向导学主体转变,由"教"学员转变为"导"学员,实现以培训者为中心、以面授讲解为主导的培训模式向以学员为中心、以组织引导为主的培训模式转变。在培训过程中,培训者要考虑学员的身心特点,了解学员已有知识和经验,把握学员真实需求,在培训内容设计上,尽可能地把学员推向获取知识的前台。这样,学员才能在培训者的指导下,积极主动地参与学习,变"要我学"为"我要学",从而在知识能力、情感态度、创新精神等方面得到发展。

教师是最具"有效生成"潜力的群体,"关注生成性教学资源的培育,重视发挥生成性教学资源的效用,可以为实现培训目标,提高培训质量锦上添花,亦可弥补培训教学资源之不足。"[5]"以课领训"不仅有效地推进了教师培训生成性的资源建设与运用,而且还有效地解决了一直以来教师理论与实践"两张皮"的问题,能够让教师最大限度地参与到学习之中,切实提高了教师培训的针对性和实效性。

参考文献

[1] 宋冬生:城乡教师培训要有"一体化"思维[N].中国教育报,2014-11-11(07).

[2] 李飞,变革思维方式提升民族教师"幼儿国培"的有效性[J].教师教育论坛.2015(2):70-73.

[3] 毕淑芝,司荫贞.比较成人教育[M].北京:北京师范大学出版社,1998.

[4] 曹华.基于成人学习特点的有效培训[J].中国质量,2012(8):19-21.

[5] 黄宁生.论校长培训中生成性教学资源的培育与利用[J].继续教育研究,2013(2):71-73.

基于教师培训主体性实践的话语共同体建构[①]

教师培训从被"边缘化"走到今天的"轰轰烈烈",甚至出现各级教育行政和基层学校"派训难"的情况,作为培训机构,我们现在需要做的,就是静下来理性思考我们教师培训到底该做什么?怎么做?

今天的教师培训显然不再是要传递新的教育思想和观念,那么教师培训是不是就应该立足于教师"问题"的解决呢?一段时间以来,我们的教师培训主要以"聚焦问题""课堂问题诊断""教学问题解决"等为主,似乎"问题"就是我们教师培训的主体与核心。可是,随着深入一线的实践经验的增多,我们又似乎走入了另一个不归之路,仅有的培训机构、有限的培训活动,永远也解决不了众多的学校、无数的教师、无穷的教学具体问题。怎么办?培训到底能做什么?该做什么?

"培训的目的不再只是关注知识的简单积累,还注重教师在经历问题切磋、深层对话、合作探究等体验后获得情感、态度、意志及专业精神等方面的发展;培训目的也不再是外在强加和设置,而是更多地基于教师在理论学习和教学实践中自身的需求和期待,融入教师的生命意志和职业追求。""如果培训忽视了教师自身的生命体验,就会成为一种枯燥、机械、没有趣味、缺乏生机与意义的活动。"[1]笔者认为,培训永远解决不了教师的具体问题,但是培训一定要能给教师以解决问题的方法和思路。教师培训要做的是唤醒与点燃,即唤醒和点燃参训者潜在的学习意识和能力。

怎么唤醒与点燃?唤醒与点燃需要沟通,沟通需要对话,真正有意义和价值的对话是建立在平等意义和基础上的交流。一方独霸话语权,一方静静地倾听,绝不是教师培训需要的对话,那是"假对话"。"假对话"不可能实现唤醒与点燃,所以教师培训需要培训的实施者。可在实施者与参与者之间建立一个

---

① 本文于2015年发表在《教书育人》第5期上,有改动。

"话语共同体",只有在话语共同体下的对话,才能让参训教师在对话中体验、思考、感悟,其潜在的学习意识和能力才能得到唤醒与点燃,从而"能让教师感知到自己的专业声音,激励教师的自信心和成长动力"。[2]

一、营造和谐宽松的环境

一直以来,我们的培训者和参训者都习惯于"我讲,你听"和"你讲,我听"的习惯思维,培训者独霸话语权,参训者独享倾听乐,究其根源是对话双方的不平等,一方是"被认为"知识或技能、思想或观念滞后者,需要改变和提升,另一方是"被认为"的专家、学者、研究人员,对话的双方始终处在两个不同的水平线上。特别是一直以来,无论是我们培训,还是教学研究,主办方或主持人为了突出活动的规格,树立参训学员对专家学者的"敬仰",活动宣传及开场白总是要极力渲染活动的权威性人物,结果是专家越权威,教师越敬仰,双方心理距离越大,对话的碰撞点就越少。交流对话的实际是你讲"你的",我听"我的"。

为了真正有效实现教师培训的主体实践,构建真实对话,唤醒教师的内心潜在的学习意识和能力,我们坚持把培训和关注学员群体之间的融洽与和谐作为培训工作的切入点,每次培训设计一个开场环节,为的是让学习和教学更加轻松。例如,我们先后设计了"培训,让掌声想起来!""养身静心""健康的十巧手"等活动。这些活动不仅活跃了培训现场的氛围,融洽了培训双方的关系,更让参训者感受到一种特有的轻松、亲切的氛围。

"作为对话主体,彼此之间拥有一种完全的对称关系。他们有内在的相互需要,双方互为前提,各自的生命发展只有在双向建构、双向滋养和双向转化中才能实现。"[3]只有在轻松、亲切的氛围中,培训者与参训教师在互为主体的关系中共享话语权,才可能在相互交流和研讨中实现共同发展。

二、设计开放灵活的问题

教师培训主体性实践,培训实施者要充分设计好"质疑"和"交流"的环节,增加学员的参与感。学员参与越多,效果越好;学员深入参与,能体会学习活动的乐趣,在分享经验的过程中,学员学习的主动性能够得到更好的发挥。例如,在案例课现场观摩一堂课后,先给一个"!",再给一个"?",还要站在"同在共行"的角度给一个"……",在过程中设计一些开放性的、有思考性的问题,学员之间合作交流,并与实施者对话。又如,"以学定教"就是"先学后教"吗?在基于真实课堂教学情境的培训活动中,假如由您执教本环节,您会怎么设计?"这个问题您遇到过吗?您是怎么处理的?现在您会怎么做?"等。

对话以问题牵动。问题源于:一是之前教育教学实践中的难点,二是培训中基于案例课与理论回归提升中的疑点,三是交流碰撞中生成的新的热点,这是最有价值和意义的对话问题。

三、搭建思考对话的平台

在培训实施中搭建为促进教师专业发展的平等、和谐、共同提高的思考对话平台。在培训中,培训者积极转变角色,由"主讲者"走向"主持人"。在学习交流中,培训者以最大限度建构教师参训为宗旨,培训中心发言人改变以往"培训者""坐着讲"的形象,始终站在学员的角度,以一个"组织者""引领者""合作者""交流者""对话者"的身份力求从形体到内涵真正融入教师中去,并借助"请您分享""请您欣赏""请您参与""请您反思""请您设计""请您思考""请您体验""请您模仿"等环节,积极建构教师参与学习的对话平台,引领教师真正参与到学习中来,让教师在培训中畅谈课堂快乐、叙述精彩案例、述说教学情境、交流教学行为反思、重构教学环节设计、倾诉教学思考困惑、分享教学经验。具体在培训过程中,就是让教师最大限度地将自己最真实的行为与想法通过语言表达出来,实现教师在思考中学习、在表达中丰富、在交流中感悟、在碰撞中提升。

努力搭建交流平台,以开放促交流。围绕主题展示各自的特色、经验和成果,互动互学,促进交流,开放活动形式的培训是建构主题性实践话语共同体的基础。

四、运用真诚积极的评价

在培训中,要建构教师培训主体性实践话语共同体,离不开培训过程中培训者积极诚恳的评价。苏霍姆林斯基曾说:"教师讲话带有审美色彩,这是一把最精致的钥匙。它不仅开发情绪的记忆,而且深入到大脑最隐蔽的角落。"教师培训的评价语言受对象、性质、功能诸因素决定,其语言艺术要求比对其他任何学段、学科教师的要求都更高。要建构教师培训主体性实践的话语共同体,巧用真诚积极的评价能有效推进培训向预设方向发展。

培训的评价体系还需要进一步完善,真诚积极的评价是推动培训互动、交流向深层次发展的有效策略,更是是培训的一种资源,一种手段。在培训中,要真正地把"以培训者为主导,以教师为主体"作为教师培训的基本指导思想,激励教师积极思考,既能营造一种热烈而又轻松和谐的学习氛围,又能推动教师思维向更高、更深、更广的层次迈进。

培训中对教师参与的评价要善于从教师的言语中发现教师的课堂教学潜力,认清教师的业务现实状况,并帮助教师建立自我专业水平的全面认知。

五、关注情趣素养的提升

西北师范大学的李瑾瑜教授认为:"尊重教师学习是知、情、意、行结合的完整学习的规律,既要重视教师在学科教学知识、能力、技术、方法层面的学习提高,更要重视教师在情意方面的学习完善。'好培训'应该是技术工具理性与人文情意取向相结合的培训。"[4]在培训中,可从教师个体的日常生活和情趣爱好入手,如音乐、绘画、摄影、垂钓、郊游等。为建构教师培训主体性实践话语共同体,培训可以从参训教师的生活爱好谈起。新加坡政府认为,广泛而有所擅长的兴趣爱好可以健全教师的身心,完善教师的人格,丰富教师的精神世界,增加教师的文化底蕴,通过提升教师的情趣素养,能帮助教师更好地理解和全身心融入教学。例如,为了让教师正确认识自己,善意地理解他人,不断地超越自我,培训内容包含了人际沟通、交往方面的课程。教师个人的兴趣、爱好不一定和教师工作有直接联系,但仍然可被纳入教师培训的范畴。

主体性实践话语共同体的形成,有助于教师们在共同探讨、相互学习、碰撞思考的过程中获取知识、发展能力,获得更加丰富的经验。真实的话语共同体,没有语霸、没有屈从、没有权威。大家平等交流,相互触动,实现的是被唤醒与点燃。多主体、多层次、多向度的交流对话,可以是组织者和教师之间的对话,也可以是教师之间的交流,有共同的探究,也有合作的研究。

传统的培训中单纯的"讲"与"听",导致教师缺乏质疑和思考的机会。主体性实践话语共同体的建构让这一切都得到了改变,教师基于真实课堂教学和理论学习后的思考,使得教师之间的对话基于自我认知与实际,通过真实情感进行思维碰撞与共同思考。教师在获得新的知识与技能的同时,更加体验到了自身工作的意义与自我价值的存在,从而让潜在的学习意识和能力被唤醒。

参 考 文 献

[1] 辛继湘,李金国.从"静听—接受"到"研究—体验"[J].中小学教师培训.2015(1):17-19.

[2] 熊伟荣.回归主体性实践:激发教师成长的内驱力[J].中小学教师培训,2014(11):15-17.

[3] 冯茁,陈瑞武.对话:教育理论主体与实践主体的交往路径[J].高等教育,2011(1):19-24.

[4] 李瑾瑜."好老师"需要"好培训"[J].人民教育,2014(22):17-19.

基于教师主体性实践的微培训应用[①]

微博、微信、微课、微生活……正在走进和影响着我们的生活和工作。教师培训,尤其是基于教师主体性实践的培训工作,必须牢牢把握时代的脉搏,让微培训在实现促进教师专业成长的同时,引领教师培训的专业发展。

一、微专题

微专题,也称"微讲座",以传播教育先进思想、教学科研成果、课改学术成就、课堂技术创新、职业专业化为内容,注重各种前瞻理念、创新思想、改课行动的展示、碰撞。开发教师培训微专题,并通过微课的方式把培训微专题的核心内容呈现给教师学员,让教师们在丰富、悦耳、养眼的视听中获取培训信息。同时,鉴于成人学习的特点,还可以将微课上传至教师方便、实用、可再学习的空间,为教师反复学习和研讨提供资源。

一场微讲座需确定一个微主题,通过60分钟左右的讲解,让参训教师及时学习最新的教育理论、教学思想、先进经验、技能技术,力求情理交融、微言大义、触及思想、引发共鸣。实践证明,这一做法有效弥补了教师培训"重案例,轻理论""重参加,轻参与"的短板,使培训工作"务实"与学习提升"务虚"有机统一了起来。

二、微研修

在平时的校本研修检查指导中,我们看到的更多的是教师公开课常态化,观听课达到学时认定或教学管理检查的相关标准及要求即可,评议课成为走形

[①] 本文于2015年发表在《祁门师训》第2期上,有改动。

式；或者虽进行了主题学习，但缺乏对主题的专题研讨。指导教师以学校（教研组）为单位，或以学科区域为单位，组建 QQ 群、微信群……观听课后完全不需要大家集中在一起，无需听个别"语霸"滔滔不绝的、典型形式主义的高谈阔论，而是借助于"群"随手将自己的感受与大家分享交流，这时候每个人都是真正话语的主宰，不受形式、职位诸多约束和制约，表达的也都是自己最真实的感受和想法。围绕主题学习，选择一个微片段，组织"群内"老师把自己的"微见解"与大家相互交流。

三、微论坛

教师可就自己教学或其他老师教学中的某一现象、困惑、问题、观点、思想等，发表自己的微观点、微意见、微建议，在认真和不认真之间，显露出教与学的真知灼见。即便没什么指导意义，也没关系，可从中汲取教训，说不定下一次就说到"点子"上了。这就是最适合教师的微论坛，善于言论的教师还可以将自己的微论坛稍加整理，由微论坛衍生出微论文。即使你没有许多时间"泡"在微论坛里，也可以通过视频或音频来展示自己的风采。

四、微反思

基于自我教学行为或其他教学现象教师都有自己的感悟与思考。也许感悟和思考还比较平淡、短暂，也还不够深入、细致，甚至观点还比较粗浅，不够全面、整体、系统（这是绝大多数一线教师的实际状况），但是可以用言语记录下来，发表在自己的教学群内，与自己有共鸣的或更为专业的老师们一起交流学习，从而进一步梳理清晰自己的教学思路或消除困惑。微反思注重教师的真实感悟和体验，不追求篇幅的长短（少则 10 余字也可）、文辞的华丽（通俗化、口语化都可）。

五、微故事

用片段的方式把自己的教育教学故事呈现出来，与大家一起分享、一起质疑、一起思考、一起解惑。微故事的最大优势就是微到细处，微到教育教学的每一个角落。教育教学微故事，就是要以超短篇幅，使情节和智慧高度浓缩，给人以启迪和思考。

六、微实践

结合学习,就培训中某一个环节或细节的做一个微实践性的微体验,帮助参训教师加深认知与理解,或掌握与运用。长久以来,我们的培训往往只重视知识或技能的传承,而忽略了教师动手和实践能力的培养,以致虽然我们举办过许多培训,但教师不能有效转化为自己的课堂行为;或者说,理论知识都知道,却在解决实际问题时束手无策。今天的教师培训要求我们必须创设一种情境,有意识地让教师在实践活动中感知、感悟和体验,进而上升至自己的教育智慧,逐渐养成改变课堂行为和解决实际问题的思路、方法和能力。

有句话说得好:听来的容易忘,看到的记不住,只有动手做才能学得会。

七、微课题

微课题是指把日常教育教学过程中遇到的问题进行即时梳理、筛选和提炼,使之成为一个课题,并展开扎实的研究。研究的着眼点主要是教育教学的细节,研究内容是教育教学实践中碰到的真问题、实问题、小问题。此类研究的周期短,见效较快。微课题研究以"小切口、短周期、重过程、有实效"为基本特征,以"问题即课题、对策即研究、收获即成果"为基本理念。

微课题源于一线教师对自身教育教学工作的总结与反思以及对教育实践困惑的追问。首先,问题要成型。微型课题研究的是具体的小问题,但又不是一己的、个别的、即时解决的问题,而应能由点及面、推而广之,成为"某一类型"的问题。其次,结果要成型。微型课题研究的成果,除了用报告、论文的形式表达外,还可以用教育叙事、故事、随笔、案例等形式表达。尽管后者比较自由,但也需要有一定的规范,要成型,有聚焦,要对核心词进行界定,要有研究经过、操作经验的叙述,有体验或感悟的总结等。

微培训,以最实用、最便捷的方式呈现,不仅极大地满足了教师培训学习的需求,最重要的是教师可随时随地真正参与到学习中来,并把自己内心最真实的想法与思考快速地呈现出来,与学员相互碰撞、相互交流、相互分享、相互启迪,有效实现了教师培训主体性实践的目标。

"以课领训"
——农村山区县域内教师一体化有效培训模式[①]

自2009年开始,祁门县教师进修学校先后以"有效参与式教师培训模式建构""农村县域内教师培训体系建构"和"农村教师培训学习共同体实践探究"三项省级课题为抓手,积极探寻山区农村教师培训一体化有效模式。经过努力和实践,并不断改进,已形成了具有很强实效性和操作性的稳定模式。目前该模式已广泛应用于全县教师年度主题全员集中和校本培训中,真正起到了带动教师培训模式变革的作用。

一、一次活动聚集一个主题

每次活动把教师教学研究中的某一个问题或困惑作为开展一次"以课领训"活动的主题。活动主题的确立主要包括几下四个方面:

(一)根据课堂教学改革发展关注点

为转变教师课堂行为,转换学生学习方式,我们经过反复论证,把教师课堂教学改革的焦点、热点问题作为"以课领训"培训的主题。例如,在全县开展了"着眼课堂实效 关注教法迁移"和"追求高效课堂同课异构"为主题的"以课领训"。为帮助初中教师提高语文阅读教学能力,我们还围绕初中语文阅读教学展开"初中语文阅读教学技巧"为主题的"以课领训"。

(二)根据教师课堂教学实际需求点

问题主要针对教学短板。例如,针对初中数学"概念教学"教师们重概念记

[①] 本文于2015年发表在《教师教育论坛》第2期上,有改动。

忆,轻概念理解,简化概念的教学过程以及概念教学孤立化、概念教学主次不分等问题,开展了以"初中数学概念教学"为主题的"以课领训";针对一直以来初中语文教学的软肋——古诗词教学,开展了以"古诗词有效教学模式探究"为主题的"以课领训";针对农村语文课堂教学读写结合的薄弱点,开展了以"语文读写结合策略"为主题的"以课领训"。这些主题的确定以教师实际教学中的应然需求和教师专业发展及"课标"的使然需求为依据,突破该主题教师在教学中的专业发展。该类主题既能满足教师的实际需求,又能实现引领教师需求的目标。

(三) 根据年度培训专题学习突出点

围绕每学年继续教育的不同专题设计培训主题,如紧扣"有效教学习"专题,在"以课领训"中经过反复论证,围绕突破专题瓶颈的重点和难点问题,确立一系列微主题,即先后确立了"语句与语段习作教学""如何实施自主学习""如何实施合作学习""如何实施探究学习""如何取舍教材"等专题培训课。

(四) 根据区域校本研修资源特色点

为发挥国培学员和名师工作室专家、省级教学骨干等优秀资源的示范引领作用,根据他们自身擅长的学科模块,确立相应的培训主题。例如,我们根据国培优秀学员,确立了"建构国培学习共同体,转变课堂教学方式,提高课堂教学效率"为主题培训课程;根据语文名师工作室特点开展"语文阅读与写作教学技巧"培训课程;等等。

每次活动以"微学习"的方式,围绕活动主题呈现一堂真实教学情景,回归一个微教学理论学习,聚焦一场微专题研讨,引发一次课堂教学问题思考,实现教师培训一点学习收获所得。主题培训力求从现象到理论,注重主题专业化的深度和广度的拓展。一次培训帮助教师实现一个方面或某个领域的教学专业化发展和突破。每次活动"实现理论与实践的互动,从分歧走向共识",[1]促进了教师培训主题教学知识与技能的专业发展和提升。

二、活动瞄准两个目标:提升骨干和培训全体

"以课领训"活动是一项基于本地区建构"城乡一体化"的教师培训模式。以培训为依托,有效促进县域内各类教师和谐均衡发展的一种操作性强的教师培训模式。该模式充分发挥县域内教育科研师训学科教师、名师工作室专家成

员、各级各类教坛新星、学科及信息技术教育骨干作用,积极挖掘和培育成长中的优秀教师作用,示范引领全体教师专业发展。

首先,主题培训由师训专职教师根据区域内学科教研员、名师工作室专家、部分教坛新星在教师教学中的问题或困惑,提炼"以课领训"活动的主题,并充分研讨和论证主题的价值意义、突破方向,确立适度的主题培训目标和内容。

其次,选聘最适合本主题目标和内容的优秀学科训研人员、或名师工作室主持、或拥有良好学科专业素养及教学实践经验的优秀教学新星骨干者担任"以课领训"主题活动的理论提升指导专家,并根据研讨论证的主题目标和内容梳理"以课领训"中的理论提升部分的理论框架。

再次,围绕活动主题建构的理论体系,在县域内优秀年轻教师队伍中物色"以课领训"案例课的授课教师,由被物色的授课教师在所在学校组建案例课备课团队,案例课团队在理论提升指导专家的指导和帮扶下完成案例课的"磨课",每次主题活动的"磨课"不少于三次,即集体备课,落实预设(集体"一磨")——观课议课,再度改进(集体"二磨"、专家指导)——反思整理,二次上课(个人"二磨")——观课议课,再度反思(集体"三磨"、个人"三磨"),有效地帮助基层学校普通教师学科主题教学的专业发展。

整个训前准备和训中实施都立足于主题培训课例,服务于理论提升,着眼于课堂教学分析。一方面骨干教师在与训研人员研修专题和主题理论框架建构的过程中,专业素养得到了更深、更专业的提升;另一方面,"磨课"活动立足校本,常态而扎实,有效推动了中青年教师专业提升,让他们能较早步入成熟的优秀教师行列,从而在培训实施中,主题彰显实效更为突出。

三、培训"训—研—教"三位一体

"教师作为教师培训的对象,因其年龄特征、任教学科、任教年限、理论与技术水平的差异性而对培训给予了不同的期望。"[2]如何才能满足不同教师的需求?只有将培训、教研、课堂教学进行有效整合,促使教师将培训所学的知识用于集体备课"磨课"、观课议课、基于真实情景的理论提升与基于课例的专题研讨,通过分析问题和解决问题,将理论知识与实际问题相结合,才能促使教师将培训所学的知识迁移成为自身的教学技能,最终促进自身专业发展。

(一)"训—研—教"建构学习共同体

训,是教师培训主题;研,是教学问题研究;教,是课堂教学实践。其中,课堂教学实践是主体,培训的内容是根据教师课堂教学中的问题为主要培训内容,培训方式主要采用真实课堂情景下的教学问题研究分析为主。在实施这种培训模式的过程中,培训者和被培训者作为平等的双方,用研修的视角交流,反思具体的课堂行为,相得益彰。"训—研—教"一体的培训模式,使基层教师和培训及教研人员获得共同成长。

培训过程中,通过情境创设、案例分析、专家理论提升、专题讨论、思维相互碰撞、对话互动交流等方式,力图使教师将培训知识与教学实践相结合,以此引导教师运用培训所学的知识解决教学实践问题。参加培训的专家团队、案例课教师"磨课"团队、参训全体学员在"以课领训"中,通过围绕案例课进行深层次研讨、集体备课"磨课"、专家主题梳理、全体共同观议课、主题研讨交流等多样化的研修活动,有效地促进了同学科教师之间的交流与发展。

(二)基于真实教学情境和问题研讨

在"以课领训"中,问题研究是培训内容与课堂教学实践有效结合的纽带。通过问题研究,不仅可以使同学科教师协作互助地解决教学实践中遇到的实际问题,而且能够通过具体的实践促进教师将培训所学知识迁移为教学实践的能力。培训主题从一线教师教学实际问题中来,培训目标指向解决教师课堂教学中的问题引领和思考。聚焦教师教学问题的主题培训确保了教师培训的针对性,帮助教师解决教学中的问题和困惑,提高了教师培训的实效性,得到了教师的悦纳和欢迎,真正实现了提升教师培训质量的目标。

(三)前置说课 训练思维 训前反思 激发融入

在"以课领训"中,注重训练教师的思维与反思能力的培养。案例课前的说课环节本身就是一个教学问题研究成果呈现的过程,案例课老师说课,不仅要说"课标"、教材、学情、教学目标和重难点,更要说自己的课堂环节设计意图和解决目标、重难点的抓手,关键让教师弄清楚为什么这样设计?如何实施?怎么突出和突破?理论提升前,主持理论引领者总是要求教师围绕活动主题,就案例课现场观摩一堂课后,先给一个"!",再给一个"?",还要站在"同在共行"的角度给一个"……"。

"以课领训"整个活动,"培训是过程,教研是载体,改变课堂教学是目标"。三者在教师培训中互为一体,相互促进,协调发展。在这一个过程中,通过"训—研—教"三者的有机结合建构出教师培训学习的"共同体",有效实现了区域内教师的和谐、均衡和可持续的发展。在这个过程中,还有效地解决了县级教师培训机构自身的造血功能,实现了县级教师培训机构的专业发展,使得培训工作走向常态化。

四、四大环节

细节决定成败。教师培训只有走向专业化,科学设计和实施好每一个环节,才能最大限度地发挥出教师培训的效益来。

(一)说课

由案例课执教老师说课,"说课"前置基于以下考虑:第一,基于让参加活动的老师更加清楚和明白主题活动的意义。让全体参与活动的老师知道本次活动的主题、课题、教材内容、"课标"要求、学情、教学重难点。第二,参与的教师在了解授课老师课堂教学环节的设计意图和目标后,更有利于参与者能带着"目的"参加观议课的活动,提高观议课的专业性。第三,通过活动发现执教老师课堂教学问题,并帮助执教老师有针对性地改进课堂教学方法。作为校本研修活动,促进教师专业更好发展,"说课"前置能让"训—研—教"学习共同体更加有效起来!

(二)案例课呈现

借班授课,创建真实教学情境,让所有参训学员基于真实的课堂情境,根据主题活动事前的自主性学习"问题"进行"观课"。

(三)主题提升

由承担主题培训理论提升的专家依照之前的理论框架和所指导的案例课教师"磨课"指导,特别是将真实课堂情境现象与理论结合起来,让教师在感受课堂之后,寻找到案例课教学背后的理论依据。更重要的是,理论提升专家要帮助参训学员从一堂具体的案例课走向一类问题或一类知识传授与学习的有效教学途径上来。这也是"以课领训"特别应该注意和重视的问题,是基于一堂课,又不止于一堂课的教学。

(四)交流互动

在案例课和专家的理论提升后,趁热打铁举办一场生动鲜活的围绕主题展开的主题研讨和交流活动。围绕主题案例课和主题的理论提升,以及围绕主题活动教师自主学习与教学中遇到的问题,学员之间、学员与授课教师之间、学员与理论提升专家之间相互分享、相互交流、相互探讨,在这一过程中,有商榷,有碰撞,甚至有"冲突"。但每个人都有一定的收获,或是知识更丰富了,或是视野更开阔了。

"以课领训"整个培训活动,让参与学习的教师们在看得见、摸得着的"一例一题一研一改一得"[3](一堂真实案例课,一个围绕案例课主题展开的专题理论提升,参与者一起围绕本次主题活动开展的有深度和广度的交流研讨,一次改进主题教学活动的实践,完成训后行为跟进尝试的一点收获)中改善实践,实现了扎实成长。

"以课领训"的本质是:体验课堂、唤醒意识、引发思考、质疑碰撞、启迪思维、点燃智慧、获取知识、提升素养、发展能力。它的立足点在"课",着力点在"领",关键点在"训",提升点在"思"。

多年的实践证明,"以课领训"不仅有效地实现了教师培训行为方式的变革。同时,更有效地帮助县级教师培训机构实现了自身的"造血"功能。通过案例课教师的团队"磨课",促进了校本研修的回归,提升了县级教师培训机构师训专职教师的业务能力,"本土"理论专家通过搭建不同主题理论框架,与案例课授课教师不断地相互磨合,也实现了区域内骨干教师、学科带头人等师训兼职教师的可持续发展。在发展县域内师训专兼职队伍过程中,对一些一时驾驭难度大的主题,祁门县教师进修学校一边"借船过海"(引进名师专家团队突破制约理论提升的瓶颈),一边合力共举(训研教多部门协作,建立同一主题专家团队),搭建了区域内外的师训师资资源网络,真正实现了强身健体的"造血"功能。

参 考 文 献

[1] 陈晓波.课例研究主题的寻找、甄选与澄清[J].中小学管理,2013(6):10-12.

[2] 郭绍青,张绒,杨彦军."教—研—训"一体化教师培训实践模式与策略研究[J].中国远程教育,2013(3):88-92.

[3] 宋冬生.城乡教师培训要有"一体化"思维[N].中国教育报,2014-11-11(07).

教师培训主体性实践探究
——培训,让教师动起来![①]

一、培训,让老师的心先静下来

"成人在非正式的环境中学习最有效!"[1]这是作为培训工作者必须认识的成人学习规律。基于成人学习特点的有效培训,就是让成人在现实的应用环境中学习新知识、技能、价值观和态度。

因为太多的因素,教师对培训一直以来是颇有微词。加之,若要使教师从岗位匆匆地奔赴到培训学习中来,需要让老师的心从忙碌中静下来,也需要让老师从浮躁中静下来。在培训开始前利用一小段时间因地制宜地组织开展静心活动非常必要。若学员群体之间比较陌生,可以开展团队建设主题活动进行"破冰";若学员群体之间比较熟悉的,中老年教师群体可以组织开展"健康十指巧手运动""健脑操""鼓掌健身"等养生运动,中青年群体可以组织观看专门制作的轻音乐和唯美宁静微视频。各年龄层次的"静心活动"需要根据参训群体之间的以默认度来决定,县域内组织的培训"静心活动"以5~10分钟为宜。简短的"静心活动"不仅能让教师的心静下来,融入培训情境,更重要的是能在短时间内融洽培训者与学员之间的关系,为教师积极主动参与主体性实践培训活动奠定基础。

---

① 本文于2015年发表于《教学理论与实践》第5期上,有改动。

二、培训,让培训者的角色转变过来

教师培训走到今天,正如我们的"课改"步入到"改课"阶段一样。"改课"的最终目标是通过转变教师课堂教学行为,转变学生学习方式。要实现教师课堂教学行为的转变,就必须从改变教师培训的行为开始。一直以来,教师培训是以培训者为中心的"教",而不是以参训教师学员为中心的"学",强调的是知识的灌输,没有给学员思考的时间,很少让学员参与讨论,即使有,也是临近尾声时安排一个"交流互动"环节做"摆设",采用案例的目的也只不过是用来证明培训者自身的想法而已。但是我们知道每一个成年人都有丰富的经历或阅历,都有自己的看法和主张,不是光靠培训者几句话、几个案例就能左右的。

为此,今天的教师培训更需要培训者从培训的专业角度出发,从培训的内容取舍、环节设计、气氛渲染、环境营造、角色转变等诸多方面入手,极力转变自己的培训行为。通过创设情境诱发问题,设计质疑引发思考,引用案例激发思想,让学员有更多的时间可以独立思考,从而相互交流、质疑对话,在实践中成长。在整个培训过程中,培训者要让自己站在"后台"的位置,更多"引导"参训者说出大多数学员想说的话,真正使学员在无任何抗拒中收获。

(一)研究者

要提高教师培训的针对性和实效性,培训者必须充当研究者的角色,不断进行反思,这也是教师培训者自身专业发展的必由之路。其一,研究学员。由于学员"年龄不同,有老、中、青之别;职业不同,有行业、职务、工作之区别;原有知识基础不同,有文化程度、技术水平、业务能力之差异;学习条件不同,身体有强弱,家址有远近,家务负担有轻重"[2],他们已有的经验也不尽相同。教师要了解学员的工作情况、生活情况、学习情况以及心理特征等,研究其已有经验,以便对学员有具体了解,有的放矢,因材施教。其二,研究培训内容。培训课程与培训内容永远是决定培训效果的首要因素,培训者应以研究者的目光审视培训内容,使培训内容适合学员最近发展区的需求,便于新的意义建构。其三,研究培训方法。"工欲善其事,必先利其器。"传统的培训方法很难适应教师学习,培训者要不断反思已有的方法,注意方法的整合和互补,探讨新的方法,从而提高教师学习的效果。此外,教师还应当把自身作为研究对象,"吾日三省吾身",分析指导教师学习做出某种行为、决策以及所产生的结果的过程,使实践经验得到总结和升华,指导以后的行动。

（二）设计者

教师学习的发生是以一定的学习情境为载体的,学习情境对教师培训具有极其重要的作用。如果学习情境是积极的,让学习者觉得踏实,产生信任感,能增强其信心,即可克服消极的影响,使学习者开展与过去不同的行动与思考。如果学习者在被动或缺乏信任的情境中,通常会抑制新学习的动机,而强化学习者的负面印象。因此,会产生何种学习效果,要视情境是积极或消极而定。鉴于此,教师参与培训学习的积极性和学习效果,很大程度上取决于培训者对学习情境的精心设计。这就要求培训者根据培训目标和课程要求,科学有机地整合各种教学资源,选择适宜的方法,使学员融于培训学习的环境中。除了设计课题情境外,培训者还应创设实际情境,如角色扮演、游戏、社会和心理剧等,对真实世界的经验加以模仿、浓缩和分析,使学员能获得具体的经验,这些经验经过加工便可导致认知态度和行为的改变。

（三）组织者

组织参训者营造培训现场积极的心理氛围,创设丰富的培训情境,不但可以激发参训学员的学习动机,而且能充分调动参训学员的学习积极性。

培训者既要组织好参训教师参加学习培训,更要组织好教师完成培训目标。围绕培训目标,在培训课堂中,首先要组织学生发现、寻找、收集和利用资源,在实施过程中不断实现和满足参训者的成就心理和期待需求。这就要求培训者在组织培训时提出规则、推测标准,帮助学员分解目标、分别完成任务,最后汇总结论,培训师总结讲授。为调动学员运用多种感官系统参与培训,不仅用耳听、动口说,还要动手做（角色扮演、操作演练）、用脑想（思考、回忆、联想、想象）,在培训师的组织引导下,学员的生理、心理、智能要素均调动起来,精神高度集中,思维被激活。如围绕着一定的培训目的,把实际中的成功与失败的实例加以典型化处理,形成文字资料（即案例）,通过独立研究和相互讨论的方式（也称个案分析）,以达到知识及能力的培训目的——即分析问题、解决问题的实际知识与技能。再如模拟演练,把被培训者置于一种人为创设的工作情景中,每人扮演不同的角色,从而提高计划、决策、组织指挥、分析判断、授权等综合能力。或为达到某一培训目的,由培训者提出问题,大家围绕这个问题运用个人的知识能力、实践观念,各抒己见,让教师学员在提问、思考、交流、解惑中实现培训学习目标。还可以让教师学员动手操作,以此锻炼他们的观察诊断的能力、解决处理问题的能力、执行工作效率和能力。经过实践使学员能"举一反三",在实践中运用,是一种由规定—示范—操作的循环往复。

(四) 引导者

一个培训者应该是参训教师学员的引导者。引导者的含义是引导学员实施恰当的学习活动,引导学员进一步探究所需要的先前经验,引导学员实现课程资源价值的最大化。培训者应激发学员的学习积极性,向学员提供充分从事实践活动的机会,帮助他们在自主思考和合作交流的过程中,真正理解和掌握新知识、新技能。"成人教师的角色应该不只局限于知识内容的传授,而是一种协助学习者自主学习的'学习助长者'角色。因此,应注重在提供教学过程中成人学习者所需要的各种资源和支援,来帮助成人在恰当的学习情境中最有效地学习"。鉴于此,在教师培训学习中,培训者要充当引导者的角色,把握经验学习的方向,关注其过程,运用直接和间接的手段适当调控;培训者要使每一个学员都积极参与学习活动,分享自己的经验,及时帮助和点拨学员,以确保经验学习得以有效推进;提出学习主题和问题,激励学员思考或讨论;等等。引导的内容不仅包括方法和思维,更重要的还有职业归属感的认同和情感的提升。

(五) 建构者

杜威在批判传统教育忽视学生能动性的活生生的现实经验的基础上,对经验学习进行了概括和总结,提出"教育就是经验的不断改造或改组"的著名论断。"经验的不断改造或改组",其实质就是一个经验不断建构的过程。"绣花先得手绵巧。"要有效指导教师培训学习,培训者首先自身应是一个建构者。对培训者来说,指导教师,尤其是对新手教师进行培训学习时,需要在培训过程中不断重组其已有经验,加深对教师学习的认识。在指导教师培训学习的过程中,培训者不再仅仅局限于将系统的知识清楚、明晰地讲解或呈现出来,而是分析学员已有经验(知识、技能、态度和信念),提示新旧知识之间联系的线索,使其与新的经验同化、顺应,从而再产生新的经验和知识。在这个过程中不仅学员要进行经验的建构,培训者也要进行经验的建构。

(六) 评价者

美国"成人教育之父"马尔科姆·诺尔斯在其专著《现代成人教育实践》一书中指出,成人教师具有六种职能,其中最重要的职能就是评价职能,即"帮助学习者评价学习活动的结果"。"教师在进行评价工作时,立场必须客观、公正、公平,力求评价工具的精确和有效,使评价的结果具有意义。"但由于经验是一种抽象的、感性的资源,是一种"隐性知识",对其采取传统的定量的评价方法很难取得应有的效果。此外,学习过程的个性化使经验学习的评估标准难以统一。所以,培训者应摒弃以学员学业成绩为中心的传统评价体系,而采取灵活多样的评价方法,如定性评价与定量评价相结合,以定性评价为主,定量评价为辅;考虑学员的学习特性,采用自评与他评相结合的方法;强调学习活动本身的意义和价值,对学员学习进行形成性评价;等等。总之,培训者要结合教师的以往工作、学习经验等确定评价指标和评价标准,提高成人的学习兴趣和学习效果,使学员"诗意地栖息在学习中"。

三、培训,让教师成为学习的主体

在教师的培训中,培训者要注重学员原有的经验,强调学员发展的主体性、主动性。教师由传统的讲授主体向导学主体转变,由"教"学员转变为"导"学员,实现以培训者为中心、以面授讲解为主导的培训模式向以学员为中心、以组织引导为主的培训模式转变。在培训过程中,培训者要考虑学员的身心特点,了解学员已有知识和经验,把握学员真实需求,在培训内容设计中,把学员推向获取知识的"前线"。这样学员才能在培训者的指导下,积极主动地参与学习,变"要我学"为"我要学",从而在知识能力、情感态度、创新精神等方面得到发展。

(一)创设情境,诱发问题

"教师的工作都是基于一定的情境而展开的,其知识运用具有情境性的特征。"[3]教师培训情境创设可以是真实课堂,也可以是课堂教学视频,更多的应该是制作或遴选能彰显培训主题需要的微视频,让学员体验或观看,培训者设计适宜的开放性问题,如"刚才的课堂或教学片断、或视频,给你印象最深的是哪个细节?为什么?""说说你对刚才的课堂、或教学片断、或视频的看法?"或者聚焦一个问题,教师谈自己的感受。

(二)实践体验,提升感悟

过去在培训中也力求设计"请您分享""请您思考""请您参与""请您判断"等环节,虽然也改变了传统的一言堂模式,发挥了一些实效,可始终没有"请您体验""请您实践""请您设计"等这样更有助于教师亲身体验和实践的环节。

"听来的记不住,只有做了才不会忘记。"教师培训作为成人教育,必须要依据成人的学习特点来设计培训内容,更要设计有助于提高成人学习效率的方式,否则再好的内容也只能是在学习的过程中掀起老师们思维的一丝涟漪,培训结束后就也没有太多的印象了。比如,在围绕"合作学习"主题培训时,我们设计了模拟课堂教学情境的"撕纸"实践活动。让教师扮演学生,在培训者的"要求下"完成撕纸,然后让大家一起,思考老师的教学过程。待"学生"完成教学任务后,每个小组再发一张纸,组内大家共同完成教师的教学任务。看看是一个怎样的结果?大家讨论分析发现,"老师"教学行为背后,我们看到的是因"老师"错误的教学思想和理念才导致了这样的教学结果。当前推行课堂教学行为变化,"以学定教"倡导学生自主学习,"老师"错误地理解为学生的自主学习就是"封闭"学习。有效学习应该是让学生在"自主、合作、探究"三位一体的行动中完成的,不能人为地去割裂"自主、合作、探究"。

(三)设计质疑,引发思考

经验是重要的学习资源,"成人的学习需求、学习兴趣、学习动机的形成及学习内容的选择在很大程度上都要以其经验为依据"[4]。经验对成人学习既具有积极的促进作用,也有消极作用。这就要求培训者要了解学员的工作情况、生活情况、学习情况以及心理特征,确定学习内容时要考虑学员已有的知识水平,确定新旧知识之间的连接点和学员的"最近发展区",指导学员分析已有经验并决定取舍;以学员的兴趣与爱好和参与活动的主体性为基本尺度,开发经验课程。在一次"课堂行为转型"主题培训上,培训者出示唐僧和诸葛亮两个人物影视照片,设计了一个问题——"你认为谁是好老师?"或者"假如是你,你会选择谁做你孩子的老师?"让教师各抒己见,然后相机引导。唐僧遇到妖魔鬼怪就把打败妖魔鬼怪的机会让给徒弟,就类似老师在课堂上把问题抛给学生,让学生自己去解决。诸葛亮就类似老师把所有问题都解决了,单向性地把知识灌输给学生。两者最大的区别就在于,唐僧式的课堂,学生被作为有效资源最大化的利用了;诸葛亮式的课堂,老师决定了学生的思维,学生的学习是被动的。我们再来看唐僧对徒弟的评价:"我这三个徒弟,个个本领高强。"对学生放手的实质就是对学生的肯定,会使学生的学习积极性大大提高。在经历"九九八十一难"之后,师徒四人看到了菩提树,徒弟们问道:"师傅,这是何物,我们怎么不曾见过?"唐僧答道:"徒儿们,这是菩提树!"在唐僧式的课堂上,当学生通过自己探究、小组讨论都无法解决某个问题时,老师便给予及时的点拨。诸葛亮式的课堂上,老师控制着一切,学生只能跟着走,可能还会有掉队。唐僧可以带出一批批的高徒,而诸葛亮就只有一个,无人能出其右。以此为切入点引导教师改变教学行为,转变学生学习方式的主题。

当然,基于成人特点,在设计问题时未必要教师把自己的想法"说出来",有时可以让教师闭上眼睛思考,有时让教师轻声对自己说,有时让教师组内相互交流,有时让教师说出来集体分享,有时让教师与培训者对话。

(四)引用案例,激发思想

当培训者介绍什么是"教学"时,不是从理论上说,而是引用郭思乐教授与朋友的对话来让教师学员自己思考:"如果你告诉学生,3乘以5等于15,这不是教学。""如果你说,3乘以5等于什么?这就有一点教学了。""如果你有胆量说3乘以5等于14,那就更是教学了。"只用一个案例,培训者什么也不用说,让教师学员在阅读案例中思考、感悟、收获——教学只有围绕目标,在交往中才能真正实现。只有"教",没有"学",不是真正的"教学"。

(五)主体性实践成果展示分享

在培训前,科学地建立学习小组(共同体)。建立学习共同体时,注意共同体之间的男女搭配、年龄结构、性格相容、才艺互补。同时明确共同体团队成员之间的分工与合作要求,共同体命名也非常重要,这个环节不仅容易培养共同体成员之间的情感与责任,还能起到升华教师职业情感的作用。"K6KT(快了课堂)""快乐一族""地球组"……不仅体现了其共同体成员的思想,更让他们感受到了自己这份职业的价值与意义,有效地实现了教师学习提升职业情感的目标。围绕主题或实施"以课领训"后,教师在培训任务的驱动下独立完成突出主题的实践性片段或教学环节的设计,然后让教师学习共同体之间相互合作,形成代表本共同体专业水平的成果,在培训班中通过汇报或粘贴等多种方式予以展示分享。除了呈现出集体智慧外,这种方式还培养了教师的集体荣誉感,提升了教师的职业认同感。

在教师培训中,由于大多数培训者缺乏成人培训专业性资质,过多地模仿国民教育体系,偏重于知识灌输,而在突出能力提升培训和观念变革方面存在严重不足。其根本原因是,我们无论在理论上还是在实践中,都没有科学地区分成人教育、教师培训同国民学历教育的不同,对成人学习和教师培训的规律缺乏持之以恒的深入研究。彻底解决教师培训方面存在的种种问题,必须从探究教师培训主体性实践开始。培训,让教师动起来!

参 考 文 献

[1] 曹华. 基于成人学习特点的有效培训[J]. 中国质量,2012(8):19-21.
[2] 叶忠海,等. 成人教育学通论[M]. 上海:上海科技教育出版社,1998:28.
[3] 李飞. 变革思维方式提升民族教师"幼儿国培"的有效性[J]. 教师教育论坛.2015(2):70-73.
[4] 毕淑芝,司荫贞. 比较成人教育[M]. 北京:北京师范大学出版社,1998.

微课在中小学教师培训课堂中的应用

微课的推广和应用正在影响和改变着教师的教学生活。作为引领教师专业发展的教师培训,面对时代的发展,面对教育的新事物和新变化,不可能也不应该置身于之外。培训课堂运用"微课"的过程,其实本身就是培训者用行动转变教师教学理念,让其掌握信息时代新的教学方式和教学策略的过程。[1]教师培训微课以视频课程的形式呈现,更为现实中小学教师培训课堂的变革和提高培训的针对性、实效性,提供了一种新的模式和途径。

理解微课产生的时代必然性,变革培训中"培"与"训"的方式和方法,打造高效培训模式,是当前和今后一个时期中小学教师培训工作者的必然追求。

一、教师培训中的微课

微课是信息化时代人们追求知识、信息传播快捷方便、简单高效的产物。它突破了传统课堂教学在时间和空间上的限制,使随时随地学习成为可能。[2]

教师培训中的微课是以微型教学视频为主要载体,针对某个培训知识点或培训环节而设计开发的一种情景化、支持多种学习方式的视频课程资源。信息技术的高速发展为其提供了技术平台,尤其是成人对学习方式多样化(如自主学习、情景化思考、主体性实践、后续跟进等)的要求成为促其发展的内在动力。

"以课领训"是围绕某个特定主题知识点、技能运用、素养提升和培训环节而开展的信息技术与教师学习深度融合的培训活动。把微课应用在中小学教师培训课堂中,可以更好地呈现知识的规律性、形象化,使学习者更容易了解知识的本质和内在关联。

众所周知,一直以来教师培训学习"重案例、轻理论"。把每次主题培训的核心理论做成微课程资源,在培训中通过视频的方式呈现给学习者,通过微视频最大限度地调动学习者的参与度,即使现场存在极少数教师静不下心,或不属于理论的情况,还可以在训后为学习者继续学习或温故知识持续提供资源。针对教师培训重案例、重真实课堂教学情景的客观实际,在无法提供真实课堂或案例课不能满足培训主题内容与环节需要时,利用微课把平时收集的真实课堂视频截取制作成微课程资源,用于教师培训现场,让教师从微课程中聚焦真实课堂情景下的细节,或通过微课技术聚焦课堂给学习者以灵魂的触动和心灵的震撼,更深刻地诱发学习者进行深度思考和反思。

培训的根本不是传授知识和技能,更不是帮助老师解决困惑与问题,而在于唤醒、激励和鼓舞。唤醒教师潜在的自我学习意识和能力,激励教师自我探究和思考,鼓舞教师自我信任和努力。教师学习是要在自己已有经验的基础上通过认知得来的,而不是培训者给他们的。强行灌输由于没有认知的过程,只能变成记忆,而通过认知得来的知识已经融汇了个人的探索、感受与经验,不再是单纯的知识技能,而是智慧的结晶。针对某个培训主题的知识点或培训环节而设计开发的一种情景化、支持多种学习方式的视频课程资源,恰恰能够满足不同层次学习者的需求。

另外,微课可以重新设计,反复修改,而且可以运用信息技术手段不断优化培训资源,短小精悍,直观生动。在培训课堂中,某些培训环节,尤其是理论讲授环节,若恰当使用录屏式微课视频,可以使学员学得更有兴趣,理解得更透彻。微课让学习者在感性中保持理性,在理性中不断提升。

二、微课在教师培训课堂中的应用

(一)营造教师学习的"场力"

在教师培训中,氛围的力量永远大于培训者的力量。利用微课可以充分营造出培训者期望的"场力"。让学习者在"场力"的作用下,全身心地融入学习的氛围中来。笔者曾经身体力行,面对教师参加培训学习的浮躁和敷衍情况,通过制作微课创设出宁静的画面,再配上精心选配的音乐,很快将教师从喧嚣、躁动的状态转为平静、寂静。

学习学研究发现:学习动力是学习者进行学习的原动力。因此,我们只有让学习者产生学习动力,才能真正搞好学习。那么,如何让学习者产生学习动力呢? 学习动机是直接推动学习者进行学习的一种内部动力。学习动机一旦形成,它不仅使学习者对所学的东西有一定的指向性,即有主动积极的态度、对所学内容感兴趣、注意力集中等,而且也使学习者产生一定的动力,使注意状态、兴趣状态保持下去,在遇到困难时有克服困难的意志力。只有产生了学习的动机,有了明确的学习目的,才能产生学习动力。中小学教师培训需要教师在学习中有效激发学习愿望,不断更新知识,只有这样,才能实现培训目的。[3]根据学习学原理,培训课堂中可以通过微课将培训活动的主题、任务、目标及环节等呈现给学习者,让学习者明白自己在培训中要做哪些事?怎么做?学习者在明确了自己的任务之后,很快融入小组学习和活动当中,学习的"场力"自然形成。一次,在一个培训者培训的现场,我们要引导学习者去创建一个学习者学习的"场力",怎么办?备课时,我想到了浪潮与旅游购物的场景,通过把这两个视频片段融合,制作了一个微课,培训中有效地实现了课程目标。

(二)凝聚教师学习的"心力"

教师培训,我们不能只给老师我们想要给的东西,比如,老师在培训学习中"重案例、轻理论",我们培训如果仅仅停留在案例、感动这样的层面是远远不够的,得再提升,得给予他们另外的东西。要达到这个目标,就不能只让他们听、看,而要让他们参与到案例之中,要让他们的心灵、智慧成为案例的一部分。这就需要在培训课堂中凝聚教师的"心力",培训中微课可以"不经意"地让难题"灰飞烟灭"。在一次"有效学习性评价"主题培训中,笔者把一次案例课中三个不同层次评价情景用微视频制作成的专题微课达到了"只可意会,不可言传"的效果,通过微课既让教师领会到了课堂评价语的魅力和作用,又让教师刻骨铭心。说"不经意",但是这不经意的背后,却是绝对的"经意",是真正的匠心独运,如果没有娴熟的信息技术运用能力和学科深度融合意识,绝对达不到期望的效果。我们可以想像,在经过这个刻骨铭心的瞬间之后,教师不但会认真思考"场景"的作用,还会在自己的教育教学的过程中有意识地去创设凝聚育人的"心力",做到知行合一。让知识化作智慧,让智慧升华为情感。

(三)提升教师学习的"引力"

微课应用于中小学教师培训课堂,不仅是改变教师培训方式,更重要的是通过微课程将"改课"行动呈现给教师。十多年来,中小学教师对"改课"已经在思想观念有了转变,缺少的就是"改课"的行动和策略、方法和技巧。"改课"就是改变教师的教学行为,改变学生的学习方式。"改课"的本质就是改人——改教师、改学生。这些改变必须从教师培训改起,教师培训要让教师身临其境,亲身体验微课的作用和效果,感受微课带来的学习方式的转变,以至当教师回到岗位上时更愿意用行动去改变自己的课堂行为,从而转变学生的学习方式。

培训中应用微课,本身就是培训实施者用行动对"改课"的内涵进行诠释,通过微课让教师体验微课所带来的学习方式的转变。教育家第斯多惠说:"教育的艺术不在于传授知识,而在于唤醒、激励和鼓舞。"现在的培训,应更多的是如何将知识、智慧、情感传递给教师,并根植在教师的心灵上。

教师培训如何才能实现有效?培训课堂中微课要发挥出应有的功能:一方面内容要力求切中需求,另一方面微课要力求能"撞到"学习者的兴奋点上。微课传达的信息,由于图文声色并茂,在学习者中会产生的强大的内驱力,使教师的学习不是在被迫的情况下进行的,而是在渴望的状态下想方设法地获取。这样做,教师的自主学习意识和能力才会被唤醒。培训中,一线教师不太欢迎直接的"教育理论",我们可以先不做任何讲解,而是把"理论"事先设计制作成微课程,在培训中先让教师观看微课,用微课作为刺激,激发教师的学习意识和热情,再用问题引领,最后引出想要阐述的理论。在"有效教学模式"主题培训中,就"以学定教"概念与核心要素、要点设计制作成一个微课程,并将问题带给教师思考,最后聚焦以学定教理念下的课堂,教师的注意力被精彩的微课深深吸引,每次培训现场教师的投入度远远超出了想象。

培训最大的作用不是解决老师课堂问题,更不是要成为老师辛苦劳累的加速器,而是要唤醒大家的潜在的自主学习意识和能力,实现在改变自我课堂行为中感悟自己课堂的精彩生成,寻找到教学带给自己的成就感,从而不断提升自我职业的认同感和归属感。用微课关注教师灵魂的感悟、生命的表达,能更有效地提升了培训的针对性和实效性。

(四)夯实教师学习的"能力"

"微课"以提高教师的专业化水平作为出发点和归宿,可以切实提高教师的实践能力和反思能力,全面提高中小学教师再培训的教育质量。[1]利用微课呈现一个事物的多种现象,让学习者更加直观、鲜明地感受到问题的本质和关键所在。一次围绕'有效学习'主题培训,笔者选用了一个电视视频制作成"3×5=15"的学习微视频,结合网络上一个美国小学作业"3×5=15",华人家长不理解为什么老师会判错,引出"什么是真实学习",进而水到渠成地帮助教师真正认识到:"学习只有在学习者自我真实发生的前提下,我们才能去谈有效的与否"。大大提升了教师学习的分析问题和思考问题、解决问题的能力。

另外,通过微课还可以将教师学习精彩片段再现出来,让其他教师在学习中更好地分享,使其思维得到启迪,视野得到拓展,智慧得到点燃,全面提升教师自主学习的意识和能力。

（五）构建培训教师的"实力"

培训课堂中的微课给教师学习带来了可视化的学习过程，组织者可以在学习者利用微课程培训资源学习的过程中，监测学习者的活动、诊断学习问题、预测学习效果，从而对学习者的学习状态有立体化的、科学化的分析；通过观察学习者呈现出的学习变化轨迹和趋势，为实施后面的培训内容或学习者今后的学习提供更切需求的方案和内容。

因此，需要培训老师要嘴在讲课、眼在扫视、心在感受，每个学习者的状态、眼神都要尽收眼底。在学习者观看微课的过程中，培训者要善于观察学习者的状态。观察是一种以心灵、情感，甚至想象、创作为背景的由观察到思维的过程，寻求与学习者的"心照"，这样才能最大限度地挖掘出微课的价值和作用。这一过程是培训者自我驾驭能力培养和提升的过程，在不断的实践中，培训者的"实力"可以得到极大的提高。

三、教师培训课堂微课应用的意义

把微课运用到教师培训课堂，就是要有效促进培训与教研相结合、网上学习与网下研修相结合、虚拟环境与真实环境相结合。当然，"教师培训应结合教师需求和实际，本着方便教师学习、解决实际问题、注重长远发展的原则设计培训课程"[5]。

把微课运用到教师培训课堂，就是要把学习者的心点亮，点燃学习者积极向上、渴望成功的心，引导学习者主动学习，唤醒学习者对新知识、新技能、新思想新观念的兴趣、渴求、憧憬，唤醒学习者自我潜在的学习意识和能力。

把微课运用在教师培训的课堂，就是要用新理念、新思想践行新实践、进入新境界、成就新成就、建设新局面，就是要以实践引导教师践行"改课"。用变革教师自我学习培训课堂方式，让教师学习在培训课堂真实发生，以此来促进教师用"改课"思想和行动转变学生学习行为，实现课改实质性突破。

不过要注意，微课在教师培训中的使用要适度、适当，它不能代替培训者和学员面对面的交流和讨论。另外，微课是着眼于某一知识点的完整培训活动，是微格教学的有力支撑，也是微教研的重要载体。微课是一把双刃剑，怎样发挥微课在中小学教师培训课堂中的积极作用，需要我们在教师培训的教学实践中继续学习和探索。

参 考 文 献

[1] 牟辉. 基于"微课"模式对中小学教师培训的启示[J]. 都市家教月刊, 2014(7):127-127.

[2] 姚晓兰, 兰觉明. 微课:中小学教师培训的新型课程形态[J]. 中国成人教育, 2013(18):95-97.

[3] 蒋瀚洋. 微课在中小学教师培训中的应用探讨[J]. 教育教学论坛, 2016(20):59-260.

[4] 夏文雁. 利用微课推动中小学教师有效培训新模式的构建[J]. 读写算(教育教学研究), 2015(12):80-88.

"以课领训"
——夯实教师培训主体性实践[①]

一、"以课领训"模式的提出

教师学习有着不同于学生学习方式的特点:一是主体性,无论是成人自主进行的经验学习,还是培训者设计、指导下的有序学习,都需要以成人为主体,调动其积极性;二是建构性,成人个体以原有的认知结构为基础,学习新的知识、技能、情感和态度,通过同化与顺应,建构新的信息意义,改造和重组原有的经验,并且不同的个体有不同的建构过程和结果;三是形象性,成人学习的知识都与他们的经验密切相关,有的甚至是亲身经历的,学习是在一定的情境中进行,通过模拟、游戏、角色扮演等创造新经验,因此学习内容和形式具有形象性;四是实践性,成人在一定的工作、学习、生活等实践中积累了丰富的经验,通过学习进行理性升华,又反作用于实践,推动实践活动。[1]

"基于问题思考、走进真实课堂、回归理论引领、改变教学行为"是立足教师培训主体性实践的"以课领训"方法与思路。由祁门县教师进修学校历经六年探究,并不断改进、完善形成的比较稳定且操作性强的"以课领训"教师培训模式,其本质与核心就是:问题引领、体验课堂、唤醒意识、引发思考、质疑碰撞、启迪思维、点燃智慧、获取知识、发展能力、提升素养。

"以课领训"围绕"转变教师课堂教学行为,转变学生学习方式",突出参训教师的主体实践,活动按照"主题问题梳理(一线教师通过校本研修梳理出主题活动教学问题)——通识性前瞻理论引领(师训专职教师围绕"转变教师课堂行为,转变学生学习方式",突出"以学定教"有效模式)——自主实践体验(任务驱动下,教师个体完成案例课学生自主性学习设计,小组内集体合作呈现集体智

[①] 该文章于2015年发表于《中小学教师培训》第12期上。

慧成果,参训学员共同分享）——走近真实课堂（优秀教师或名师说课,并借班呈现真实培训案例课,参训教师围绕活动主题亲身观课体验教学真实情境）——专业主题理论提升（优秀教研员或各级教坛新星、骨干教师依托培训案例课,做活动主题专业素养理论提升）——交流质疑对话互动（参训学员与主题培训案例课教师、主题理论专业素养提升专家、师训专职教师及教研员组成的专家团队互动）——主题培训应用能力迁移主体性实践（参训教师根据活动体验、感悟、所得,寻找自己认为合适的切入点设计突出本次培训主题的教学片断）"流程进行。通过任务驱动将活动后行为跟进作为教师继续教育管理的重要内容,实现培训后教师真正意义上"以学定教"的"行为转变"。

二、"以课领训"模式的基本构架

"以课领训"模式的基本构架为"基于问题思考、走进真实课堂、提升教学理论、实现思维碰撞、主题实践行为跟进"五个方面。力求"质疑、课堂、理论、思考、实践"五位一体,借助"理论培训＋课堂实践＋理论再提升＋交流研讨＋跟进实践"逐步递进的螺旋式培训模式,充分调动和激发了参训教师主动学习的积极性。

（一）基于问题思考

"以课领训"突出培训主题教师实际需求,每次专题培训立足一线教师学习应然需求和实然需求,由祁门县教师进修学校根据教师常态下课堂教学实际问题遴选培训主题,组织参训学员利用校本研修或区域学科教师群（QQ、微信）开展网络研修,梳理本主题课堂教学问题或困惑。问题梳理可以是参训教师自我独立试上培训主题相关章节的教学,亦可以以校内集体备课,或同课异构,或优质课打造,或"磨课"等方式进行,通过反思或集体研讨,寻找培训主题内容在实际教学中的问题与困惑。让教师带着问题进入学习,在困惑中思考、碰撞。

（二）走进真实课堂

带着自己或同事对培训学科主题教学的专业思考,走进培训预设的真实案例课课堂,做到有主题、有目标、有意识地在真实课堂去观课。通过创设真实教学情境,让参训教师去看看其他教师是如何把握课程标准和教学目标的,看看其他教师是如何处理学情与教学内容的关系的,看看其他教师是如何运用媒体与资源推进教学的。案例课老师成功的做法可以借鉴和模仿,也要看到其不足之处,站在"同在共行"的角度去思考和重新建构,为后面的交流研讨互动做准备。

(三)回归理论引领

众所周知,教师培训普遍存在"重案例、轻理论"的客观实际,"以课领训"以"微学习"的方式,围绕活动主题在呈现一堂真实教学情景的基础上,通过专题理论专家引领,从真实教学情境入手,剖析课堂现象背后的专业理论,让教师不仅能知其然,更知其所以然。

主题培训力求从现象到理论,注重主题专业化的深度和广度的拓展与延伸。一次培训帮助教师实现一个方面某个领域的教学专业化发展和突破。每次活动"实现理论与实践的互动,从分歧走向共识"[2],促进了教师培训主题教学知识与技能的专业发展和提升,也从根本上解决了一直以来教师培训实践和理论"两张皮"低效徘徊的现象。

(四)碰撞启迪智慧

培训的本质不是解决问题,而是唤醒。成人学习需要在群体中通过对话、交流实现启迪思维和点燃智慧。"以课领训"在回归一次教学微理论学习的基础上,再聚焦一场微专题的研讨,通过专题研讨引发一次课堂教学问题思考与探究、质疑与发展。在交流研讨中实现思想的碰撞、思维的启迪、智慧的升华是"以课领训"实现教师培训学习收获所得的重要环节。交流研讨既有面对面的对话,也可借助于网络 QQ 群或微信群,即时、即兴发表自己的感悟、体会和见解,分享他人的经验、思考和智慧,全体参与的教师在一种更开放的思想和思维下,相互碰撞、相互启迪、相互提升。

(五)改变教学行为

"以课领训"要求参训教师通过训前的问题铺设与训中的角色体验,最终走向"他山之石学起来,主题回归用起来"。借助培训任务驱动,完成培训行为跟进作业,在作业中实现主体性实践。每次培训设计适宜当次主题学习实践的课例,根据培训时间可以在培训现场由教师个体独立完成主要片段和环节的设计,再分组通过研讨形成代表小组集体智慧的成果呈现出来;也可以通过任务驱动将培训跟进落实在校本研修中。

三、"以课领训"的实践意义

（一）"以课领训"集"训—研—教"一体

"以课领训"是集"训—研—教"一体的培训主体性实践的一种有效教师培训模式。训，是教师培训主题；研，是教学问题研究；教，是课堂教学实践。其中，课堂教学实践是主体，培训的内容是根据教师课堂教学中的问题为主要培训内容，培训方式主要采用真实课堂情景下的教学问题研究分析为主。该模式成功地将"训—研—教"有机地融合于一体，即通过县域内优质资源共享，破解了农村校本研修中普遍存在的指导薄弱、资源匮乏、缺失后劲的难题，促进了教师学习方式的转变，从"被培训"走向参与式、协作式、混合式和个性化的"我要学"，加速了常态化培训的进程，与学期、学科同步，每备一课、每上一课都是一项大范围集思广益的课例研修，聚焦问题，教学做合一，初步形成了便捷高效的一体化培训运行机制。"以课领训"不仅有效地解决了教师培训理论和实践"两张皮"的现象，实现了提升教师培训的针对性和实效性目标，还有效地促进了城乡教师的共建、共进、共享。城乡教师在共同建设教师培训资源的实践探究中，相互学习、相互促进，更多的教师在共享培训资源成果中，汲取营养、发展能力、提升素质。不仅有效地实现了城乡教师的观念和思想的转变，更有效地促进了城乡教师课堂行为的"集体"转变。在实施培训过程中，培训者和被培训者作为平等的双方，用研修的视角交流、反思具体的课堂行为，相得益彰。

（二）"以课领训"突出教师主体过程参与

"以课领训"，立足点在"课"（真实教学情境——案例课），着力点在"领"（专题学习——理论引领），提升点在"思"（以主题为中心展开交流研讨——质疑碰撞），关键点在"训"（围绕主题学习——主体性实践）。教师的培训学习，既有真实的课堂教学情境，又有围绕课堂教学的专业理论提升，更有课堂教学的问题思考和主体性行为实践体验。既让教师观看了优秀教师的真实课堂，又能及时汲取到专家的专业理论提升，还能满足参与和体验同行、名师、专家之间的思想交流与思维碰撞，从分享中品味、思考到从感悟中消化、吸收。

（三）"以课领训"唤醒教师潜在的自主学习意识和能力

"以课领训"通过情境创设、案例分析、理论提升、专题研讨、思维碰撞、互动交流等方式,力图使教师将培训知识与教学实践相结合,以此引导教师运用培训所学的知识解决教学实践问题。参加培训的专家团队成员、案例课教师"磨课"团队、参训全体学员在"以课领训"中,围绕案例课进行深层次研讨、集体备课"磨课"、专家主题梳理、全体共同观议课、主题研讨交流等多样化的研修活动,有效地促进了同学科教师之间的交流与发展。

"以课领训"让参与学习的教师们,在看得见、摸得着的"一例一题一研一改一得"[3](一堂真实案例课,一个围绕案例课主题展开的专题理论提升,一起围绕本次主题活动开展的有深度和广度的交流研讨,一次改进主题教学活动的实践,完成训后行为跟进尝试的一点收获)中改善实践,让全体参与者在活动收获的过程中,唤醒他们潜在的自主学习意识和能力,点燃他们生命的激情和思维的火花,使教师成长得更扎实。

(四)"以课领训"强化师训机构自身的"造血"功能

"以课领训"是基于教师的专业发展,基于学生的健康发展,更是基于学校的良性发展。谋求课堂教师"教"和学生"学"的方式变革的实践,有效地解决了教师培训的实效性与针对性,真正实现了提升教师培训质量的目标。"微学习"的便捷、实用、高效赋予教师主体更多的实践能动性,不仅实现了"训—研—教"的结合,有效地改进了教师培训行为方式的变革,也有效地帮助县级教师培训机构实现了加强自身的"造血"功能。通过案例课教师的团队"磨课",促进了校本研修的回归、"本土"理论专家通过搭建不同主题理论框架与案例课授课教师不断地相互磨合,实现了区域内骨干教师、学科带头人的可持续发展。祁门县教师进修学校一边在"借船过海"(引进名师专家团队突破制约"理论提升"的瓶颈)、一边联动健体、合力共举,发展了县域内的师训专兼职队伍,真正实现了强身健体的"造血"功能。

参 考 文 献

[1] 刘奉越.基于成人经验学习的成人教师角色定位[J].教育学术月刊,2010(10):88-90.

[2] 陈晓波.课例研究主题的寻找、甄选与澄清[J].中小学管理,2013(6):10-12.

[3] 宋冬生:城乡教师培训要有"一体化"思维[N].中国教育报,2014-11-11(07).

乡村教师培训学习的有效支持方式
——"以课领训"模式的再造①

建立支持和保障乡村教师学习常态化体系和机制是新一轮国培改革的初衷和目标。事实上，改革"国培计划"还有更深远的意义，它不仅仅是让培训更有效果、更接地气，更是在为发展更高质量、更加公平的教育提供有力保障。

祁门县作为国培项目改革区域整体推进项目首批试点县，按照"探寻路子、打造模子"的整体思路，将历经六年自主探究形成的适合山区乡村教师专业发展的教师培训模式——以课领训，不断加以改进和完善，形成新的再造模式。"以课领训"再造模式把研修过程与研修结果并重，坚持"研—学—用"并举，力求促进教师行为转变，在把培训从"教师培训"引向"教师学习"之后，转向把教师学习从"理解式"学习向"迁移式"学习转变，构建的教师学习"生态圈"更加有效地实现了支持乡村教师专业发展的这个目标。

一、乡村教师培训学习状况分析

（一）培训价值被扭曲

由于受山区点多、面广等诸多因素影响，教师专业发展长期处在"自由"发展状态下，加之前三轮的中小学教师继续教育停留在"机构敷衍，教师应付"的"双负面效应"状态下，承办方也只是为培训而培训，教师只能是被动"参加"。"上面讲、下边听"的培训学习方式从内容到过程都存在太多的随意性和任务性，导致在培训学习中分析问题的思维和角度出现偏差，有的甚至丧失了真实

---

① 本文于 2016 年发表在《继续教育》第 12 期上，有改动。

的自我,不少教师因此对教师培训颇有微词,以至于有相当一部分教师在潜意识中抵触培训,拒绝学习,或者学习中非理性情绪化思维倾向严重。

(二)习惯于自主发展

客观地说,乡村教师内心渴望得到专业提升的机会和平台,但是又走不出骄躁、急功近利的状态;此外,乡村教师由于教学任务重,参加实际有效的培训学习机会有限。更重要的是教师普遍认为,教育教学是一项创造性和个性化极强的劳动,在一定程度上"自我"意识浓厚,在培训学习中更愿意相信自己,这一点随着学段的上升、年龄的递增,表现得愈加明显,有很多教师认为"思考比培训重要"。

另外,长期以来,中小学教师培训,学习者都把自己当做"打酱油的"(局外人、旁观者),参加学习之前不知道来培训学习的主题是什么?内容有哪些?自己要做什么?在参加培训学习时,一切跟着感觉走,由于之前主题不明确,目标不清晰,任务不具体,学习者对主题没有思考,只是抱着"来听听而已"的态度,课堂上不愿发表自己的观点和意见,更害怕自己的观点意见不成熟而被同行嗤笑,不愿意暴露和面对真实的自我。培训学习过程中即使培训者设计了互动环节,也会成为虚设,更不用说安排教师承担培训案例课的艰难了。

(三)重案例、轻理论

教师培训学习"专家讲、学员听"的模式,导致纯理论培训远离教师一线教育教学实际需求,致使整个教师培训学习出现"重案例、轻理论"的现象突出。教师们需要实实在在理念下的行动策略,否则,最终是无力远行或只能是事倍功半的,绝大多数教师只能停留在所听课堂层面,不会思考,也不可能思考出课堂教学背后的理论,缺乏变革自己课堂教学行为的方向和策略,这也是为什么教师听评课无数,仍然难有优秀教师脱颖而出的原因所在。

(四)工学矛盾凸显

工学矛盾导致部分教师专业素养提升困难。教师培训活动得以展开的前提是教师有参训的机会和时间。目前,农村教育发展出现了极不均衡的发展状况,整体上生源向教育资源条件较好区域流动,乡村教师一边是岗位严重超编,另一边是结构性短缺,师生比越来越小,跨学科教学任务日趋加剧,特别是规模小的学校包班情况普遍。基于真实课堂教学情境下的教师培训实施工学矛盾难以解决。

（五）培训者不专业

在教师培训中，主办者聘请的授课教师基本来自三个方面：一是大学或科研部门的学者、教授，二是教育行政部门官员，三是有经验的一线教师。教授、官员、教师并不是真正的教师培训师。教授把教师当作大学里的研究生，传授的是概念，讲求理论系统的完整性；官员把教师当作下属，传播的是自己的经历和想法；一线教师把教师当作课堂里的学生，讲述的是自己的经验和操作。三者之间有互补性，但都存在不足。比如在培训时，授课教师的前期调研、真实需求定位、组织经验萃取、成人培训课程开发能力、语言表达能力、控场能力、组织形式设计、活动设计与安排、自我角色扮演、后期培训跟踪等准备并不充分，就连讲稿PPT也制作得不规范，而这些恰恰是一个合格培训师的基本素养。

二、"以课领训"模式的构建

基于乡村教师培训学习的实际，祁门师训团队以课题为抓手，力求寻找到一条"既有真实课堂情境，又有系统理论引领；既有名师专家对话，又有教师主体参与；既有问题聚焦，又有行为跟进"的真正具有实效性的中小学教师培训模式。"以课领训"便是在这样的背景下从实践中探索形成的。

"以课领训"是基于培训主体性实践的一种有效教师培训模式，是在实践基础上不断探究，不断改进、完善，形成的比较稳定、可操作性强的一种教师培训模式。该模式有机地将"训—研—教"融于一体，其本质与核心是：问题引领、体验课堂、唤醒意识、引发思考、质疑碰撞、启迪思维、点燃智慧、获取知识、发展能力、提升素质。[1]

"以课领训"模式的基本构架为"基于问题思考、走进真实课堂、提升教学理论、实现思维碰撞、实践行为跟进"五个方面。力求"质疑、课堂、理论、思考、实践"五位一体，借助"理论培训＋课堂实践＋理论再提升＋交流研讨＋跟进实践"逐步递进的螺旋式培训模式，充分调动和激发了参训教师主动学习的积极性。[2]

"以课领训"让教师培训学习从"形式化""随意化"走向了"主题化""专业化"。"以课领训"既有真实课堂情境，又有专业理论引领，不仅从根本上解决了教师培训理论与实践"两张皮"的现象，更重要的是教师主体参与得到最大化，教师在培训学习中参与度得到极大提升，满足了教师学习的获得感需求，转变了教师培训学习的观念和态度，真正提高了教师培训学习的主动性和实效性。

三、"以课领训"模式的再造

"提高教育质量:我们能为教师做些什么?"2016年"两会"期间,国务院总理李克强作政府工作报告时,在对2016年工作总体部署中指出,要求发展更高质量更加公平的教育。作为乡村教师专业发展的行为主体——县级教师培训机构,如何构建和建立促进乡村教师专业成长以及专业共同体建设,是摆在当前和今后一个时期师训工作的重点和难点。教师学习具有五个明显特点,即聚焦内容、主动学习、主题一致、持续进行与集体参与。[3]在实施新一轮国培项目过程中,我们切实发挥教师培训学习的主体性,让广大教师"聚焦主题思考、体验真实情境、观察思考碰撞、对话实践跟进"。

缺乏主题和主体性参与的培训,没有实践性和互动性,只会让教师"在会上听着冲动,回来后又不知道怎么行动"。如何让教师培训的实效性更强?杜郎口中学有一句名言:"给学生一个舞台,还教师一个奇迹。"那么,能不能"给教师一个舞台,还培训一个奇迹"呢?实践证明,这是完全可以的。"以课领训"再造模式遵循"行是知之始",以培训者之"无为",成教师之有得,促师训之作为。在实践探究形成的"以课领训"模式基础上,借力新一轮国培项目改革实施之契机,在实施国培项目计划和教师培训实践中不断改进、修订、完善教师培训学习环节,实现以课领训模式的再造。再造的"以课领训"模式,内容上更加突出主题化,形式上更加突出主体性。

(一)突出培训主题

教育教学是艺术,但培训不是万能的。教师培训学习一定要强化主题意识和行为,要通过一次或系列的主题活动,实现帮助教师在该主题专业发展方面的全面、专业、系统认知,不仅使其在教育教学实践中有较强的主题行为意识,还要有主题行动的方法和策略。

为突出主题,训前,设置校本研修指导或主题理论学习知识答卷,通过"以卷推训"[3]的方式,让教师训前聚焦问题,知晓学习主题和任务,做到培训学习"心中有数";训中,围绕学习主题,设计专题研讨问题单,通过小组任务驱动和展示汇报分享紧扣主题思考研修;训后,强化课堂主体行为跟进尝试和实践,围绕主题,设计训后跟进任务单。这些有效确保了教师培训学习的针对性。

每次培训学习的主题都依据教师专业发展的应然和实然需求问题单梳理出的真实需求,并经过多方位、多层次的反复论证,最后确立教师主题学习的切入点,依据主题目标设计课程及课程目标,遴选师资,组建专家团队,召开备课会,厘清概念和思路,研讨培训案例课内容,组建案例课研磨团队,由师训专职教师和案例课打磨团队、微专题理论提升专家围绕研修主题展开实践磨合,力求理论与案例课实现最大限度的对接。主题既突出技能提升,又注重问题解决。

(二) 夯实主体参与

"以课领训"模式不断改革培训方式,不断改进和完善主体的参与感,并坚持以教师为主体,关注教师的学习发展。"听来的记不住,只有自己实践体验了才不会忘记!"在主题培训学习过程中,"以课领训"再造模式更加注重主体性的参与,培训过程追求最大限度地提高培训学员的参与度,让其在参与中获得满足感。为提高教师培训学习的参与度,一方面,把培训活动向前延伸——前移;另一方面,培训最终是要把教师的学习转化为自己的课堂行为,训后跟进是一个必不可少的环节。通过训后跟进,可以有效实现网络研修、集中学习、社区研修和校本研修的实际有效整合。不论是前移,还是跟进,为确保行动的有效性,借助于"学时认定"这一行政手段,充分发挥行政的杠杆作用,将知识答卷与行为跟进作业依质量划学分,有效确保了教师的参与度。

(三) 模式基本框架

"以课领训"再造模式从课前学习主题聚焦到训后行为跟进的实践,每一个环节更加关注了教师主体的参与。骨干教师团队参与主题微理论,提升课程资源开发,优秀教师参与带领团队打磨培训案例课,全员教师参与整个培训学习过程。集中培训学习前培训组织者依据学习者的地域来源、年龄结构、专业素养等实际状况,综合考虑安排小组成员搭配(6~8人最佳),指派小组学习负责人(也可以临时安排,但是组内准备及磨合时间较长)。

1. 问题引领深度思考

带着问题和案例走进培训课堂很重要。对于培训方来说,培训前期要进行调研,了解受训者的已有知识水平、能力基础,科学把握受训者的真实需求,做到培训"对症下药""量身定做"。紧扣主题聚焦问题,让教师带着思考后的问题走进培训,有效实现培训学习内容的针对性。

2. 任务明确营造"场力"

教师学习共同体的核心要素有两个:一是合作的氛围;二是评价反思机制。

二者在相互催生中推动着教师专业的持续发展。[4]

在教师培训中,氛围的力量永远大于培训的力量。集中培训学习前,师训专职培训者要利用 10～15 分钟营造一个培训学习的"场力"。根据学习学原理,培训课堂中可以通过微课将培训活动的主题、任务、目标及环节等呈现给学习者,让学习者明白自己在培训中要做哪些事？怎么做？学习者在明确了自己的任务之后,可以很快融入小组学习和活动中,学习的"场力"自然形成。

3. 主题聚焦理清思路

课前执教案例课教师说课,让所有参与者知晓案例课环节设计意图。教师的说课应更加聚焦培训微专题的理念运用实践和主题设计思路,帮助参与培训学习的教师理解和把握主题理念、知识、技能、技巧在课堂的落实。

4. 观课改变思维方式

"以课领训"再造模式引领大家从笼统概括、泛泛而入的传统的听课走向主题突出、泾渭分明的观课时代,教师更加关注课堂教学的微观细节和师生行为。让教师关注诸如"教师课堂评价行为的有效性""教师课堂提问""学生学习参与度"等话题。每次观课议课紧扣研修主题,设计观课量表,帮助教师在真实课堂情境中学会观察。

观察,是一种以心灵、情感,甚至想象、创造作为背景的由观察到思维的过程,"以课领训"再造模式提倡课堂观察,引导教师更倾向于"心照",而不仅仅是"眼观",更加关注学生在课堂上的学习状态和教师对生成性资源的把握与运用,以及围绕教学目标利用课堂生成与信息技术资源突出重点、突破难点,这样教师观察到的课堂形态和现象才是自己需要的,才是有价值和意义的。教师更为自己能观察和捕捉到这样的信息资源及深度思考而感到满足,激发其在议课环节中的表达需求和愿望。

5. 议课智慧集体碰撞

主体性实践,引领教师进入、表达、提升,三者缺一不可,这里提升最为重要。提升很难,要有个主题,关键得有个灯塔做指引,让教师找到方向。"以课领训"再造模式更加注重小组内的互动和集体思维的碰撞与智慧分享。参与培训学习的每个人都是智慧的分享者,更是智慧的贡献者。小组议课充分发挥组内成员的个体智慧,更加强调自由、自主、平等、公开,小组结果交流研讨,将集体智慧加以呈现,由各组选派代表发言人,展开组域之间的交流,或与专家指导团队之间的对话。教师的思想在质疑和碰撞中得以提升,智慧在交流和启迪中被点燃。

6. 现象分析提升理论

培训,要引导教师在观察时融入思考,分析现象背后的原因,这就进入到理论的层面。在小组汇报展示过程中,参与培训学习的教师在培训专职教师"主持人"的引领下,聚焦主题问题,呈现个性化的认知与理解,特别是注重从学习者"碎片化"的语言与思维中捕捉和概括落实主题目标的有关信息,并加以归纳、引导,帮助教师厘清概念、提升技能,在这一过程中"主持人"和专家团队有意识地把教师研讨和碰撞中的支言碎语,特别是要帮助教师透过课堂现象观察背后的东西,包括眼睛很难观察到只有心灵才能捕捉的东西,通过梳理使之逐步系统化,成为教师能理解和接受的教育理论。

7. 行为跟进实践体验

教师培训学习最终目标是要帮助教师把学习成果转化为自己的课堂教学行为实践,把培训向后拓展——落实行为跟进尤为必要。培训组织者围绕主题理论学习,设计行为跟进作业,将集中研修与校本研修或依托网络社区开展的网研结合起来,依托继续教育"学分认定"这一行政杠杆的作用,让学习者在训后规定的时间内完成主题学习课堂行为实践教育叙事或行动心得反思,进一步帮助教师内化主题学习。

四、"以课领训"再造模式的实践意义

(一)教师久违了的职业感被重新唤醒

"以课领训"模式再造,每次把培训学习主题作为聚焦点,把教师的真实需求作为立足点,把教师主体性参与作为出发点,把真实课堂教学情境作为切入点,把专业理论引领和提升作为突破点,把聚焦阶段目标作为关键点,把课堂行为转变作为目标点,整体实施与推进。在学习中,每次活动力求使之成为教师一次专业探索,一次智慧碰撞,一次心灵交流……教师在参与中"获得感"得到满足,久违了的职业归属感与认同感被重新唤醒。

(二)教师学习"生态圈"得以建构

为了让乡村教师"学得好""吃得透""用得上",并建立乡村教师培训学习常

态化机制，"以课领训"再造模式更加立足本土，注重常态。

县级师训专职教师调研诊断课堂教学问题，牵头组织学科团队梳理教师学习真实需求，规划设计培训方案，研究论证制定教师培训课程及目标，遴选组建区域内学科专家团队，协调参与课程资源建设与开发，组织实施培训过程，主持把控交流研讨，督促管理行为跟进；学科专家团队教师参与问题诊断与培训学习课程及目标设置论证，牵头开发主题提升微理论课程，与案例课教师"磨课""研课"，紧扣培训学习主题，与学员一同观课议课；学科专家团队负责对话交流答疑，资深学科优秀教师实施主题微理论提升；学科优秀教师承担教学真实情境案例课，带领同伴团队打磨案例课。在整个培训学习过程中，区域内学科各层次教师的作用得以相应发挥，骨干、优秀、全员之间形成了真正的"学习共同体"，他们之间交流互动、引导，教师发现问题、反思疑难、解决问题，课堂研究能力不断提高。在这一过程中，骨干形成了特色，优秀走向了卓越，全员实现了提升，教师学习的"生态圈"得以构建。

（三）教师学习走向真实有效

"只有这样的混合式培训，才能避免'一站高就虚空，一踏实就刻板'的教师培训弊端，让好的教育理念像根一样扎下去，专业的教学能力像太阳一样升起来。"改革后的"国培计划"下的"以课领训"真正实现了"让最了解乡村教育的本土专家培训乡村教师"的目标，使得教师的培训学习"上接天线，下接地气"，不仅从根本上解决了教师培训理论和实践"两张皮"的现象，更让教师从"参加"走向"参与"，实现了教师学习真实、有效。

（四）开发和生成了一批乡村教师学习资源

在新一轮国培改革实践中，我们不断改进和优化"以课领训"模式，还开发和生成了一批"本土化""实用化"乡村教师能用、好用，具有较强针对性和实效性、科学性的学习资源。

"以课领训"再造模式通过聚焦问题思考、体验真实教学情境、质疑碰撞分享、理论学习提升、行为跟进实践，帮助教师实现了"心中有理念，行动有准绳"设想，让教师的"改课"行动因为思考而有了方向，让教师的"课改"思考也因为行动而有了力量。

五、"以课领训"再造模式反思

坚持科学的项目组织原则是提高教师培训效能的客观要求。欧洲学者认为,教师培训的四个基本原则是:问题导向、参与者中心、跨学科贯通、"理论—实践"关联。其显著特点是:以中小学教师的主体参与为基础,借助教育教学问题的发现、探讨与解决,努力将所有培训内容在培训课程系统与教育教学实践关联起来,积极创建一种问题贯通式教师培训形态,借此把培训活动与先进理念融入到中小学教师的教学实践机体中去,真正提高教师应对复杂教育环境的能力,助推教师专业的有效、快速、健康发展。[4]

建立乡村教师培训学习支持服务体系也是新一轮国培计划改革的目标,要实现这一目标,培训者还要精心设计有针对性、有效性、实践性强的培训内容,要与一线教师紧密结合,例如针对不同层次的教师要有不同的培训内容,培训形式和方式要有创新。在培训过程中始终坚持需求性、针对性、主体性、实践性、开放性、有效性和多样性,提高培训的效率。在评价反馈方面,培训者要适时进行调研,了解参训者的满意度以及在每次研修活动中的参与度等,不断对培训计划进行调整。

首先,培训的主题内容更接近教师的教学实际,培训学习提供的真实教学情景的案例课要自然,能充分体现培训学习主题,设计的观课指标要操作性强,分析问题难度适中,这样教师对培训内容有话可说,坚持从实践中来,到实践中去;其次,充分利用现代互联网平台,建立网络沟通群,如QQ群或微信群(这点我们在再造模式中有尝试,但是有些教师还不习惯,特别是年龄大的教师,受信息技术运用能力制约),让教师们在一个更加自由、平等的空间进行对话,让每个人都拥有话语权,打破"话主语霸"现象;第三,师训专职教师充分扮演好"主持人"的角色,要履行好专业培训师职责,善于把控场面,紧扣阶段目标,捕捉生成服务主题目标的落实;第四,在草根"名师"中培养本土专家,草根"名师"拥有更多的只是"临床"经验,他们虽然知道教师所需,但是理论水平相对薄弱,很难透过课堂现象窥探背后的理论,不能很好地引领教师用科学理论指导实践。

参 考 文 献

[1] 胡来宝."以课领训"夯实教师培训主体性实践[J].中小学教师培训,2015(12):28-30.

［2］胡来宝."以课领训":农村山区县域内教师一体化有效培训模式［J］.教师教育论坛,2015(2):67-72.

［3］胡来宝."以卷推训"参与式培训模式的建构［J］.教育理论理论与教学研究,2011(12):34-39.

［4］龙宝新.欧美国家教师培训发展面临的问题与走向［J］.中国人民大学教育学刊,2015(3):73-87.

"以课领训"建构区域内教师专业
——发展常态化培训学习"生态圈"[①]

教师的素养决定着学生核心素养的形成。核心素养的培育是一个师生相长的过程,核心素养的核心就是让每一位教师自身成为最美好的课程,这一切离不开教师的培训学习。推进区域教育均衡发展需要关注每一位教师的专业发展,这就需要把培训从"教师培训"引向"教师学习",把教师学习从"理解式"转变为"迁移式",将"突击式"引向"常态化",让教师的培训学习成为教师职业生活的一部分。

祁门县教师进修学校自 2009 年开始,立足区域内不同层次教师需求,从"本土"出发,坚持在区域内"用骨干、优秀引领全员,使优秀成为骨干,让骨干走向卓越"的原则,将教师培训从"参与式"引向"拓展式",把教师培训从"传递中心"的学习,引向"对话中心"的转变。

2015 年开始,祁门县教师进修学校又依托新一轮"国培计划"整体区域推进改革项目"探寻路子、打造模子"和"建立区域内教师专业发展常态化体系"这一总体目标,将"以课领训"模式在"送培送训"项目中加以改造和完善,形成了"主题化深入、主体性参与"的"以课领训"再造模式。[1]再造的"以课领训"模式更加关注教师培训学习过程,注重教师素养和能力的提升,实现了"传递型培训文化"到"思维型学习文化"的建构。不仅进一步提高了教师培训的针对性和实效性,还有效地建构了区域内教师专业培训学习常态化的"生态圈"。

一、"以课领训"构建区域内教师培训学习"生态圈"

"以课领训"是有效整合区域内不同层次学科教师实施的,让参与培训学习

[①] 本文于 2017 年发表在《中小学教师培训》第 7 期上,有改动。

的教师在看得见、摸得着的"一题一例一研一改一得"[2]（一个研修主题，一堂真实案例课，一次围绕研修主题展开的交流研讨、理论提升，一次改进主题教学行为，实现教育教学素质能力一点提升）中改善实践、扎实成长的一种培训模式。

该模式一次培训聚焦一个教育教学行为微主题。师训专职教师和一线学科骨干、优秀教师共同集智打造，聚力实效，合力实施。由于专题"微"，切入点小，师训专职教师和骨干、优秀教师共同承担课程设计、资源开发、组织实施各项培训任务，整个培训从策划到组织实施，每一个环节都不是某一个人在独立前行，其背后始终有一个团队在支撑，大家同在共行。这种模式让培训者能接受、可准备、易实施。特别是把区域内骨干教师优秀教学研究成果（或教学特长，或教师已持续关注研究的教学问题）转化为更多教师应用实践的微专题，还能引导和培养更多的教师的教学科研意识和能力，为下一次"送培送训"积淀资源。在这个过程中真正实现了乡村教师专业发展的可持续化，最终走向常态化的"生态圈"目标。

（一）建构的区域内教师培训学习"生态圈"

"以课领训"教师培训学习模式，充分发挥县级师训机构专职教师在区域内教师专业发展中的规划设计、协调统筹、组织管理、考核促进的作用。在县师训机构的组织下，"用区域内的骨干和优秀引领全员，把全员培养成优秀，使优秀成为骨干，让骨干走向卓越"，最终实现区域内教师队伍的整体提升。

"以课领训"模式立足本土，注重常态。为了让区域内各层次教师在培训学习中"用得上""学得好""吃得透"，并建立区域内教师培训学习常态化机制，每次培训根据聚焦的主题，用优秀示范，骨干引领，帮助全员有效实现主题研修系统、专业发展。在整个培训学习过程中，区域内学科各层次教师可以发挥相应的作用，骨干、优秀、全员之间形成了真正的"学习共同体"，他们之间相互促进、相互补充。教师发现问题、反思疑难、解决问题，课堂研究能力不断提高。在这一过程中，骨干形成了特色、优秀走向了卓越、全员实现了提升。

"以课领训"在实施过程中，由于突出了主体性的参与，因此可以让有思想、有能力、想作为、能行动的教师得到很好的展示。师训教师在组织、主持、实施培训的过程中，一方面要引领教师主题学习内涵的提升，另一方面积极洞察教师课堂与集智研修过程中教师学习的新需求，同时充分发现主体性活动中的每一位可造之才，使之成为该学科下一次教师培训学习主题的专家团队候选人。

（二）建构的区域内教师专业常态化培训学习"生态圈"的意义

基于区域内教师培训学习的实际，祁门师训团队以课题为抓手，力求寻找到一条"既有真实课堂情境,又有系统理论引领;既有名师专家对话,更有教师主体参与;既有问题聚焦,又有行为跟进"的真正具有实效性的中小学教师培训模式。同时,"用骨干和优秀引领全员,把全员培养成优秀,使优秀成为骨干,让骨干走向卓越"的理念,真正实现了区域内师训专职教师、优秀和骨干、学科全员和谐共进的局面。

1. 师训专职教师"善"培训,实现了其"存在感"

县级师训长期以来由于处在"被边缘"的境地,县级师训教师被认为是"无能、无为、无效"的"三无"教师(社会上用"一栋老房子、一群老头子、一套老法子"来形容县级师训机构),师训专职教师职业存在感和认同感严重缺失。"以课领训"建构的教师培训学习"生态圈"将县级师训专职教师从教师培训的"培训者、管理者、专家",转变为教师学习的"设计者、合作者、引领者人"。

角色的转变让师训人找到了自我、找到了职业的价值和意义。他们规划培训方案,设计专题内容,诊断教学问题,参与、指导、开发培训资源,引导教师聚焦主题研修,凝练教师的发言。"以课领训"把教师培训学习从"形式化""随意化"引向了"主题化""专业化",也让县级师训机构专职教师从"专任"(工作的安排)走上了"专业"(自主的发展),有效提升了师训教师的设计力、组织力、观察力、分析力和驾驭力等。县级师训专职教师只有"善"培训,才能帮助县级师训专职教师寻找到久违的职业"存在感"。

2. 一线骨干教师"能"培训,满足了其"成就感"

"以课领训"整个培训是由团队共同实施和完成的,微专题由于切入点小、易准备、好掌握、能驾驭,让一线教师承担培训成为可能。骨干教师在祁门县教师进修学校和师训专职教师建构的培训团队协作下,通过微专题理论的准备,结合自己的教学实践,把微专题(更多的是一线骨干教师在课堂教学方面的有效课题研究成果,或是对课堂教学诊断梳理出的问题,遴选在该专题方面有特长,或是已经持续关注了该主题的骨干教师)的学习、信息收集、思路梳理,在与一线优秀年轻教师和师训专职指导教师共同研磨培训案例课的过程中,不断渗透、思考、优化,形成比较系统完善的专业理论,最后通过培训的方式呈现出来。

骨干教师作为同行专家与参训教师一同分享自己的科研成果或备课智慧,不仅为区域内学科全员教师素质能力提升和观念行为转变提供了支撑,也让他们在指导案例课教师研磨课堂教学和实施培训教学理论提升的过程中,实现了自身在专业成长过程中不同于一般普通教师的需求,更满足了这一群体的成就感。一线骨干教师的课题成果有了培训这个舞台,更好地帮助他们朝着"研究型""学者型""专家型"教师迈进,并逐步走向卓越。

3. 青年优秀教师"会"培训,提高了其"幸福感"

以课领训,用优秀青年教师呈现的案例课作为教师培训学习的真实情境。团队研磨课堂有效地提升了团队教师的整体素质,在骨干教师搭建的不同主题理论框架下,案例课需要将培训主题在课堂教学中落实,要将骨干教师的"微专题"思想、理念、策略等在培训呈现的真实的课堂情境中进行最大化展示。案例课教师在师训教师和骨干教师等组成的专家团队指导下,领悟培训目标,熟悉微专题内容,思考案例课设计,聆听专家高屋建瓴的点评,重新建构课堂教学方向的指引等,在实践体验和探究中"学会"了培训,更感受到了实实在在的专业成长带来的"幸福感",也为今后微专题的理论提升奠定了基础,积累了经验。

4. 学科全员教师"乐"培训,提升了其"获得感"

"以课领训"突出主体性参与,因为每次培训都使参训教师清楚主题、目标明确、知晓环节、明白任务,所以教师能最大限度地紧扣主题和方向、观察课堂、聚焦思考、行动实践。由于"以课领训"既有真实课堂情境,又有专业理论引领,更有主体行为实践,从根本上解决了教师培训理论与实践"两张皮"的现象。加上每次培训都坚持问题导向和需求定向,培训主题针对性强,并以真实课堂情境为载体,以主题研修问题清单为抓手,以行为任务驱动为跟进,极大地激发了学员的参与热情和主动性。

训前,参训教师基于主题生成的学习"问题单",有了学习、有了思考、有了问题,参训老师带着自己的实践体验、思考、困惑和问题参与活动;训中,从案例课执教老师的说课到案例课呈现,都能始终积极主动带着"问题"去关注、去学习、去思考、去重构;训后,紧扣培训主题,在任务驱动下尝试行为转变,分享收获所得。有的观点可谓"一起激起千层浪",在培训现场泛起了涟漪,荡开了智慧的浪花。参训教师潜在学习意识和能力在培训中被点燃,个体的素养、能力、思想、理念在自主意识的唤醒下,得到切实的转变和提升,真正做到了"让参训者乐于参与、乐于实践、乐享成长与收获"。伴随着主体的参与,教师的"获得感"得到提升。

"以课领训"既有优秀教师的真实课堂,又有骨干教师的专业理论,还有师训专家的点拨提升,更有学习者自我智慧行动。"以课领训"提升了师训教师的设计力、优秀教师的实践力、骨干教师的研究力、一线教师的"行动力",真正做到和实现了"帮助他人,提升自己"的目标。"用身边的人培训身边的教师",不仅让参训教师体验到案例课的"亲切"和微理论的"实用",更让区域内教师培训学习随时可以发生,走向了常态化,为教师专业发展提供可持续动力。

在"生态圈"建设的过程中,还可以利用培训主题化的深入和主体性的参与,开发和生成一些"本土化""实用化"的区域内教师能用、好用,具有较强针对性和实效性、科学性的学习资源,用这些实用性的资源能更好地为区域内教师专业常态化发展的校本研修提供支撑。

二、"以课领训"力点分析

"以课领训"教师培训模式,支撑点在"课",着力点在"领",关键点在"训",提升点在"思",落脚点在"行"。[4]

(一)支撑点在"课"

只有立足于课堂、扎根于真实教学情境的培训,才能让教师参与有度、交流有度、展示有度,实现思维发展、内涵提升。优秀教师的案例课是激发参训教师主体参与的抓手,也是骨干教师微理论专题的载体。成功的案例课(课堂亮点与优点可以成为教师学习模仿的示范,课堂不足与败笔可以引发参训教师更多的思考)可以最大限度地激发起教师主动参与的热情。这就要求优秀教师内化培训主题,落实课堂主题,确保参训教师"看得到"。

(二)着力点在"领"

"培训是点燃、唤醒、激励……唯有点燃、唤醒、激励,真正的培训才会发生。"专职师训教师研修指导任务交代、小组组建、研修引领、分享提升等都渗透着"主持人"价值的体现,其对诱发教师主体参与的实效性起到至关重要的决定性作用。要求师训专职教师要灵活应对,及时捕捉精彩亮点,把握教学内容生成,确保参训教师"吃得透"。

(三)关键点在"训"

"以课领训"建构的教师培训过程正在被学习过程所替代。参训教师"组学"(小组学习与分享)与骨干教师微理论专题是整个"训"的关键。因此,在要求师训专职教师组织好培训的同时,要求学科骨干教师的微专题理论短小、精悍、实用,确保参训教师"学得好"。

（四）提升点在"思"

经验＋反思＝成长。这个"成长公式"已经越来越成为教师们的普遍共识。经验，人人都可以有，但如何对已有经验进行分析与反思，成为教师成长的关键。华东师范大学钟启泉教授曾一针见血地指出，教师研修需要"让教师享有研修的自主权，享有充分的学习时间与机会……唯有扎根自律性与创造性的教师研修，才是引领教师从'教书匠'走向'反思性实践家'成长的康庄大道"。也就是说，中小学教师培训需要自律性与创造性，需要突出"自培训"或自主研修的地位和价值。这要求培训要为教师的"思"提供时间和空间，时间就是要让参训教师要有思考的环节，空间就是要让参训教师有思考的问题和方向，确保参训教师"学得进"。

（五）落脚点在"行"

"发现问题—提出问题—讨论问题—探究问题"，这是成长的思维路径。学会追问，学会思考，是教师成长的前提，也是教师不可或缺的基本专业素质，但是如果不能构建属于教师自己的认知和行为策略，教师培训学习的实效性是无法保证的。改变教师的课堂教学行为，跟进考核最为重要。这就要求学校要利用教师自己的课堂和校本研修反复实践培训学习所得，确保参训教师"用得上"。

三、"以课领训"模式基本框架环节

"以课领训"是基于培训主体性实践的一种有效教师培训模式，是在实践基础上不断探究、不断改进、不断完善中，形成的比较稳定的、可操作性强的一种教师培训模式。该模式有机地将"训—研—教"融于一体。其本质与核心是：问题引领、课堂体验、意识唤醒、思考引发、质疑碰撞、思维启迪、智慧点燃、知识获取、素养提升、能力发展。[2]

"以课领训"模式的基本构架包括以下五个方面：基于问题思考、走进真实课堂、提升教学理论、实现思维碰撞、实践行为跟进。力求"问题质疑、真实情境、观念转换、理论提升、碰撞思考、行动实践"六位一体，借助"主题聚焦＋真实情境＋智慧碰撞＋理论引领＋跟进实践＋反思提升"逐步递进的螺旋式培训模式，充分调动和激发了参训教师主动学习的积极性。

好的培训是通过有限的知识学习上升到方法论和思维能力提升、价值观培养的培训。也因于此,从成人认知结构与认知过程来看,最核心的就是要培养教师的思考力。只有"思考""思考力"才是教师培训学习的关键所在。祁门师训建构的"以课领训"模式,正是在遵循了成人的学习规律和心理的基础上建构起来的一种将"教师培训"引向"教师学习"有效模式。该模式按照"训前—训中—训后"三部曲进行,简单实用,可操作,易推行。

"以课领训"从课前培训学习主题聚焦到训后行为跟进的实践,每一个环节都更加关注教师主体的参与。专职、骨干、优秀教师团队实施主题培训课程资源开发,全员教师自主参与整个培训学习过程。

(一)训前统筹规划

1. 课堂诊断　问题梳理

师训机构组织学科骨干教师团队深入一线课堂诊断教学问题,依据"课标"和"教"与"学"的方式转变,理性梳理出一线教师学科核心素养提升真实需求,找准教师主题培训学习切入点。

2. 主题聚焦　明确目标

师训专职教师及区域内培训团队根据年度培训主题,针对课堂诊断梳理出的教师培训学习真实需求,设计培训主题及培训主题目标。师训专职教师团队协调学科骨干,通过网络或座谈会等方式,有针对性地与学科骨干优秀教师对培训主题、主题目标、微专题内容加以论证(部分主题可以结合本区域内骨干优秀教师的科研课题,把一线教师的课题成果直接服务于区域内教师培训学习)。

3. 组建团队　开发资源

根据拟开展的教师培训主题及目标,在区域内遴选适合主题落实的学科骨干教师组成培训专家团队,开发课程资源。① 在专职师训教师指导下,骨干教师开发用于教师主题培训学习的"微专题"理论,提升授课资源;② 师训专职教师与骨干教师共同遴选教师主题培训案例课执教优秀教师,紧扣主题及目标,开展研磨案例课活动,一是把案例课打造成突出主题的精品课、样板课,二是让骨干教师从案例课中捕捉能服务"微专题"理论的细节;③ 设计教师培训学习主体参与研修问题单,研修单问题设计要突出层次,一是从案例课课堂出发,让一线教师有话可说,二是要能引领参训教师从案例课走向聚焦主题的教学生活的思考,三是要帮助教师立足主题培训学习和立足未来课堂教学方向的建构;

④ 根据一线教师培训学习"重案例、轻理论"的客观实际,将紧扣主题培训学习的通识性理论制作成简单的知识普及型用卷,借助"学时认定"行政杠杆,赋予理论"用卷"一定的学时,并根据学员完成的质量予加以量化,确保完成质量,让参训教师在完成"用卷"的过程中,对培训学习主题形成初步印象。

(二) 训中规范实施

1. 厘清任务

(1) 明确环节任务。师训专职教师主持教师培训学习活动,交代活动环节安排,明确每一个环节任务目标,让学习者明白培训目标,清楚清楚自己在培训中要做哪些事?怎么做?

(2) 问题引领思考。交代该次培训学习研修聚焦的目标及小组围绕主题研修的问题单。带着问题和案例走进培训课堂很重要。对于培训者来说,培训前期要进行调研,了解受训者的已有知识水平、能力基础,科学把握参与者的真实需求,培训做到"对症下药""量身定做"。紧扣主题聚焦问题,让教师带着思考后的问题走进真实课堂和培训过程,有效实现培训学习内容的针对性和确保主体的有效参与。

2. 组建小组

组建研修团队。在集中培训学习前,培训组织者依据学习者的地域来源、年龄结构、专业素养等实际状况,综合考虑安排小组成员搭配(6~8人最佳),指派小组学习负责人、记录员、汇报员(也可以临时安排,但是那样组内准备及磨合需要时间),落实主体参与任务,为集智研修做好准备。

3. 课前说课

课前案例课执教教师说课。让所有参与者知晓案例课环节设计意图。教师的说课更加聚焦培训微专题的理念运用实践和主题设计思路,帮助参与培训学习的教师理解和把握主题理念、知识、技能、技巧,并在训后将学习到的知识在课堂的落实。

4. 课堂呈现

让参训教师带着任务、聚焦主题研修问题单走进真实情景,体验课堂。引导教师在真实课堂情境中学会观察课堂。"以课领训"更加关注真实课堂情境中,在教师引导下,学生的学习状态和教师对生成性资源的把握与运用,以及围绕教学目标利用课堂生成与信息技术资源突出重点、突破难点的技巧,这样教师观察到的课堂形态和现象才是自己需要的,对自己主题学习才是有价值和意义的。教师更为自己能观察和捕捉到这样的信息资源及深度思考而感到满足,激发其在议课环节中的表达需求和愿望。

5. 主题议课

按照训前学习驱动任务和组建的学习小组,聚焦主题研修问题单,充分发挥组内成员的个体智慧,突出一线教师的"碎思维"和"微语言"的特点,更加强调自由、自主、平等、公开的对话,培训团队成员融入研修小组,引领教师进入、表达、提升,三者缺一不可。其中,提升最为重要。提升很难,要有个主题,关键得有个灯塔做指引,让教师找到方向。"以课领训"更加注重小组内的互动和集体思维的碰撞与智慧分享。坚持参与培训学习的每个人都是智慧的分享者,更是智慧的贡献者。

6. 智慧分享

小组交流结果由小组团队集体归纳概括,再由小组代表将集体智慧加以呈现,展开组域之间的交流,或与专家指导团队之间的对话。师训专职教师对每个组的发言要加以总结、概括、凝练,并为后面小组的分享提供方向性引导,力求通过小组展学探寻出主题对教学本质的理解和追求,教师的思想在质疑和碰撞中得到进一步提升,教师的思维在交流和启迪中得到不断拓展。

7. 理论提升

培训,要引导教师在观察时融入思考,分析现象背后的原因,这就进入理论的层面。理论提升有两种方式:一是在小组汇报展示过程中,参与培训学习的教师在培训专职教师"主持人"的引领下,聚焦主题问题,呈现个性化的认知与理解,特别是注重从学习者"碎片化"的语言与思维中捕捉和概括落实主题目标的有关信息,加以归纳、引导,帮助教师厘清概念、提升技能,在这一过程中"主持人"和专家团队有意识地把教师研讨和碰撞中的支言碎语,特别是要帮助教师透过课堂现象观察背后的东西,包括眼睛很难观察到只有心灵才能捕捉的东西,通过梳理使之逐步系统化,成为教师能理解和接受的教育理论;二是由骨干教师根据事前安排,结合案例课展开微专题,对本次活动主题理论进行学习指导。

(三) 训后跟进考核

教师培训学习的最终目标是要帮助教师把学习成果转化为自己的课堂教学行为实践，把培训向后拓展——落实行为跟进尤为必要。培训组织者围绕主题理论学习，设计行为跟进作业，将集中研修与校本研修或依托网络社区开展的网研结合起来，让学习者在训后规定的时间内完成主题学习课堂行为实践教育叙事或行动心得反思，进一步帮助教师内化学习主题，同时依托继续教育"学分认定"这一行政杠杆的作用，师训专职教师要依据参训教师的跟进实施考核评估赋予不等的学时，确保教师任务跟进的实效性。

四、"以课领训"创建的培训意境

"以课领训"既有真实课堂情景，又不止于课堂；既有优秀教师紧扣主题的课堂真实呈现，又有骨干教师突出主题的微理论提升；既有专家团队的集体引领，又有学习者的主体性参与；既有训前主题聚焦，又有训中任务驱动，更有训后行为跟进。

"以课领训"模式的核心价值就在于提高了教师培训学习的参与度，满足了培训学习教师的获得感，提升了教师培训学习的实效性，实现了区域内教师培训学习的常态化。

"以课领训"扎根教学现场，聚焦于教师的实践能力的提升和核心素养的培养。让培训成为提升教师职业存在感、认同感、归属感、成就感、获得感、幸福感的助推点。

这也是我们今天教师教育应该致力追求的新境界。

参 考 文 献

[1] 胡来宝."以课领训"：农村山区县域教师有效培训模式[J].教师教育论坛，2015(2):67-72.

[2] 宋冬生.城乡教师培训要有"一体化思维"[N].中国教育报，2014-11-11(07).

[3] 胡来宝.乡村教师培训学习的有效支持方式："以课领训"模式的再造[J].继续教育，2016(12):25-28.

[4] 胡来宝."以课领训"夯实教师培训主体性实践[J].中小学教师培训，2015(12):28-30.

"以课领训"
——用培训文化引领和推动教师专业持续发展[①]

教师是教育的第一资源。培养学生核心素养,教师是关键,教师更需要具备相应的专业素养。何为"素养"?"将一切已学过的具体知识内容都遗忘之后,剩下的那些能力和品格即为素养。"[1]这就需要教师在树立"教育要培养学生适应终身发展和社会发展需要的必备品格和关键能力"的专业思想同时,在专业知识和专业技能上不断拓展完善,特别是要通过实施专业培训提升教师的专业素养。

教师培训是唤醒和重构教师职业认同、提升教师素质和能力的重要方式与途径。提升教师培训的实效性,提高教师培训参与度,满足教师学习获得感,是教师培训致力追求的新境界,这需要在培训中建构教师培训的文化,用文化去浸润和滋养教师。教师培训文化,是提升教师素质和能力的关键,是引领教师专业持续发展的灵魂,是激发教师专业活力的不竭动力。正是由于教师培训文化具有强大的感染力和浸润力,能深深地感染教师,并融入教师的灵魂、血液和骨髓,唤醒教师的职业认同和归属,点燃教师潜在的职业意识和潜能,使之热爱自己的职业。当前核心素养正成为引领教师培训文化建设的力量,围绕教师培训文化的建构,祁门师训用"求真的教育思想,知行合一的实践"建构的"以课领训"教师培训模式,有效形成了促进教师专业持续发展和提升的培训文化。

一、"以课领训",致力于让教师的学习真实发生

教师学习理论的进一步发展带来了教师学习场域的变化,从"学院式"走向"现场式"成为教师专业发展的重要场域转换。教师学习的场所主要在学校和

---

① 本文于2018年发表在《继续教育》第1期上,有改动。

课堂中,学习的内容与他们在日常教学中遇到的问题密切相关。教师在持续学习与反思的实践基础上生成更多的教学智慧,提升专业能力。以课领训基于真实学习的情境,以"任务"或者"问题"促进教师质疑、反思、分享、行动,提高教师的分析与质疑意识和能力,拓展教师视野,改变教师思维,实现学习能力的发展。

让学习真实发生,是高效课堂的目标,更应该是教师培训的追求。如何让教师的培训学习真实发生?

"以课领训",即用真实课堂情境引领教师改善课堂教学行为实践。该模式运用伟大的教育家陶行知求真的教育思想和知行合一的实践精神,充分遵循"成人教育的现代化要求弘扬人的主体性,在教学和管理过程中充分关照成人学生的主体意识"这一规律。[2] 该模式实现了把教师培训从"教师培训"引向了"教师学习";将教师的培训学习从传统的"获得模式"(即由专家将"为了实践的知识"用灌输的方式传递给教师)推进到了"参与模式"(即教师通过问题聚焦、情景体验、碰撞质疑、理论提升,在培训学习现场通过解决问题而学习,收获的是"实践中的知识")、"拓展式"(即由一次主题培训延伸到其他行为实践);把教师学习从"理解式"引向了"迁移式";把教师培训从"传递中心"的学习引向了"对话中心"的转变。

"以课领训"立足优秀教师的真实课堂,突出骨干教师的专业理论,注重师训专家的点拨提升,关注学习者的自我智慧行动。该模式的支撑点在"课"、着力点在"领"、关键点在"训"、提升点在"思"、落脚点在"行"。[3] "以课领训"在教师培训中及时地为教师提供最新的理念、知识和技能的同时,更注重为教师在学习中参与、体验和实践创造更多的机会与可能,实现了培训让教师学习真实发生。

二、"以课领训",求真于教师主体性的参与实践

培训,"培"是标,"训"是本。《书·洪范》记载:"于帝其训,又,是训是行。""听来的容易忘,看到的记不住,动手做了才能学得会",这句话很好地揭示了掌握知识的规律,更准确地概括了成人学习的有效途径。

成人教育的主体性是指作为成人教育这种教育形式的主体承担者在成人教育实践活动中所具有的主体性的总称,表现为自觉意识的能力、主动探究的精神与主动实践的能力。[4] "以课领训"是基于培训主体性实践的一种有效教师培训模式。该模式有机地将"训—研—教"融于一体。其本质与核心是聚焦问

题、主题引领、课堂观察、思考引发、质疑碰撞、思维启迪、智慧分享、意识唤醒、知识获取、素养提升、能力发展、行为改进。[5]

"以课领训"从聚焦主题思考，到走进真实课堂，再到思维碰撞，走向教学理论，最终实现实践行为跟进，力求"问题质疑、真实情境、观念转换、理论提升、碰撞思考、行动实践"六位一体。按照"成人学习者应该充分发挥其学习过程中的主体性，树立终身学习的观念，激发个人学习动机，把握特有的学习优势，努力尝试自导式学习，做好相关知识体系的选择、组织、调控及对学习资源的利用，从而投入最有效的学习"[6]。紧扣目标，分"训前—训中—训后"三步，借助"主题聚焦＋真实情境＋智慧碰撞＋理论引领＋跟进实践＋反思提升"，逐步递进，充分调动和激发了参训教师主动学习的积极性。

"以课领训"用布鲁姆教育目标分类理论指导教师培训。布鲁姆把认知领域的目标分为六个主要类别，依次是识记、领会、运用、分析、评价、综合。每个主要类别又都包括若干子类别，也是依次排列的。这样，目标由简单到复杂递增，后一类目标只能建立在已经达成的前一类目标的基础上，从而形成了目标的层次结构。"用复杂的过程达成简单的目标"就是通过强化培训过程，帮助教师在培训学习过程中通过主体性的参与，有效实现主题培训目标。

突出主题，持续深入，是"以课领训"模式的核心。主题即目标，以课领训立足教师课堂真实需求确立主题。

训前，主题聚焦越来越突出课堂教学的微观层面与行为，教师培训主题直接指向教师课堂行为，把教师课堂行为的变革作为学生学习方式转换的原动力，通过追求让学习的真实发生，实现有效、高效课堂的建构。

训中，从主题培训学习任务明确、案例课教师说课和课堂真实情境呈现、小组团队研修交流与分享，每一环节都努力帮助学习者聚焦培训学习活动目标，引导教师紧扣主题，关注细节，真正从"听评课"时代步入"观议课"时代。整个培训过程不仅是专家团队说课，案例课、微专题聚焦主题，参与的教师研讨、交流、分享也在预设的问题引领下突出学科的专业性，通过用问题的方式引导学习者用"碎片化的思维"和"微语言"，相互碰撞、点燃、启迪，帮助学习者从"点—线—面"逐级深入探寻对主题教育本质的理解。微专题理论更是帮助培训学习者进一步梳理，使之在微主题学习中通过现象透视本质，通过行为掌握规律。

训后，充分发挥网络研修平台的作用，推进校本或社区研修与网络学习、送培送训的整合，突出教师自我课堂行为变革转换学生学习方式成功案例，进一步强化培训学习主题应用。

行动即过程，"以课领训"培训者每一个环节的设计都力求培训主体的参与。教师在培训中的主体性体现在哪里呢？首先，把学习者推到学习的主动位置上，体现在主动去聚焦主题、寻找路径、主动与他人交流、主动积极思考，直到问题解决；其次，培训组织者不是先去主动教授知识，而要等到学习者遇到困惑时再给予支持，体现"师退生进"的情境；最后，培训者积极引导学习者分享学习带给自己的自信和成功，让学习者找到存在感，实现获得感的满足，内化研修主题知识技能、观念态度、行为实践的运用方向与可能。

"以课领训"模式充分运用"翻转"模式，每次至少提前一周将送培送训主题及目标、任务告知学习者，实现教师学习思维主题聚焦。训中，培训组织者第一个环节就是利用30分钟左右的时间，完成研修团队小组建设和对主题目标、主题交流研讨问题单、主题活动环节步骤及要求进行部署落实，为确保学习者主体参与高效推进做铺垫。研修进入对话情景，只有思想的交流和对话与沟通，每个人是智慧的受益者，更是智慧的贡献者。学习者之间要"对话"，就必须紧扣主题和交流研讨问题单展开，自觉关注细节、深度思考、专业交流。研学突出个体感悟和思考，分享展示团队智慧与成果。训后，充分利用"学时认定"这一行政杠杆作用，落实主题培训学习的行为跟进，在校本和社区研修中帮助教师寻找主题行动成功经验，分享课堂教学行为改善经验与智慧，提升教师学习实效性。

主题活动由于参与主体的多元化，从更广阔的层面满足了不同群体的存在感。培训在聚焦教师课堂教学微观行为中，坚持将教学问题课题化，课题研究主题化，把一线教师研究的课题作为送培送训微专题的重要来源之一。通过送培送训，一方面有效促进了课题研究团队研究成果化，另一方面有效地将教师课题研究成果推广应用，二者都有效地帮助教师提升了教育科研的获得感。

从训前主题聚焦到训中任务驱动，再到训后行为跟进，始终突出主体问题意识、参与思考行动可能、感悟触动唤醒、碰撞交流分享、实践体验展示这一复杂的培训学习过程，旨在实现"变革教师课堂教学行为，转换学生学习方式"这一目标。

三、"以课领训"，让教师专业提升行知于培训文化

教师培训要重视学习者的主体，就必须重视培训文化，用培训文化去引导人，用培训文化去感染人，用培训文化去激励人。当培训文化徘徊在低层次时，它起到的作用是教育人，教育是彰显而被动的；当培训文化发展为中层次时，它起到的作用是感染人，这种感染是自发的；当培训文化上升至高层次时，它起到

的作用是激励人,因为激励是内化的、主动的。

"以课领训"构筑了让教师有存在感的学习氛围与情境,这其中包括看得见的和看不见的。看得见的所有有形的课程资源(含授课者自身)与看不见的培训氛围统称之为培训文化。培训课程永远是教师培训文化目标达成的重要载体。"以课领训"基于培训文化建构的课程,既有师训专职者的整体规划设计,又有授课者的内容预设和学习者自我行为跟进实践,还有聚焦主题的研修生成。"以课领训"培训课程不仅要满足学习者外在呼吁的需求,更要成为激发学习者源自内在的一种理念自觉。所以,教师培训心里不能只有培训目标,不能觉得内容讲完了培训目标就达成了。培训设计的真正意思是要让参与学习的老师经历学习的过程。"以课领训"不是把主体性实践仅仅局限在学习任务布置、完成层面,而是组织者在落实教师培训的过程中,遵循教师学习规律,守住教师培训之根,让教师积极主动参与到思考中来,形成思维型文化。

(一) 注重培训资源的生成性规划培训文化的建构

培训课程通过计划、目标、过程实施、培训管理等,对学习者进行知识技能、情感态度、思想观念的培养,是培训文化建设的重要内容,也是培训文化建设的根本点。"以课领训"着力于提高学习者的学习能力、思维能力、实践能力、创新能力,并以此为出发点,注重教师自主潜能和意识的激发。

1. 转变观念,用建构培训文化思维设计培训课程

培训不是培训者说得多,老师就一定学得多。培训者的"培"要服务于学习者的"训"。培训者讲得很多,教师没有听得兴趣,这样的培训是无效的,培训者脱离或超越了学习者的认知和需求,也是十分低效的。"以课领训"模式,尊重成人学习规律和特点,致力于用培训者的"无为",追求学习者的"有为"。"以课领训"有效地将叶澜老师的课堂教学"五个还"迁移到教师培训课堂,主要是指:① 还教师学习的"时间",每次主题研修设计确保教师有主动学习的时间;② 还教师学习的"空间",教师在学习过程中根据内容和任务需要,变动位置和座位朝向,或正向聆听师训专职教师的研修指导,明确研修目标与环节任务,或走进案例课、真实课堂,坐到学生中间去观察课堂,或围坐小组紧扣研修"问题"深度质疑碰撞,或感悟分享小组集体智慧展学,或彻悟认同培训主持的"脑洞大开"归纳提升,或系统接受主题研修微专题教师的视野拓展与思维启迪;③ 还教师主动学习的"工具",用问题单聚焦教师思维,用行为跟进任务,驱动、引导教师学会学习结构和掌握、运用结构的方法,开展主动、独立学习;④ 还教师学习的

"质疑权";⑤ 还教师主动"评议权",更多的是站在同在共行的角度来思考和重新建构课堂教学。

2. 整体规划,用建构培训文化视野开发培训课程

培训课程是培训文化的重要载体。如果没有文化的滋养,培训课程只是一堆枯燥的文字与符号;如果失去文化的浸润,培训就是机械地传输知识和训练技能。从这个意义上说,培训文化决定着课程与培训的品性,而课程与培训又凝练和形成了培训文化。"以课领训"整个培训有研修主题目标、案例课、微专题、主题研修问题单等有形课程资源,更有培训环境、培训团队专家智慧,以及环环相扣的培训环节等无形资源。在"以课领训"中,教师是培训课程的受体,更是培训课程的主体,培训者主体之间主题认知的差异是培训课程资源最好的文化。"以课领训"更注重学习者在主体参与学习过程中的生成性资源的开发与利用,所以学习者自己必须介入培训课程的开发。一堂好的案例课,一场有深度的主题研修,一份有精度的展学分享,一次有高度的引领,一个有广度的微专题,带给教师的是开放程度的拓展,文化意境的回味,更是思维层次的延伸。培训,是用思想和心灵引领教师,将自己与课堂、课程融为一体。

(二)突出培训过程的设计感致力培训文化的建构

教师培训设计的真正意思是要让学习者经历学习的过程。"以课领训"通过强化培训各环节的实施,关注教师培训学习的文化建构,让参与学习的教师在观课中有方向,研学中有目标,展学中有深度,学理中有专业,跟进中有行动,从根本上改革"一言堂""传输式"的传统培训模式。

1. 主题指导 聚焦有准度

师训专职教师的主题指导聚焦力求有"准度",每次针对不同学科、不同研修主题,教师培训团队反复推敲,力求科学把握主题含义,指导教师精准定位。

2. 案例课堂 呈现有亮度

当参训教师带着"问题"(研修问题单)步入真实课堂情境观课时,可以帮助教师体验到"新课堂"教学带来的学生学习方式的转变。参训教师们经历了从"培训要我做"变为"我正在做",这就是"以课领训"带来的思维转变,而这正是一个可以被激发和培养的过程。培训案例课课堂呈现力求有"亮度",训前依据活动目标定位,培训团队集智研磨案例课,力求在案例课中能够更好地打开一

线教师的思维和视野。

3. 研学展学　思考有深度

组内聚焦主题，紧扣研修单的研修，是一种智慧的点燃，是一种激情的唤醒，更是一种思维的碰撞。师训团队指导教师要引领学习者组内紧扣问题单深度研学，有时一个人的发言会激起更多的人思想和心灵的共鸣。小组发言人凝练小组研修智慧和成果，把一线教师对课堂教学问题的"微语言""碎思维"进一步梳理归纳，力求系统、完善。

4. 归纳点拨　提升有高度

在教师的"展学"环节，师训专职教师"主持""引领"，力求透过小组梳理出的对课堂教学现象的理解，引向教学本质问题的理解和把握，帮助教师重新建构学科未来的主题教学思路和模型。

5. 专题引领　理论有宽度

在教师充分"研学"的基础上，通过微专题，可以让参与学习的教师的认知得到进一步拓展和延伸，思维不断获得启发、训练和培养。紧扣研修主题的理论专题，不要求一定要有专家的"高度"，也不要求有学者研究的"深度"，但一定要追求具有能指导一线教师教学实践需要的"宽度"和能为一线教师教学提供实实在在帮助的"厚度"，拓展教师视野和思维方式。

6. 行为跟进　实践有力度

一次主题研修最终是要落实到教师的课堂行为转变和学生学习方式的转换上。通过真实案例课的示范、生动主题的研修、智慧展学的分享、精彩点评的引领、专业理论的提升，使得思维和思维力都得到发展，接下来必然会对自己的课堂有新的审视和定位。借助校本研修指导和学时认定，把这种思路和模型在自己的教学实践不断尝试，利用校本研修同伴互助不断改进，直至与期望的"模型"相遇，确保教师主题学习行为跟进有保证，教师主题学习实践有收获。

"以课领训"通过"知行合一"的实践建构起教师学习的文化，让教师成为培训的主体，成为自我行动学习的设计者、主动自我学习的学习者。教师在培训文化的浸润、滋养下，形成了教师自我学习提升的强大内驱力，让教师的观察、学习、思考、行动成为一种自觉和习惯。

"以课领训"充分利用建构的教师培训文化，实现了教师培训由"参加"到

"参与"的质变,实现由"培训"到"学习"的跨越。教师研修从过去浅层次的、无目的性的"搭讪"、臆断、空谈走向了深层次的、有目标的对话、研究、实践,真正把教师从培训"打酱油",推向了学习"拉二胡"的角色转变。

培训文化滋养教师,如春风化雨,最终帮助教师实现学习力的提升、思维力的发展、行动力的改善。"以课领训"建构的教师培训文化,让一线教师在推进核心素养过程中,行走在有态度、有温度、有深度的课堂教学改革实践的路上。

参 考 文 献

[1] 王娇娇.学生发展核心素养教师读本[M].天津:天津教育出版社,2017.
[2] 邓清沛.成人教育主体性论[J].广西民族大学学报(哲学社会科学版),2001,23(5):115-117.
[3] 胡来宝."以课领训"建构区域内教师培训学习专业常态化发展"生态圈"[J].中小学教师培训,2017(7):25-29.
[4] 南海.论成人教育的主体性及其实现[J].山西大学学报(哲学社会科学版),2005,28(6):107-109.
[5] 胡来宝.乡村教师培训学习的有效支持方式:"以课领训"模式的再造[J].继续教育,2016(12):25-28.
[6] 陈亚莉.论成人学习过程的主体性[J].兴义民族师范学院学报,1999(2):36-41.

基于"以课领训"的教师思维型学习模式建构[①]

教师是教育第一资源。教师培训是提高中小学教育质量的重要保障。近年来,国家投入大量资源加强中小学教师培训,取得了明显成效,极大地促进了中小学教育改革,提升了中小学教师的专业素养。但是,随着教师培训规模的扩大、培训需求层次的提高,特别是基础教育的改革和转型,对教师培训提出了更高的要求。中共中央国务院《关于全面深化新时代教师队伍建设改革的意见》指出,"开展中小学教师全员培训,促进教师终身学习和专业发展。组织高质量培训,使教师静心钻研教学,切实提升教学水平"。由此可以看出,教师培训的最终目的是要实现教师的"学"服务教师的"教",让教师的"教"更好地服务学生的"学",即培训是为了更好地实现学生的学习。

一、培训要不断适应基础教育转型对教师提出的新要求

教师素质是提高教育质量、影响课程改革的关键因素,而教师培训是提高教师素质的重要途径。在我国新一轮的课程改革中,教育改革的实践也证明,没有配套的师资培训,不提高教师的素质,教育改革就无法深入,也不可能取得持久的成效。特别是第八次基础教育课程改革,要求教师角色进行转换和重新定位,出现很多亟待进一步加以解决的理论与现实问题,强烈要求通过科学合理的培训,造就符合课程改革新理念的高素质教师,是推动和确保课程改革深入开展的必要条件。面对基础教育的发展形势,基于对教师培训的有关研究和重要经验进行梳理,认清教师培训模式的发展趋势,剖析师资培训中存在的主要问题,归纳出配合课程改革、调整教师培训活动的对策与建议,以进一步革新

[①] 本文 2019 年发表在《中小学教师培训》第 6 期上,有改动。

培训理念,优化培训内容和形式,强化教师培训管理,突出教师培训的针对性和实效性,以适应时代发展要求和基础教育课程改革的需要。同时,加强培训的现状和对策研究,能有效避免出现"为培训而培训"或培训"走过场"等现象,帮助教师努力从"被动式培训"的阴影下解脱出来,积极主动地参加各种行之有效的培训学习,探究建构了"以课领训"教师培训模式,并在实践中不断改进和完善。

2017年9月23日中共中央、国务院办公厅颁布的《关于深化教育体制机制改革的意见》明确提出:"要注重培养支撑终身发展、适应时代要求的关键能力。"这为今后一个时期基础教育改革确定了人才培养的方向。如何在教授学生基础知识和基本技能的过程中,着重培养学生的关键能力?毫无疑问,落实学科核心素养是根本和关键。而学科核心素养的落地正是实现"全面育人"宗旨的保证。面对基础教育的转型,"以课领训"教师培训模式面临着新的使命和要求。

(一)适应从"教书育人"向全面"全面育人"转变

2016年9月13日,北京师范大学课题组发布《中国学生发展核心素养》。这一标准的发布,将基础教育从"教书育人"引向了"全面育人"。以前,我们说教师的工作是"教书育人"。未来教育,教师的责任不再是单一的教授知识,更多的是帮助学生成长,成为学生成长的人生导师或者心理咨询师,帮助学生发现优点,实现人生价值。所以教师的工作会更以"育人"为重。相应地,教师要从面向知识体系的传授转向面向人文底蕴、责任担当、国家认同、跨文化交往等核心素养的培养,学生的创造能力、审美能力、协作能力、知识的情境化运用能力是教师所应关注的核心和重点。学生在教师的陪伴下,通过解决问题进行学习、获得知识,学会自主学习、独立思考、协作协同、知识迁移和运用,从而发展综合素质与综合能力。

未来教师的核心价值在于"育人"。教师更应看重学生自身的独特价值,提高学生的社会价值、心理价值和利用全球化资源的能力,承担起培养学生创造未来,而不是进入未来的社会责任。教师培训正是用现在求证未来的,教师培训必须围绕这一目标优先转型。

(二)适应课堂教学目标从"三维"向"学科核心素养"跨越

从"双基"到"三维"目标属于颠覆性本质改变,而从"三维"目标到"学科核心素养"则属于深化提升,是纵深推进。"三维"目标的知识与技能、过程与方法合起来就相当于"学科核心素养"中的能力,情感、态度、价值观就相当于"学科核心素养"中的品质。"学科核心素养"要靠"三维"目标这个载体去落实,"三维"目标整合统整达到的效果和作用就是"学科核心素养"要落实的关键品质与核心能力。

尽管如此,"学科核心素养"与"三维"目标的内涵依然是有着不同的。学科核心素养更加关注知识结构,关注师生课堂创新;在重视认识技能基础上对非认识技能,如社会情绪、团队合作、可迁移技能等的挖掘、掌握。让学生经历真实的探究、创造、协作与问题解决,发展学生的关键能力、必备品格和价值观念。我们原来只关注了文本本身的情感、态度、价值观,现在应更加关注学生在项目学习、真实情景下品质、态度对完成知识学习、方法感悟、完成事情中的整合统一作用。

因此,教师培训需要引领教师深入研究学科教学的育人功能。任何一个学科都具有教育的四个元素,即知识、技能、人格、文化。学科知识增长的过程,应该也必须是学生人格健全与发展的过程。培养学生的核心素养,首要的是让学生获得学科核心素养,以学科思想方法为红线,建构各学段、各学科知识体系,绘制学科知识图,实现学科教学的育人功能,是今后一个时期各个学科教学必须解决的重大课题。实现各个学科教学的育人功能,是学科教学的本质回归,是学科本身所具有的,而不是需要外部"渗透"的。在学科教学中,实现育德功能、育美功能、国际理解教育功能、科学精神培育功能等,是学科教学本身的价值指向,是学生核心素养发展的不可或缺与"逾越"的基础工程。我们必须认真地研究与挖掘每一个学科、每一个知识点、能力点、价值观点所承载的学科核心素养,必须让它来滋养学生们的价值观。这些正是当前和今后一个阶段内教师培训的内容。

(三)由"知识型传递"走向"思维型发展"

随着全球化、信息化时代的到来,世界经济一体化的进程不断加快,伴随着生态危机、人口老龄化的出现,特别是互联网和人工智能的快速发展,基础教育从"授人以鱼"到"授人以渔",远远满足不了人们对知识的需求。"未来唯一可以确定的就是不确定。"袁振国指出:"AI(人工智能)时代,教育变革的核心问题是'提供选择与学会选择''从被动接受到创新性学习'。从批判性、创造性思维的未来意义入手,在人类文明和知识增长加快发展、生产方式和生活方式深刻变化的大背景下,体现教育应有的变革和学习应有的改进。"[1]应对不确定性,教育更需要教会学生从针对具体问题运用知识经验解决问题,转向辨析评估判断后形成问题,选择用知识、经验去解决问题,也就是"学会以渔",即学会判断、学会选择、学会应对。面对"昨天的知识、今天的教育、明天的人才",教育需要从"知识的传递"走向"思维的发展",把培养学生良好的学习力和思维品质提到日程上来。

落实学生关键能力,不仅仅是对教学内容的选择和变更,更是以学习方式和教学模式的变革为保障的。面对不同,我们需要发生改变。改变教师已有的学习方式、方法、内容和模式,改变教师已有的思维习惯和行为方式。

二、重新定位教师培训

教师培训是用现在求证未来的工作,如何帮助教师"用昨天的知识,今天的方法,培育明天的人才"? 这是今天教师培训必须思考的问题。教师培训到底能做什么? 该做什么? 应该怎么做?

(一)教师培训是什么?

所谓培训,就是采取不同形式,围绕如何向培训对象传授某些知识、技能的活动。从本质看,培训与教育具有共同性,培训是教育的延伸,基本上也是一种教学,只是侧重重点有所不同。

教师培训无疑是教师继续教育终身学习的重要方式之一,旨在帮助教师不断更新教育理念和知识,丰富专业素养,提高专业能力,从而促进教师专业化发展以适应现代化教育发展的诉求。

(二)教师培训该做什么?

一直以来,教师培训被认为是帮助教师"更新理念""传递知识""获得技能"的重要方式和手段。如今人类社会进入一个新的时代——高度不确定的未来世界,应对不确定性成为人类的重要能力,也是教育改革发展的重要内容和目标。《关于深化教育体制机制改革的意见》指出:"要注重培养支撑终身发展、适应时代要求的关键能力。在培养学生基础知识和基本技能的过程中,强化学生关键能力培养。"关键能力是应对不确定未来的核心和关键,为此世界各国都重视关键能力的研究和教育指导。《关于深化教育体制机制改革的意见》明确指出培养学生四大"关键能力",主要有:① 培养认知能力,引导学生具备独立思考、逻辑推理、信息加工、学会学习、语言表达和文字写作的素养,养成终身学习的意识和能力;② 培养合作能力,引导学生学会自我管理,学会与他人合作,学会过集体生活,学会处理好个人与社会的关系,遵守、履行道德准则和行为规范;③ 培养创新能力,激发学生好奇心、想象力和创新思维,养成创新人格,鼓励学生勇于探索、大胆尝试、创新创造;④ 培养职业能力,引导学生适应社会需求,树立爱岗敬业、精益求精的职业精神,践行知行合一,积极动手实践和解决实际问题。

围绕基础教育新的目标和任务,教师培训必须服务培养学生关键能力形成,这就要求教师培训工作从"知识传递"走向"思维发展",以提升教师自我学习力和思维品质为目标,通过培训改变教师已有的陈旧思维模式和行为习惯。同时,通过教师培训帮助教师发现自我不足和努力方向,让教师学习从自发走向自觉,实现自主,唤醒教师潜在的自主学习意识和能力。

(三)教师培训该怎么做?

教师培训该怎么做?如何做才能更有效地提升教师培训的针对性?我们需要把握教师学习的心理和特点,运用适合教师学习的策略。

1. 把握教师学习的心理

"想改变、怕改变、要改变"是教师学习普遍存在的心理和需求。由于教师工作的特殊性,每天忙于应付各种日常状况,比较满足于现状,不愿承认自身的缺点与不足,有的因为曾经参加过的培训没能给自己提供需要的帮助,或者期待的愿景达成不明显,从而逃避参与培训课程,对培训存在偏见和逆反心理,对培训人员有歧视,甚至是抵触心理,不愿意接受培训。另外,教师培训怕麻烦,在培训中害怕与众不同,惧怕失败,加之意识形态与潜意识的矛盾,不相信学习的功效,害怕改变。面对社会化发展和基础教育转型,教师希望通过培训来提升自己,改进教育教学方法和思路,但是又习惯于已有的经验和知识,停留在自己的"舒适区",不愿意尝试"恐慌区"。其实,每一位教师都希望通过培训改善自己的课堂氛围,实现优质全面育人的目标。

另外,教师对自己的教育教学反思的少,且不够深邃。要学什么?怎么学?他们并不知道。一方面他们对培训学习具有较强的依赖性,另一方面又希望能自主学习。

2. 掌握教师学习的特点

教师职业的特殊性决定了教师培训更多的希望自主学习和自我导向学习,希望教师培训有很强的实用导向,对"看得见"和"用得上"的信息格外关注和用心;教师学习喜欢从经验中学习,基于已有的知识经验思考问题;"需要被尊重"现象比其他行业成人学习更为突出。

3. 运用教师学习策略

基于教师学习的心理和特点,教师培训需要不断引导和鼓励,例如,营造宽松互动环境以调动思维探究,进行适时的目的性跟进和适合任务的驱动以强化约束力。通过培训,让学习成为教师职业生活的一部分。

4. 建构"以学为中心"的培训

培训,教师是学习的主人,充分遵循"成人教育的现代化要求弘扬人的主体性,在教学和管理过程中充分关照成人学生的主体意识"这一规律。[2]我们的培训不是让教师来适应我们,而是要在培训者"引导教师需求"的状态下,帮助教师学习。"以学为中心"的培训强调参训教师的学习主动性,尊重参训教师的需求,但绝不是满足教师的所有需求,让教师主动、自主的学习也不等于完全放手让参训教师按照自己的意愿学习。我们所有的课程设计和实施都以教师能够更好地学习为目的。

"以学为中心"的培训,要求培训者从教师的学习出发。以教师已有知识、能力、观念和思维作为学习的起点,给教师更多参与、思考、表达、训练和建构的机会,根据教师的学习过程设计相应的可促进和推动教师学习的培训活动。

"以学为中心"是一种指导教学实践的教育理念与价值取向。"以学为中心"的教师培训,着力于让每位参训教师在学习中发挥他们的主体性,通过"扬长板"挖掘教师个体最大潜力,让每位参训教师在求真、民主、合作、愉悦的良好学习氛围中获得预期的意义建构、能力提升、思维发展及身心情感的丰润,真正实现"补短板"。

"以学为中心"的教师培训,更多地展现参训教师的行为,而非培训者的表现,培训者更多的是一个设计者、陪伴者、指导者、引领者、助力者、启智者、督促者、管理者。

萧伯纳曾说:"我不是你的教师,只是一个旅伴而已。你向我问路,我指向我们俩的前方。""以学为中心"的教师培训的培训者更重要的作用是为教师学习设计目标、方向,并与教师一同探寻达到目标和方向的策略与路径。

我们要改变过去教师培训中一问一答"挤牙膏"式的简单互动方式,让参训教师之间的互动占据更多的份额,"以课领训"案例课说课、课堂情境、主题观课独学、主题议课组学、智慧分享群学、微主题理论提升及行为实践改进都是在教师与教师的互动中完成的,更多的是在培训者的组织下教师与教师的互动。一线教师能学,也能培训。教师之间的交流方式也许更简单,语言可能更朴实,教师用自己的知识、言语阐述自己的理解,在交流的过程中"教学相长,学学相长"。参训教师的"教"更好地促进了教师"学",实现了共同提升。

培训者之"培",服务于教师的"训"(行动)。参训教师培训中的"学"都是在培训者的干预和影响下进行的。"以学为中心"的"以课领训",并不是只要参训教师自己"学"而忽略培训者"教",而是通过更好水平的"引"和"领"来促进参训教师思维的发展,在组学、群学、展学中,点拨、启智、归纳、概括、评价。与传统的培训相比,在"以学为中心"的培训过程中,培训者的表现更为"后退"与"即兴"。

跟进设计,针对教师之所需。"以学为中心"的培训,致力于参训教师做学习的主动者,教师在"学"中融合、创新、成长,在"学"中生活——让教师培训学习成为职业生活的一部分。

三、基于"以课领训"培训模式的教师思维型学习

教师培训的着力点,到底应该放在哪里?对教师而言,关注比知识更重要的就是提升教师对教育教学事件的专注力、信息的捕捉力、教育的理解力、问题的洞察力、创新的思维力、行动的转化力等,这些也是教师适应基础教育转型变革的专业素养中最关键、最根本的。

(一)"以课领训"培训模式基本概况

"以课领训",即用真实的学习情境推动区域内教育管理和学科各层次教师教育教学行为变革,达到育人和学生学习方式转换的一种教师培训模式。该模式"以学习者为中心",以目标为导向,以问题为引领,以任务为驱动,立足真实情境、聚焦教师行为、突出主体参与、回归教育理论、改变思维方式、转换行为习惯、提升综合素养。

1. "以课领训"模式框架

"以课领训"从聚焦主题思考,到走进真实课堂,再到思维碰撞,走向教学理论,最终实现思维方式提升和实践行为改进,力求"问题质疑、真实情境、观念转换、理论提升、碰撞思考、行动实践"六位一体。[3] 按照"成人学习者应该充分发挥其学习过程中的主体性,树立终身学习的观念,激发个人学习动机,把握特有

的学习优势,努力尝试自导式学习,做好相关知识体系的选择、组织、调控及对学习资源的利用,从而投入最有效的学习。"实现了教师培训从"知识传递"到"思维发展"、将教师培训从"参与式"引向"拓展式",把教师培训从"传递中心"的授课引向"对话中心"的学习转变。[3]

2."以课领训"力点结构

"以课领训"教师培训模式支撑点在"课",着力点在"领",关键点在"训",提升点在"思",落脚点在"行"。[3]

3."以课领训"组织实施

教师培训"怎么去"和"去哪里"同样重要。培训过程的组织实施直接影响着培训的效果,需要培训组织者用自己的培训理念照亮培训实施的每一个细节。

问题引领诊断有精度、主题指导聚焦有准度、案例课堂呈现有亮度、任务驱动设计有梯度、研学展学思考有深度、归纳点拨提升有高度、专题引领理论有宽度、行为跟进实践有力度。[5]

4."以课领训"文化建构

面对社会和经济的快速发展,特别是互联网和人工智能的迅猛迭代崛起,教育不断面临新任务和新要求,培训逐渐成为教师个人和学校的共同需要。而教师专业的持续发展最重要的、永恒的动力一定是文化。因此,建构培训文化力是激发教师专业发展内驱力和助推教师生命成长的原动力。这就需要将"培训"推向真正意义上的"学习"。培训,更多地通过执行标准,实现既定的目标。换句话说,培训工作者在做"应该做的事"。学习,则更多的是以依据教育发展的变革做"需要做的事",培训工作者把握好方向,满足教师学习的需求。今天的教师培训更应该"做应该做且需要做的事",那就是通过建构教师培训文化力推动教师持续自主学习。

培训文化是教师在培训活动中逐步形成的关于培训职能的共同价值观、行为准则、基本信念以及与之相应的制度载体的总和。培训文化力在培训的文化氛围中,决定着教师的生命力、创造力、持续发展力的力量。这种力量能够为教师提供具有长远意义的、更大范围的正确方向与重要方法,能提高教师的自觉性、积极性、主动性和自我约束;能提高教师的责任感、使命感和对工作、事业的感情投入;能够使教师的全面能力得到提升与发展,特别是在处理培训中突出的矛盾时,这种力量更具有难以估量的效果。

和生活习惯相同的人生活在一起就会感觉亲切、舒适、有亲和力,这就是文化力。文化力就是文化作用于人所产生的效应,也可以说是文化中存在的力量。精神力、道德力、舆论力等都是文化力的具体形式。文化力的存在是不以人的意志为转移的。凡有组织,就会有一定的组织文化,只要存在文化,就存在相应的文化力。教师培训建构的"学习共同体"在一定程度上就是一个临时性的"组织",在这个组织中真正能激发教师学习内驱力的一定是培训文化这股无形的力量。多数教师有着在一定文化当中养成爱学习的习惯,习惯引出品性,品性引领认同,培训最高的认同是追随,当教师在培训中追随形成一种信念,一种传承时,教师培训的文化力就生于此,长于此。

实现"参加"到"参与"的质变,实现"培训"到"学习"的跨越,并不是教师培训的最高境界,如何通过建构教师培训文化,推动教师培训从"传递型培训文化"到"思维型学习文化"的建构?"以课领训"通过"知行合一"的实践建构起教师学习文化形成培训文化力。培训文化力是一种思维和行为习惯的惯性,用文化力打破教师学习思维行为的"惰性",让教师在培训文化的浸润、滋养下,形成自我学习提升的强大的内驱力。"以课领训"建构的是一种教师行动学习,"行动学习并不终止于问题的解决,还要在解决问题过程中将经验与体验梳理并提炼为成果,就成果的框架思路内容进行分享与交流,激励其他教师启动新的问题解决过程。这样的持续性循环就是行动学习的价值所在——创造一种持续学习、分享交流促进教学改进的文化氛围。"[5]目前已探究形成了基于教师培训管理权力与教师学习力、培训吸引力的"以课领训"教师培训文化力的基本路径,即以国家培训管理任务、教育行政学时认定授权和师训机构职责权力的"培训者管理权力",教师学习动力、学习毅力、学习能力和学习创新力的"教师学习力","以课领训"主题契合度、学习参与度、环境舒适度和愿景达成度的"培训吸引力"三位合一的培训文化力创新路径。

培训文化力是凝聚教师精神的特殊纽带,具有精神催化功能,影响和抑制着培训学习成员的价值取向,塑造教师的灵魂,提升教师的精神境界,从而促进教师专业精神的形成。让更多的教师在培训中找到存在感、增强认同感、满足获得感、实现成就感,这种培训产生的文化力带给教师的专业发展是长久、持续的内驱力。

(三)"以课领训"改变的培训行为

基础教育转型的新形势要求教师培训从培训者到学习者都要实现角色和

身份的转换。

1. 培训者角色的转换

培训者,尤其是县级教师培训者主要职能不再是上课,而是要成为教师学习培训专题的规划者、培训课程的设计者、培训模式的建构者、培训活动的组织者、培训过程的陪伴者、培训教学的服务者、培训跟进的监督者。

(1) 从培训的传授者走向教师学习的设计者。"以课领训"建构的教师培训,是把师训工作者从传统的"授课者"转变为教师学习的"设计者",即为引导教师学习需求设计、为实施教师学习模式设计、为推动教师学习课程设计。在诊断的基础上,依据教育改革发展方向和目标,变单一的"满足需求"为"引导需求",培训者深入课堂和一线调研教师培训需求,理性辩证确立教师学习真实需求并加以论证,从而在培训中引导教师学习需求;有了"需求",如何提高培训的实效性,课程设置是核心。针对"需求"设计的课程有培训学习目标、研修问题单、案例课教学设计及说课、聚焦主题的微专题、推进行为实践的任务驱动,还有一项最重要的课程就是引导教师组学和推动教师群学、展学的即时性点拨提升。这些设计的每一项内容都直接关系培训效果的好坏与质量的高低。

(2) 从培训的讲演者走向教师学习的陪伴者。一直以来,中小学教师培训形式单一化主要表现为"讲座多、论坛少,理论多、实践少,大课多、小课少",参加培训的教师被动听,忙于记笔记,没有什么压力和负担,也来不及消化学习的内容。更重要的是忽视了教师作为学习者主体的参与合体验,教师在培训中缺乏存在感,没有获得感。在"以课领训"模式中,培训者由过去的"讲演者"转变为教师学习的"陪伴者"。教师学习陪伴,是时间和空间的陪伴,更是情感和智慧的陪伴。陪伴,以唤醒教师智慧为目的。教师成长最终是靠自己在身上找到自己。这就如同鸡蛋从外部破是食物,从内部打破才是生命一样。用梳理要从教学思想、教学方法、教学风格上唤醒教学智慧,突破自己,超越自己。让自己的教学经验和思想从零散走向系统、从肤浅走向深刻,让教学能力快速提升,让课堂教学更有魅力。

(3) 从培训的管理者走向教师学习的助力者。教师培训的有效性,在一定程度上得益于培训过程中的严格管理。但是教师培训依靠传统的管理不能实现教师学习的真实发生,为改变过去没有压力、没有任务、没有实践、没有体验的学习状况,需要培训教师从"管理者"走向"助力者"。在教师学习陪伴中,更多的需要通过理性与有效的对话来引导、启迪、顿悟,陪伴让每一次对话都充满力量,让肢体语言成为一种力量,陪伴更多地给予参训教师以自信、期待和激励。同时,利用"任务驱动"助推教师培训学习的行为转化为实践。

2. 学习者行为的改变

(1) 改变教师学习的场域。教师培训方式的变革怎能没有学习空间的变革呢？由于教师每天的工作在真实的现场、教师的日常活动在真实的现场、教师的培训学习也在真实的现场,基于在场的学习更符合教师培训。唤醒自身的"现场学习"意识,并提升自己的现场学习能力,应该成为每一位教师的一项重要修炼。[6]从"学院"重心下移至基层学校和一线教师的课堂,将教师培训从传统的"学院式"引向"情境式",建立学习小组或共同体,紧扣学习目标,依托真实课堂情境、具体目标任务,让教师在真实的场域中提升在场学习力,在真实情境中实现、共享、融合、创生。

教师学习理论的进一步发展带来了教师学习场域的变化,从"学院式"走向"现场式"成为教师专业发展的重要场域转换。教师学习的场所主要在学校和课堂中,学习的内容与他们日常教学密切相关。在个人能力有限的今天,教师学习需要"抱团成长",通过场域改变发挥教师群体在"抱团成长"过程中的特长,张扬其个性与特长,实现智慧共享,形成良好的思维习惯与学习品质,在场更重要的意义是让学习者发现自己的不足、问题和差距,提升教师自我认知,实现自主潜在意识和能力的唤醒。

(2) 突出教师主体意识。让教师的学习在培训中从在场无意识的"自发",走向"自觉",实现"自主"。自发认识形势(基础教育现状和互联网时代对教育的要求),团队致力于让培训学习成为教师生活的一部分;自觉即"自律"和"觉醒","自"是主体性,"觉"是内心觉悟和自我意识的主动觉醒与成熟。在培训中,帮助教师在合规律性和目的性的结合点上寻找教师的责任与使命;自主即帮助教师在常态化学习中实现专业持续发展。教师在持续学习与反思的实践基础上生成更多的教学智慧,提升专业能力。有效的教师专业发展应该基于教师有效的专业学习,这种学习应该是教师自我导向的、持续发生的,与教师的日常工作密切相关,而且能够得到学习共同体的支持。

(3) 改变教师思维方式。一直以来,我们教师培训都比较重思想观念、理念理论,轻思维形成、行动转化。"以课领训"注重提升教师的在场学习力,使用设计思维,设计完整学习体验。改传统的重培训、"补短板"为学习"扬长板"。一个木桶里能装多少水,取决于组成木桶的最短的那块板。"木桶理论"强调"补短板"的重要性。今天的世界和过去有了很大的不同。虽然专业知识的细分让我们无法补齐所有的短板,但是互联网让我们的内外信息流通的速度大大提升。只有思维品质和学习力才能更好地帮助教师适应教育应对未来的不确定性,所以教师培训必须从"知识技能"转移到"思维方法"的提升上来。面对不确定的未来教育需要变革,为学习者提供选择和帮助学习者学会选择。学会判断、学会选择、学会应对,教师培训就是要帮助教师改变过去的补短板思维,当知识传授不能让教师满意的时候,与其非得要花更多的精力去弥补教师的知识与技能上的缺失,不如花同样的时间和精力,把教师的优势发挥出来,让其思维得到更好的拓展。同时,用扬团队成员的"长板"来自觉填补团队其他成员的"短板",更容易被接受和认可,所产生的效益也会更好。

(4)形成教师行为习惯。优秀是一种习惯,培训文化力是一种思维和行为习惯的惯性,现在的教师培训更多的就是要借助培训文化力的建构,帮助教师从传统的思维定式中走出来,形成一种新的思维和行为习惯。以"关注教师成长,聚焦主体参与,实现学力提升"为目标,一次活动帮助老师树立一个小问题意识,或者梳理一种问题解决的方法策略,或者一个教学思想观念,或者一个教学技能。从主题聚焦入手,到课堂情景、独学观课、组学议课、展学共享、思维碰撞、点拨提升、理论引领,再到行动跟进,始终聚力教师的思维力和学习品质,采取"微切入、深学习、短集中、长发酵、小主题、大提升",最终帮助一线教师改变自己(或群体)教学思维和课堂行为习惯。

培训,最终目标是要转变教师的教育教学行为,实现学生的发展。转变教师课堂行为就要狠抓教师专业发展的常态化机制建设,引导教师适应基础教育转型需要,重视师训规划设计,突出教师主体参与,强化校本跟进。通过确立学习目标,以问题为引领,提升教师培训的在场学习力,实现唤醒教师自我潜在的学习意识和能力,真正转变教师"要我学"为"我要学",变"学一阵"为"学一生"。为确保教师能"学得好、用得上",在有效确保参训教师参与培训活动的同时,感受身边的真实教育教学情境,让他们感到"实在",培训者和学习者在找问题、解困惑中共同进步,实现有效转变教师教育教学行为的目标。通过"树牌子、造名师",在活动中实现教学相长、学学相长,将乡村教师自己身边的课和活动通过打磨,形成案例课,依托案例课教育教学真实情景,由县域内研训专职教师和学科骨干优秀教师组成"土专家团队",通过"微专题""微课程"的方式,帮助他们寻找案例背后的理论依据与教学改进的方向。在这一过程中,教师基于真实情境中的主题专注力、信息捕捉力、教学理解力、教育反思力、行动转化力等学习品质和思维能力得到根本转变。

"以课领训"在建构教师思维型学习同时,坚持在区域内"用骨干、优秀引领全员,使优秀成为骨干,让骨干走向卓越,实现全员提升"的原则,将县级师训专职教师从"培训者、管理者、专家",转变为教师学习的"设计者、陪伴者、引领者、助力者",让师训专职教师"擅"培训,职业归属感得到认同;微专题由于切入点小而精,易准备,能驾驭,让骨干教师"能"培训,职业成就感得到实现;优秀教师在师训专职和学科骨干的带领下,研磨案例课、呈现案例课"会"培训,职业幸福感得到提升。主题研磨更好地让优秀骨干教师朝着"研究型""学者型""专家型"方向迈进;在环环相扣的引领下,参训教师能紧扣研修主题和方向,观察课堂、聚焦思考、组学展学、行动实践,潜在的自主学习意识和能力得到唤醒,获得感得以增进,达到了教师"乐"培训的回归。[3]

基于"以课领训"建构的教师思维型学习模式,有效提高了教师的参与度,提升了教师在场学习力,满足了教师的获得感,将教师培训学习引向了常态化。让培训成为提升教师职业存在感、认同感、归属感、成就感、获得感、幸福感的助推点。

参 考 文 献

[1] 袁振国.批判性思维是未来核心素养的基础[J].上海教育,2018(6):21-25.

[2] 邓清沛.成人教育主体性论[J].广西民族大学学报(哲学社会科学版),2001,23(5):115-117.

[3] 胡来宝."以课领训":建构区域内教师专业发展常态化培训学习"生态圈"[J].中小学教师培训,2017,7:25-29.

[4] 钟启泉.从"传递中心"走向"对话中心"[J].基础教育论坛,2017,(2):93-95.

[5] 李政涛.现场学习力:教师最重要的学习能力[J].人民教育,2012,21:16-19.

[6] 李宝荣.行动学习:教师现场式学习的有效路径[J].中国教育学刊,2017,(7):17-21.

基于"以课领训"的在场学习力
——提升培训效果显性化创新实践

《关于全面深化新时代教师队伍建设改革的意见》《关于深化教育教学改革全面提高义务教育质量的意见》明确指出:改革培养培训体系提升教师能力,从源头上提高教师素质;突出教师新课程、新教材、新方法、新技术的全员培训,增强培训的针对性、实效性。可以说,教师培训已成为各级教育部门和广大教师的自觉行为,尤其是在新时代教育发展背景下,加强教师培训势在必行。然而,中小学教师到底需要什么样的培训?培训效果如何提升?这是摆在各级教育行政部门和培训机构面前的重要课题。基于此,我们开展了"基于培训文化力建构的教师学习效果显性化模式研究"活动。如何通过学习效果的显现提升教师培训的在场学习力,增强教师学习内驱力,最终形成培训文化力推动教师专业持续性发展具有十分重要的价值和意义。

一、培训提升教师在场学习力是实现教师适应教育转型的需要

面对未来,唯一可以确定的就是不确定性,只有思维品质和学习力才能更好地帮助教师适应教育应对未来的不确定性。随着信息化发展,未来已来,基础教育工作重心转移到了"注重培养支撑终身发展、适应时代要求的关键能力"上来了。[1]教师作为教育的第一资源必须要适应基础教育转型发展的需要。

(一)中小学教师结构现状需要持续提升教师的学习力

当前,农村中小学教师群体明显存在两极现象,年龄约55岁的占47%,这一群体第一学历以20世纪80年代中专毕业生或大专毕业生为主;约29%教师以近几年招考的毕业生为主,第一学历层次较高,以专科和本科为主,但非师范

专业毕业生占主流,师范院校师范专业毕业生更是寥寥无几。即使是师范专业毕业,由于这些年师范生源素质整体不高,学习意识、学习毅力、学习能力亦不尽如人意。如何帮助中老年教师群体在新时代背景下实现课堂转身?如何帮助青年教师适应教育转型落实学科核心素养实现立德树人这一根本宗旨?这些时代赋予教师的责任和使命都要求教师具有持续学习的基本能力,只有这样才能不断适应和胜任新时代培养人才的要求。

建立"学习场",改变教师思维习惯,形成持续、持久的学习力,是教师培训的关键。人的学习能力是开发的,不是发现的。提升教师的学习力不仅是当下的现实需求,也是教师与学校未来发展的核心竞争力。有研究发现,相比于其他人群,教师的学习力总体较高,在学习动力维度上最高,而学习创新力较低。提升教师学习力,一方面需要增强教师自身学习能力,另一方面需要建立促进教师学习的"学习场"。"学习场"为何能提升教师学习力?学习,需要一把"戒尺"来确保我们的认知聚焦,这是由我们大脑接受和处理信息的内在机制决定和要求的;而特定的"学习场",就是我们能给教师选择的最好的"戒尺"。因为,"学习场"能让教师在培训中实现学与学、教与学的主体之间面对面的交互,可以营造出真正的学习情境。唤醒自身的"现场学习"意识,并提升自己的现场学习能力,应该成为每一位教师的一项重要修炼。[2]教师培训营造一个让每个人"在场"的环境,帮助教师进入一种特定的"学习场",心无旁骛,聚焦正在学习的核心知识,深度激活教师的认知潜力,并由知到慧,从而达到最好的学习效果。"学习场"是比"平台"更重要的提升教师学习力的外在因素。

教师的"学习场"有多种方式,诸如现实的情境场、网络虚拟场,不论哪种场,最重要的一定是"在现场",即"在场"。"在场"更重要的是因为其生命和灵魂在场。提高教师的学习力,推动教师思维的发展、灵性的生长,这是培训的核心;激发学习的活力,培育学习的激情,激活生命成长的动力,这是培训的价值所在。培训活动应该要通过"在场"营造"引力场""思维场""情感场",最终成就教师专业的"生命发展场"。

(二)中小学教师培训转型需要立足提升教师的学习力

培训就是要示范引领新时代教师专业发展。2011年《教育部关于大力加强中小学教师培训工作的意见》指出:改进教师培训的教学组织方式,倡导小班教学,采取案例式、探究式、参与式、情景式、讨论式等多种方式开展培训。形式多样的有效教师培训模式伴随国培、省培和地方教师培训不断涌现。在中小学教师培训逐步走向专业化的过程中,突出教师主体参与式培训模式,有效将"教师培训"引向"教师学习",把教师培训从"知识技能传递"转移到"思维方法训练"提升上来,成为教师培训内涵式发展的必然和共识。以通过教师在场学习力的提升为切入点,解决教师培训模式、专业学习、专业对话的同质化问题和教师培训学习的偶发、低效问题。

学习的本质是思维。培训究竟应该给教师留下什么?笔者认为,它不应是一个简单的结论,也不应是一种具体的方法,而应是一种思维的方式,一种学习的习惯和态度,一种独立思考的精神。聚焦学习本质,发展教师思维。通过每位参与者的"在场"状态,帮助教师建构教育教学的"话语体系"和"思维体系"。只有思维与培训教学融合,才能改变教师的思维,进而影响学生,甚至影响师生生活的方方面面。教师培训,我们要培养教师与同伴互动、分享的习惯,重视倾听同伴的声音。只有这样,教师们回到学校里去的时候才能主动建立学习共同体,把互动、分享的习惯带到工作中去,培训才具有可持续性的效益。也就是说,我们的培训最终是单纯地教给教师一个固定不变的方法,还是留给他们好的思维方式和积极向上的价值观?尤其是教师会不会拥有自主发展的动力?答案当然是后者。

(三)中小学教师培训效果显性化更有助于提升教师的学习力

长期以来,中小学教师培训由于缺乏系统科学的培训效果评估标准,导致教师培训效果或泛化、或异化、或窄化[3],致使教师培训针对性和实效性始终在各方的微词中遭受质疑,最终遭受不少教育行政、基层学校和一线教师的怀疑,甚至是抵触培训,在一定程度上造成教师专业发展与教育转型迫切需要之间的不相适宜,制约了基础教育变革和义务均衡品质发展。而教师培训效果显性化既能让长期以来教师"培训效果"模糊不清,变成"看得见""摸得着"的培训,教师能感受到实实在在的转变,更能让教育管理者在教师教育教学行为的微改变中看到培训作为业务培训学习的核心功能的作用与不同。

培训的本质就是要让改变发生。"培"指培养、根植,即培养能力,根植情怀;"训"指训练、行为,即练习技能,改变行为。教师培训,就是要厚植教师的职业理想信仰和道德情怀,提升教师教育教学的专业实践能力和育人水平。究竟怎样才能实现这个目标,真正让受训者学有所获呢?要让改变在培训中发生,就必须突出培训学习效果的评估,让培训学习目标和效果在培训学习过程中"看得见""摸得着"。学习效果显现的教师培训,在培训过程中教师学习的行程清晰、行动落地。能有效让"在场"的教师思考真实发生、思维持续呈现、思想逐步形成、行为不断改变,实现教师培训从"知识传递型"向"思维建构型"转变。

时代要求学生成为终身学习者,承担教育使命的教育工作者就必须让自己成为具有持续学习能力和动力的终身学习者。教师培训应该培养起教师对于追求知识,探求未知的兴趣和热情,并将其转化为一种持续的学习动力,这种动力将是贯穿其职业的一生的。培训,如果能够回归到以教师学习的方式为主,有主题、有理论、有问题、有思辨、有争论、有任务、有互动、有生成、有展示、有改进,那我们的老师一定能够创造出更加生动、充满活力的"教与学"的场景。我们提出"让学习真实发生从培训开始"。立足教师在场学习力提升的效果显性化培训,就是让更多的教师在活动中找到存在感、增强认同感、满足获得感、实现成就感,这种培训产生的文化力是教师专业发展长久、持续的内驱力。

二、教师培训效果显性化在场学习力提升实施

以"关注教师成长,聚焦主体参与,实现学力提升"为目标,从主题聚焦入手,到理论引领、组学融合、展学共享、实践创生、课堂呈现、观课反思、点拨提升,再到行动跟进,始终聚力教师的思维力和学习品质,采取"微切入、深学习、短集中、长发酵、小主题、大提升",追求培训让学习真实发生,立足教师在场学习力提升,突出学习效果显性化,最终帮助一线教师改变自己(或群体)教学思维和课堂行为习惯,形成推动教师专业持续、长久发展的培训文化力。

(一)主题确立更聚焦

围绕"学""教"转型,诊断课堂教学梳理教学问题,一次活动帮助老师树立一个小问题意识,或者梳理一种问题解决的方法策略,或者一个教学思想观念,或者一个教学技能。培训主题的确立在尊重需求和满足需求的同时,更聚焦教育教学发展的方向和目标,积极为教师专业发展引领需求、创造需求。

(二)目标定位要清晰

坚持以目标导向,依据主题科学设计培训目标,研修培训目标活动前具体呈现,明确展示给学员,让教师一目了然。这样做既符合成人学习活动心理认知规律,确保培训每一环节效果的达成,又能让教师可以清楚地知道本次培训的目标并产生努力去达成目标的自主性和能动性。

(三)理论引领得要点

每次培训围绕主题,突出专业理论引领,帮助教师建构和提升教育教学理

论水平。针对乡村教师整体教育理论素养不高,以及"重案例、轻理论"的客观实际,专家理论引领突出避繁就简,突出要点,简明扼要。

（四）组学互助重融合

基于主题理论知识学习转化和运用,以应用为导向,以能力提升目标,充分挖掘小组成员每个个体的潜力,让每个个体都承担组学的责任,真正发挥同伴互助的作用,在组学内化专家理论过程中实现自我、同伴、专家的融合。即时随机抽取教师代表小组展示成果、表达观点、奉献智慧、分享思想、传递思维、传达信息,专家即时点评。

（五）展学共享为拓展

在组学基础上实施展示群学不断拓展教师理论转化实践的宽度与广度。智慧是在分享中碰撞出来的,以发展思维为目的,利用群学集智思考,力求实现共享、融合、创生,同"组学"环节要求一样,即时由小组成员代表进行点评,分享生成,为其他组"同在共行"提供新的思考和策略、方法与路径。

（六）实践体验求创生

主题实践、分享、操作（运用主题实施教学设计）,突出将主题理论学习理念、方法等成果和组学、群学思考与智慧融于教学设计,突出小组集体智慧在实践创造中生成。同第二环节中一样,让每个个体在"责任"中"同在共行"探究、设计、思考、呈现。

（七）课堂呈现真检验

将组学群学改进的教学设计用于课堂教学,即时性随机确定授课教师走入真实课堂借班授课,其他教师深入课堂在观课中反思。课堂呈现既体现每个教师的学习结果,更展示出学习共同体的学习成果。

（八）交流点评促提升

课堂呈现观课后,以同伴交流分享和专家点评来进一步帮助教师强化和巩固专题理论引领在实际教学中的实践应用,为教师内化理论和用理论指导实践提供更具体的指导。

（九）行动跟进夯实践

任务驱动突出在校本研修和展示汇报课中应用,撰写反思录,持续提升。

教师基于自身教学现场而开展的行动研究，便于教师在"间距"中重构身份、在"权威"中寻求专业自主、在"亲近"中建立和谐师生关系、在"旅途"中实现潜能生长，从而有效保证了教师专业发展的实现。[4]

最有力量的教育一定是真实的教育。教师培训也不例外。让培训学习成果在培训现场中学习者自己看得见、学习者之间看得见、培训者看得见，回到学校教学岗位，自己在课堂教育实践中持续关注、思考，让自己看到自己的改变，学校学科同伴在其日常教学与校本研修活动中看得到参训教师的持续变化。整个培训学习效果培训组织者和专家看得到、学校领导和同行看得到、学生和家长看得到。

三、教师培训效果显性化在场学习力提升实践意义

效果显性化在场学习力提升的教师培训，学习环境和组织形式更生态，契合成人学习需求的教室空间环境取代了秧田式的座位，真正服务于教师的学习活动；培训主题和内容更具体、真实，看得见、摸得着的真实教学问题实践取代了大而空的理论宣讲，真正能让教师动起来；培训设计更易于实践体验落实的探究取代了单一的"你讲我听"，找问题、想策略、重构课堂成为主要形式。

（一）培训，学习真实发生

首先，真实的培训就是要围绕着学习者真实的生活引出培训的主题，促进教师的"思考"和"交往"。教师的教学生活有丰富多彩的课题可以研究，诸如为什么要"为学生学习设计目标"、为什么要"为学生学习设计教学"、为学生学习设计"问题"、为学生学习实施"评价"、如何设计和实施等，教师能够发现这些问题，生成一个个小问号，也就有了丰富多彩的研究中的思考。

无论是"组学"还是"群学"，每次随着学习者信息量的不断增加、补充、完善，教师的思维不断得到改进和提升，教师们的思考和生成总是距离期望的目标距离越来越近，这一切完全改变了已往培训中培训者"想"给老师们的，而是在自己的设计、陪伴中，逐步把教师引向目标"所在地"，教师在互动中"破""立"，建构新的关系和意义，实现了学习的真实发生。在实际运用和校本任务跟进中不断探索、修正、改进、完善，并形成属于自己的知识、能力和思维，使教师的学习力在自己学习成果不断显现带来的变化中提升和跨越。实现了教师培训从"知识传递"到"思维发展"，将教师培训从"参与式"引向"拓展式"，把教师培训从"传递中心"的授课，引向"对话中心"的学习转变。[5]

仅有的理论"共鸣"不足以转化为教师自己所需要的,只有在组学和群学中的相融、共生,甚至是"争鸣"后再造、创生,才更有生命力和价值,才能"固化"为生命中那忘不掉的记忆,更有思维习惯与智慧。

其次,真实的培训就是要让学习者亲历认知的过程、交往的过程,不是模拟,不是旁观,而是身临其境。例如,在开展"为学生学习设计问题"主题培训时,老师们就在为自己执教准备案例课而设计语文阅读教学的主体问题。一个小组围绕人教新课标版四年级上册第十一课《去年的树》,设计了以下主问题:① 利用"小鸟、大树、唱歌、约定、树根、门先生、小女孩、灯火"这些词,请同学们简单复述这篇课文的主要内容(设计意图:复习上节课内容,了解课文);② 文中哪些地方让你感受到了小鸟和大树之间深厚的感情(设计意图:让学生体会文中人物的情感,也为下个分角色朗读环节做基础);③ 拓展问题:如果你是小鸟,你想说什么?你是大树,你想说什么?学习了这篇课文,你想说什么?

准备执教环节,面对该课已经上过了,培训中小组每个成员开始重新思考自己该如何上课?经过群学后的碰撞,改组重新设计,他们通过研读文本,从关键词"约定"入手,设计了"小鸟和大树之间有一个什么约定?""为什么会有这样的约定呢?"再问"他们都履行约定了吗?"(请同学们读第5～17自然段,帮助学生精读感悟。)最后,设计了"学完这篇课文,你想对文中的谁说些什么"这一问题进行知识拓展,试教课堂上学生生成完全超出教师预设,孩子在角色表演之后出奇地发挥想象,小鸟遇到了"树",这棵树不是"去年的那棵树",而是一颗新生的"树",这棵树表达了自己如何为履行"约定"而生长,给予了该童话以新的完美的结局。

第三,真实的培训就是要让学习者们在亲历之后用自己的话来总结和分享,在碰撞和交流中真正体会理念和生命的真谛。真学是身心俱在的学,是以思贯一、以想为主的学,是有点难度的学,是浸润式而非浇灌式的学,是点点积淀、久久为功的学,是"这个人自己的学"。

只要是自己用心浇灌出来的成果,不在于幼稚或成熟,零散或严谨,也不在于句子的长短,言辞是否华丽或朴实。学习者写下的字字句句都刻在了他们的心坎上,这样才是有力、有效、真实的培训结果。

(二)培训,改变真实呈现

"知识如果不能改变行为,就没有任何用处。"[3]基于在场学习力提升的培训效果显性化教师培训模式,力求通过"在场"效果的呈现让教师的深度学习发生。我们欣喜地看到,培训活动上培训者的心态、老师的学习状态、学习目标的达成度都呈现出积极的变化。体验更丰富、思考更深入、成长更明显。好的方法或者说适合教师本身的方法不是从培训者那里听来的,它应该产生在教师们中间。在培训中,培训者的责任就是"抛砖引玉",立足教师深度学习,突破培训设计,提出问题、设计任务、点拨指导,通过不地断刺激和反思,改变教师思维、行为,以此唤起对教学现状深度思考,让教师的学习在持续思考和亲历体验中发生改变。在场学习力提升的效果显性化培训就是打破常规思维,通过自身体验,自我感知,最终达到自我升华,自我改变的目的。教师从悄然不知到感受深切,用行动让改变发生,让改变持续发生。

教师成长在实践中,培训力求让每一步都留痕,效果呈现可视化。学习活动的设计更合理有效。优秀的教师与普通的教师的区别就在于,优秀的教师能把自己的每一天都过得"不寻常":他会把每一次的困惑记录下来,然后慢慢思考;他会把每一次的成功记录下来,然后总结提炼;他会把每一次的尝试记录下来,然后反复改进;自己每走的一小步都有痕迹,循着这些痕迹,就可以看到自己的成长轨迹,把这些痕迹连成串联成片,便有了自己的"成果",这些成果的背后反映了教师学习的变化。在培训活动中,我们真的看到由于学习活动的科学设计,培训教师们全情投入,深度学习,没有一个参训老师无所事事,没有一个参训老师敷衍参与。正如一位参训老师所说:"在这样的学习活动中,专家教着教着就不见了,老师学着学着就不想离开了。"

来自阜阳市的初中语文特级、正高级教师王家良和王传杨,在应邀"基于教学目标设计"主题研修之后,这样说:"这样的培训教师的学习才是真实的。"

来自杭州江干区的易良斌名师工作室专家团队,在应邀实施初中数学"基于学科素养目标的问题化学习设计与实施"培训后,这样慨叹:"很少能看到这么多的老师参加教师培训,且那么投入。"

来自合肥市初中英语教研员叶明在参与了该培训模式实践后,在自己的研修反思中这样写道:"参加了一次全天烧脑的初中英语教师主题研修活动,要听课评课,要讲座,要对小组学习的汇报做点评,还要跟老师现场互动交流,全程全神贯注,不敢懈怠……全天活动有同课异构,有主题报告,有分组学习讨论,还有议课交流和互动点评,所有老师全程参与,真正做到了以教师为中心的主题研修。"

"如果培训内容在培训现场都没有转化的可能,也难以应用于教学实践。"[6]培训是否有效果,当然并不仅仅在于"在场"上的一时间的"头脑风暴",其学习力的表现更在于会不会持续下去并影响教师的日常教学行为。当前,教师培训我们最应该做的事情就是发现教师,把学习还给教师。培训的出发点是教师,落脚点还是教师,让学习者显山露水,真正成为主角。文字、图片、视频无法取代学员的"体验",只有亲身的体验,才能忘不了,只有了参与思考,才能内化为自己的收获。培训不是为学习者设计感受,而是要自己去体验感受。在真实情境中才能有真实体验。现在的培训更需要"互动""生成"。学习者只有在真实情境中体验了,才能有存在感、成就感,在培训中不断实现更多的获得感,并对下次培训学习充满期待和渴望。

(三)培训,激发生命活力

培训是教师学习的载体、探究的平台、发展的保证,是建构教师展示自我和发展的舞台,培训不是"产品加",而是有鲜活和灵性的生命成长的原野、思想的摇篮、精神的栖息地,是生命的"再造、创生"。培训是教师或教育家最为核心成长的阵地。培训者应该积极变革培训,运用自己的智慧和创造力,挖掘蕴涵其中的无限生机和活力,把培训营造成生动活泼的学习场所,让学习者在愉快的学习环境中自然、有序地参与、学习、体验和操作,不断发展、提高各自的生命质量。从而以更加自信的状态"在场",唤醒学习者潜在的自主学习意识和能力。

在这一过程中交流与展示是教师存在感、认同感提升的关键。交流可以让学习者充分"说话",可以让学习者充分"对话";交流可以让学习者表达不同的观点并相互启发,交流可以让学习者之间相互沟通并理解不同的观点,通过比较分析寻找相对合理和最优的方案。所以,交流不仅是学习者对思维结果和思维过程的表达,更是多种观点的分享、沟通和理解。多种观点的分析、比较、归纳、批判和整合的互动,最终形成学习者对问题的深刻理解,并滋生新的理论和观点。展示是解决学习内驱力的"金钥匙",是提高培训实效性的精髓,是学习者学习交流的平台,既包括小组讨论后学习者在组内的展示,又包括学习者在群学共享中分享和登堂授课以及组学、展学、授课中的互动质疑、点评与议课过程中的各种展示活动。交流是展示的前提,展示是对交流成果的呈现,教师关键是掌控好尺度与火候,有些问题只需一带而过,有些问题却需要深入追究,不可平均用力,泛泛而谈或过于展示。

培训不仅仅是转变教育观念、提升教师技能,它的宗旨和使命应当是引导和教会教师去追求职业的幸福、职业的品质、职业的尊贵,追求更有价值的职业生活,追求更有意义的职业生活。培训效果有显性效果与隐性效果之分、有短期效果与长远效果之别、有知识能力效果与成就职业生命效果之异,基于教师在场学习力提升的效果显性化培训,从关注教师培训的显性效果、短期效果、知识能力效果入手，更注重隐形效果、长远效果和成就教师职业生命效果的价值意义。

教育的目的是培养人，教师培训就更应该要朝着成就教师生活和人生的目标出发。为学习者造就多样的学习经历和学习方式，而不是学习更多内容。这也是培训创新的基础。基于在场学习力提升的效果显性化培训用"学习场域"引领教师发展，整个学习过程在真实的情境中以问题和任务驱动发生，强调的是学习者间的团队合作，融入职业责任、课堂使命、交流合作能力和批判性思维、创造力的培养，超越知识的传递，走向未来教育和未来生活的创造。让老师把每次学习都当成一趟旅程，欣赏沿途风景，抵达理想中的目的地。

参 考 文 献

[1] 中华人民共和国中央人民政府. 中共中央办公厅国务院办公厅印发《关于深化教育体制机制改革的意见》[EB/OL]. (2017-09-24). http://www.gov.cn/zhengce/2017-09/24/content_5227267.htm.

[2] 李宝荣. 行动学习：教师现场式学习的有效路径[J]. 中国教育学刊，2017(7):17-21.

[3] 方斐卿. 回归原点：让培训效果现场显现[J]. 中小学教师培训，2018(12):5-8.

[4] 钟启泉. 从"传递中心"走向"对话中心"[J]. 基础教育论坛，2017(2):93-95.

[5] 陈效飞，任春华，郝志军. 论行动研究促进教师专业发展的机制：基于哲学解释学的视角[J]. 教师教育研究，2018(4):14-19.

[6] 赫提利. 未来简史[M]. 林俊宏，译. 北京：中信出版社，2017.

提升教师在场学习力　孕育教育培训文化力
——基于教师主体参与式学习的"以课领训"再造

教育从关注"如何教"到关注"如何学",走向关注"如何组织学"。教育正在不断成为一门设计和改进的科学,教师的专业化也就成了一个不断设计和持续改进的过程,这就要求教师培训需要不断设计和持续改进。"以课领训(基于任务驱动下主体实践,立足真实课堂情境、典型教学课例、实践探究课题、培训生成课程,引领教师教育教学行为改变)"[1]以目标为导向,以问题为引领,以学习者为中心进行培训设计,以厚植教师学习力和滋养教师职业情怀为追求,立足乡村区域各层次教师,基于课堂、课例、课题、课程开展研修,突出群智共享、情智共生。通过培训设计实施,从主题出发,创造真实学习情境,通过任务驱动构建教师话语体系和思维体系,推动教师在学习中实践,将教师学习的行为体系和成果体系显性化,在"微切入、深学习、短集中、长发酵"常态化研修贯彻始终过程中,"以课领训"模式把教师的培训从"知识传递型"引向"思维建构型"的学习转变基础上,让教师在培训中学习的情绪在状态、思考在进行、行为在改变,营造教师专业发展的"学习场""引力场""思维场""情感场",最终成就教师专业的"生命发展场",形成教师培训文化力推动教师专业持续、长效的发展。

一、"以课领训",提升教师在场学习力

由于中小学教师培训长期以来一直在低效,甚至无效的状态下,因此备受多方质疑。培训就是让改变发生。改变就真的那么难吗?到底是哪里出了问题?解决办法到底有哪些?怎么解?"以课领训"带着这些问题,一直力求从教师培训专业的角度去探究和实践。老师们希望给予的培训是能够结合他们实际工作场景的,学习后真的能够转变教学观念、提升课堂技能、改善教学关系的。

(一)聚焦教师"学习力"提升

时代要求学生成为终身学习者,承担教育使命的教育工作者就必须让自己成为具有持续学习能力和动力的终身学习者。教师培训最大的价值和意义就是应该培养起教师对于追求知识、探求未知的兴趣和热情,并将其转化为一种自我持续的学习动力,这种动力将是贯穿其职业的一生的。

教师的思维影响学生思维,教师的学习力决定学生的学习力。未来已来,学会学习是每一个人适应未来社会最关键的能力。当学习变成时时能学、处处可学、人人会学的时候,教师培训到底该做什么?又该怎么做?引导教师学会学习,让教师学会并拥有持续学习的能力就成了培训的核心。当前,在社会转型期一线教师既要忙于日常教育教学,又要兼顾来自非岗位的直接职责和任务,整天疲于应付,每日忙于"执行""落实",缺少了内在的自主、自我,长此以往陷入了"思维僵化"的境地;教育管理者极其狭隘地一味追求知识、技能、勤勉、付出,致使教师思考的能力变得越来越缺失,更不可能有超越其指定角色的创造力和创新能力。

"以课领训"通过主题聚焦、主体参与、任务驱动、成果呈现,聚焦教师的"在场学习力"提升,即教师在培训现场的理解力、专注力、捕捉力、思维力、反思力、领导力、转化力、行动力、创生力等能力的发展,营造了一个充满生机的、灵动的培训学习氛围,培训者和被培训者在其中都彰显出应有的生命活力,改变在参与培训的教师身上真实发生着。

要实现在培训中不断提升教师的"学习力",让教师学习真实发生,培训就需要建构"学习场"。

(二)聚力教师"学习场"营造

考夫卡场域理论认为:"行为产生于行为的环境,受行为环境的调节。""人的每一个行动均被行动所发生的场域所影响,这种场域的建立与一切可以感知到的外部环境相关,包括人与人之间的连接。"[2]所谓"学习场",即学习者学习的场域。场域是指有边界的空间,其内涵是通过精心构建,对处在场域中人的行为产生影响。而培训场域是为了让学员能更好地理解、认同、记忆、应用所学知识而精心设计的独特培训空间(过程),增强教师与培训组织者之间、教师和教师之间、教师与外面世界之间的联系与链接,实现沉浸式和浸润式的体验学习。由此,培训的"学习场"就是一种"共鸣体",是充满学习氛围的情境,是学习者之间心灵与心灵的相互沟通、心声与心声的互相交流,是生命与生命之间的共振,是灵魂与灵魂之间的吸引。这样的状态,使得人在场域中的能量不是由他自己的能量所决定的,而是场域的指向越一致,场域中的每个人的能量越巨大。今天教师的培训就是要顺应时代教育发展的需要,更多地营造有效的"学习场",不让教师局限于枯燥的会场、报告场,走进训练场,走入体验场,走向真实的学习场景。在"学习场"中提升教师的"学习力"让教师学在其中,乐在其中,收获在其中,改变在其中。

"以课领训",每次活动建立一个相对独立的"圈"或"群",为的是确保每位参与者在相同的环境和情境下的话语"对象感",从心理和环境创设中消除学习者微思维、碎语言,以及不成熟思维和言语造成的恐慌。此做法旨在让教师敢说,同时师训专职教师此时更应该扮演好"学习的陪伴者"的角色与身份,积极引导教师思考、分享、发言,并参与讨论,甚至在讨论中"争鸣",它可以让教师有更多更精彩的创造。"以课领训"以建构"学习场"帮助教师实现了社群化学习,教师们的思想和言行创造了"学习场",而"学习场"又使教师们的思想言行趋同。"学习场"改变的是教师学习的思维方式,以及教师学习的心态与心智。

"以课领训"再造模式,以厚植教师的"学习力"为追求,让培训的组织者成为教师学习的设计者、陪伴者和引领者,培训者、学员、专家团队之间保持高度互动状态,借此经营出强大的"学习场"。

(三)聚智教师"在场学习"发生

"学习场"的建立一定是基于教师的"在场",强化专业对话、专业实践,在互动中思辨提升,互生共长。这种"在场"主要有两层含义:一是时间、空间上在一起(同在一个研修场所或环境内,即真实现场);二是基于网络既可以同在"现场",又可打破时空限制,实现一个"虚拟现场"。

"以课领训"建构的"现实场"旨在帮助参与者提高各项能力。诸如在主题理论提升阶段,通过设计培训的主题目标、组学问题单、群学任务,帮助参与者在聆听中提升其捕捉力、领悟力、思考力;在组学合作中提升其理解力、沟通力、领导力;在任务驱动提高其行动力、转化力、创造力;在展学中提升其倾听力、反思力、再造力。为提高教师在真实课堂、典型课例、探究课题、生成课程过程中"在场"的参与度,"以课领训"更多环节借助于互联网建立网域场,诸如在真实课堂观课中即时议课提升参与者信息观察力、捕捉力、理解力;在理论引领中点拨引领提高参与者概括力、反思力;在展学群学中拓展、延伸、提高参与者的联想力、思维力、创造力等,让教师在"体验—理论—认知"或"理论—认知—体验"环节中,把知识转化为能力,形成智慧。同在一个"现场",每个人对不同的专题都有自己的认知和理解，甚至是其中一个侧面技能或思维上的高手，不需要面面俱到，而是相互之间形成"互补"。世界上没有两片相同的树叶，因此，每个个体都是异质的。生命的价值正在于异质。现场让每个学习者成为自己，现场让每个人在"学习场"中卷入式研修，就一个问题或现象每个人发表自己不同的看法和见解，思维更活跃，随着"群或圈"内交流信息的不断增多和多元化，教师认知，特别是思维越来越丰富，越来越理性，越来越走向深度和高度，教师逐渐向深度学习的方向发展，逐渐养成辩证理性思考问题的习惯，这种"习惯"逐渐改善教师的研修层次。当教师的某一观点、某一发言推动其他教师持续深度思考发生时，他会收获一种来自学术认可的深层次获得感、成就感，真正实现互学共生。思维和思想能更好地同在共行，情感和情怀更好地同频共振。

"以课领训"构建的"基于网络现场的在场"，最大的价值是教师参与度高。在大家高度自助参与的情境下，能最终实现全职参与，每一个人都置身其中，真正走到从"参加"到"参与"。基于网络虚拟的在场，让参与者更理性、更深层次地融入"群体"，把学习向深层和持久推进。

"以课领训"模式再造是由"事实—感受—诠释—行动—创生"组成的一种对话、行为实践和理论提升反思的结构模式，培训通过一系列环环相扣的环节设计、问题引领、任务驱动，引导大家由表及里深入对话，实现深层互动，设计要求主题目的明确化、内容关注点清晰化、流程设计精准化。突出"课"（课堂、课例、课题、课程）的思考深度，强化"训"（行为实践、自我体验、情感滋养）的行为力度，引导教师实践体验、总结复盘，提升课程学习效果，是一种以主题为出发点，在培训者的设计和引导下，让教师"在场"主动思考、积极参与、群策群力找到解决方案的培训模式，从而把教师培训从"传递中心"的授课，引向"对话中心"的学习转变。[3]

二、"以课领训"，致力学习"成果显性化"

教师成长的最大捷径就是发现自己的教学天赋。当前，我们教师培训最应该做的事情就是帮助教师发现自己。如何让教师在培训中发现和彰显自己的"天赋"？就是让教师在培训过程中明晰自己的学习任务、发生行为改变、使行动落地。这就需要我们的培训有更多的"互动"和"生成"，让教师的成长和而改变"看得见""摸得着"。培训的出发点是教师，落脚点还是教师，把学习还给教师，让教师在培训中显山露水，真正成为主角。

（一）帮助教师经历体验

听而易忘，见而易记，做而易懂。培训不是为教师设计感受，而是要教师自己去体验感受。"老师有什么样的体验，他就会把这种体验传递给学生。"教师只有亲身体验了，才会忘不了，只有参与了、思考了、行动了，才能内化为自己的。文字、图片、视频无法取代学员的"体验"，教师只有在真实情境中体验了，才能有更多的存在感、成就感，实现在培训中不断获得更多的获得感，并对下次培训学习充满期待和渴望。

"以课领训"就是打破常规思维，通过自身体验、自我感知，最终达到自我升华、自我改变的目的。环节设计上更多地为教师最大限度地提供参与、实践、体验和互动的机会，内容规划上则更加注重激发教师思考、训练、行动和成果的生成，让教师通过组学、群学、展学等形式的培训，在碰撞中产生智慧，行动中呈现成果。

（二）帮助教师深度学习

深刻的思考是教育的力量之源。"学习的本质是思维"，只有思维与培训学习的融合才能改变教师的教育教学行为，甚至影响教师生活的方方面面，最终才能实现改变学生的目的。培训激发教师"在场"持续思考和亲历体验实现深度学习。通过不断刺激和反思，力求在真实情境的"过程"持续生成教师的能力，改变教师思维。教师培训就是要让思考发生，让思维呈现，让思想形成。

"以课领训"借助"问题"和"任务驱动"，帮助教师建立知识的链接，也是教师深度参与思考的又一个支撑点。"以课领训"再造模式最大的区别是彻底改变教师的思维模式。创建的教师"学习场"，搭建了教师学习共同的话语体系、思维体系、行动体系、成果体系，实现了理念、技术、能力、思维、情感的全面提升。教师与教师之间的连接成为了核心，学习已知讨论未知成为教师学习的主要方式，教师组学、群学和展学自发的筑牢"学习场"，教师无时无刻不在扮演着学生和老师的双重角色。培训的学习场域激发出教师的学习兴趣，鼓励教师自主展示学习成果，呈现学习内容，让教师参与进来，分享自己的智慧观点与思考成果，教师们在互动学习过程中学习自造、自创、自产未知的知识与技能。立足深度学习，突破教学设计提出问题，让老师们对自己执教的学科教学进行简述，以此唤起教师对教学现状的深度思考，让教师的学习在持续思考和亲历体验中实现深度学习。通过不断刺激和反思改变教师思维，力求通过"在场"让教师的深度学习发生。

（三）帮助教师改变行为

"如果培训内容在培训现场都没有转化的可能,也难以应用于教学实践。""以课领训"再造模式将教师生命个体置于培训的真实学习情境中,即"在场"。生命如何"在场",又将以怎样的状态在场？这不仅是教师在真实学习情境下自发、自觉、自主思考的问题,更应该是培训设计者让培训回归培训原点必须思考的问题。依照教育发展需要,组织者设计推动和促进教师专业发展的有计划、有组织的学习。在"组织"学习的过程中,从项目规划、需求确立、资源配置、课程开发、培训实施、效果评估等一系列活动过程中,主题聚焦力求"学得好",问题解决确保"用得上",效果显现致力"看得见",行为改变追求"摸得着",学力提升满足"获得多"。

成果往往取决于行为,行为往往取决于思维,思维的关键在于思考。"以课领训"用行动让改变发生,让教师去做,让改变发生;让教师持续做,让奇迹发生。学习目标和培训成果在学习过程中"看得见""摸得着"。学习成果显现的教师培训设计,能有效让"在场"的教师思考真实发生、思维持续呈现、思想逐步形成,实现教师培训从"知识传递型"引向"思维建构型"转变,从"预设"向"生成"发展。

"以课领训"让教师学习的每一步都留痕。优秀的教师与普通的教师的区别就在于,优秀的教师能把自己的每一天都过得"不寻常"。他会把每一次困惑记录下来,然后慢慢思考;他会把每一次成功记录下来,然后总结提炼;他会把每一次尝试记录下来,然后反复改进;自己每走的一小步都有痕迹,循着这些痕迹,就可以看到自己成长的轨迹,把这些痕迹连成串联成片,便有了自己的"成果"。"以课领训"回归到以教师学习的方式为主,聚焦主题,以理论为引领,以体验为宗旨,以实践为载体,以课程建构为方向,以成果呈现为抓手,让教师在真实的学习情境中,学习解决学科教学真实世界中的问题,在完成真实教学任务的过程中习得知识,获得技能,丰富交往,形成品质,让学习效果能看得到,让教师感受到培训的意义,让老师"在场"就能创造出真实生动、充满活力的"教与学"的场景。

三、"以课领训",孕育教育"培训文化力"

教师在培训活动中逐步形成的关于培训职能的共同价值观、行为准则、基本信念以及与之相应的制度载体的总和构成培训文化。[4]培训文化的沉淀过程就是教师职业情怀和职业精神汇集凝聚、升华丰润的过程。教师职业情怀和职业精神是教育文化的基础,更是培训文化向培训文化力演化过程的衔接,有什么样的教师职业精神就会形成什么样的教育文化。在培训的文化氛围中,影响着教师职业生命力、创造力持续发展力的力量,笔者称之为"培训文化力"。[5]文化决定品质,思想决定未来,文化力推动行为力。"以课领训"建构的教师学习"培训文化力"能够为教师专业发展提供具有更长远意义的、更大范围的正确方向与重要方法。使得教师在日常教育教学工作中能自觉、积极、主动将"培训"中形成的思考习惯、思维方法、行为方式用于解决自我教育教学中的问题,并在不断解决自我教育教学问题中,保持旺盛的精力、独特的创新、迅速的学习能力,在收获职业成就感、获得感中,不断滋养丰厚自我职业情怀,进而更多的影响教师自己和身边的人不断提升职业的责任感、使命感和对工作、事业的情感投入,推动了教师专业认知、专业态度、专业学习、专业情怀、专业品格的形成与发展,培训的这种文化夯实了教育文化力的基础。

(一)营造学习文化引领教师行为自觉

任何有组织的地方就一定有与之相适应的文化存在。教师在培训的"组织"中要始终保持良好的学习思考行动的状态,即推动教师持久自主学习的动力——"培训文化力"。"以课领训"建构的教师培训学习效果显性化改变的是教师的学习习惯和思维习惯。习惯引出品性,品性引领认同。最高的认同是追随,当追随形成一种信念、一种传承时,培训文化力也就相伴而生,如影随形,同生共长。[6]

"以课领训"借助各环节设计和任务驱动让学习者的思维动起来,引领老师前瞻性地思考和实践性尝试,逐步转变教师话语体系,构建起教师行为体系。在为教师开通多元学习通道中,建构的学习者"圈"或"群",让培养起的教师学习品格和学习态度成为学习的支撑,推着教师往前走,进入高阶思维。培训者在培训研修过程中,自己逐渐往后退,把学习者往前推,自己转变成教师的陪伴者支持者与助力者。在促进教师思维的发展,支持教师与教师思维的碰撞,让教师站在思维的一线。这样教师学得轻松,行得快乐,在不知不觉中收获了方法,提高了能力,释放了自己,教师的存在感、满足感、获得感不断得以实现。培训建构的"学习场",逐渐成为教师的"思维场""引力场""情感场"。

培训,就是让更多的教师在"学习场"中,通过参与、互动、体验、生成、反思,在一群志趣相同的社群成员中不断发现自我、反思自我、成就自我。在培训中产生的这种文化带给教师专业的发展是长久、持续的内驱力。内驱力在解决教师学习中的"知"与"行"的脱节同时,让教师有活力地学习、实践,把教师培训中对主题理论的理解,从知识上升到文化,根植于内心,形成教师教育教学的自觉行为。

(二)用培训文化引领教师专业持续发展

教师培训的目标是推动教师专业持续发展。教师专业发展除了专业认知、专业能力外,更有专业态度、专业精神、专业道德、专业情怀、专业品质。"以课领训"突出以教师个体发展为中心,关心教师的生存状态,更关注教师生命的价值和意义,培训中以教师为中心,充分尊重教师自我,不再试图"改造"教师,而是努力追求教师的"改变"发生,在教师自我改变中培养教师的创新精神和实践能力。

"以课领训"聚焦目标、创设节奏、创造归属感,帮助教师建立与主题教学实践相关的密切的"链接",通过创设情境帮助教师从"主题"学习走向自己的教育实践的链接。无论是理论引领还是实践操作,无论是交流研讨还是组学群学展示,都时刻聚焦目标,把目标刻于心底,有了目标,才会有动力,也就是经常说的理念是行动的先导。每次的学习必须是循序渐进、有步骤有节奏地进行,松弛有度,思、练、实践、操作、研讨、交流、展示呈现适宜。

(三)用文化提升教师职业认同

教师是一群有思想、有情感、有动力、有智慧的实践者。教师的生命状态、专业能力、师德水平决定着教育质量,因此,培训要着力关注教师的精神长相和专业成长。从教师个人发展和教育发展需求出发,突出教师学习的可持续性,侧重多方面能力尤其是学习能力的培养和提升。"以课领训"基于培训者的职责、职能、职权,通过对培训主题契合度的精准把握、培训环节的精致设计、培训情境的精心创设与以教师"学习力"提升为目标的融合建成培训文化,引领更多的教师提升职业认同,增进教育改革担当认同,增强教学变革信心认同,追随一批具有深厚教育情怀勇于课堂变革的仁人志士,形成巨大的推动新时代教育发展的凝聚力,这也是教师培训文化力的价值和意义所在。

知识,教师每个人都有,只需要唤醒。"以课领训"追寻教师培训的成果能"在场""看得见""摸得着",让教师在"看得见""摸得着"的学习成果中发现自己的不足、问题和距离。体验不分享就没有价值。以课领训设计的分享可以是通过在场的言语,也可以通过网络场域微信群、QQ群、UMU讨论平台、简书、美篇、简报等方式分享。在分享的过程中,每个人都在努力向自己和他人证明自己仍有价值和意义。这样的培训学习效果的显性化让教师从自己的内心更深层次得到唤醒。"以课领训"为学习者制定的训后任务驱动,并通过论坛、沙龙、展示、送训等活动帮助教师形成了唤醒之后所需要的持续改变的动力和自我定力,引领教师持续坚持思考、阅读和行动,让改变真实发生。

叶澜老师说:"教师在学生面前呈现的是其全部人格,而不只是'专业'。"[7] 当然,教师培训需要唤醒的不仅仅只有知识,更需要在培训中唤醒教师职业生命。教师培训最核心的价值意义就是唤醒教师的职业生命。因此,一切教师培训评价都应以此标准为判断依据。"以课领训"在帮助教师链接世界、开阔视野中激发认知冲突,在共享融合中激活学员思维,在合作创生中激励行为改变。教师持续地沉浸在培训的学习情境中,老师把每次学习都当成是一趟旅程,欣赏沿途风景,抵达理想中的目的地。

培训留给教师的不是一个简单的概念和理论,也不是一种具体的方法和策略,而应是一种思维方式和思考能力,是一种学习习惯和人生态度,一种对职业的执着和事业的追求。只有基于"在场"的教师培训,你才能够发现培训过程之中,发生在教师思维、行动和情感上那些微妙的、难以用言语叙说的改变,并有针对性地即时引导、唤醒、点燃。换句话说,培训,只有"培"得简明,"训"得充分,才能让教师的改变真实发生。我们只有不断通过培训改善教师职业生命的状态,在促进教师科学素养、教育智慧、教学策略、育人方法、课题研究、行动能力的提升过程中,敬畏职业、尊重个性、遵循规律、共生共长,帮助教师实现坚定职业信仰、丰富文化精神、丰润生命价值、滋养职业情怀。只有这样的培训才是真正体现了教师专业成长的真谛。

参 考 文 献

[1] 胡来宝."以课领训"构建区域内教师专业发展常态化培训学习"生态圈"[J].中小学教师培训,2017(7):25-29.

[2] 考夫卡.格式塔心理学原理[M].杭州:浙江教育出版社,1997.

[3] 钟启泉.从"传递中心"走向"对话中心"[J].基础教育论坛,2017(2):93-95.

[4] 胡来宝.基于"以课领训"建构教师思维型学习[J].中小学教师培训,2019(6):26-30.

[6] 腾讯网.教师在学生面前呈现的是其全部的人格,而不只是"专业"[EB/OL].(2019-07-15):https://xw.qq.com/amputmll20190716A02NN500.

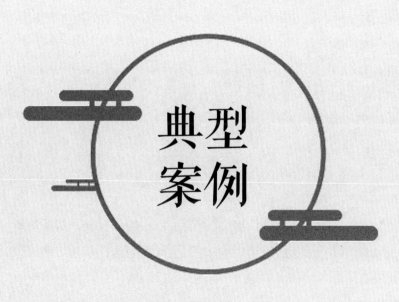

典型案例

基于"以课领训"的乡村教师专业常态化发展"生态圈"模式[①]

一、问题的提出

20世纪末,伴随着"两基"的基本完成,县级师训机构不断"被边缘化",第一、二轮中小学教师继续教育长期处在"双负面效应"(机构为生存或完成任务、教师为学时或学分)状态下,远程学习"虚化"、校本研修"缺失"、集中培训"忽悠",农村地区中小学教师专业发展一度遭遇困境。

2003年,祁门县实施新一轮基础课程改革,数年推进困难重重,分析课改种种问题原因,根本在师资,决定课程改革成败的决定性因素固然在"改课"上。"改课",对教师特别是农村教师的专业素养、教育观念、思维方式、课堂技能、理论水平都提出了更高要求,这一切需要培训去改变、去推动。如何改变传统的教师培训"你讲,我听"或"你演,我看"的现象,破解教师培训中理论与实践的"两张皮"?"听来的记不住,看到的容易忘,只有自己参与了,印象才深刻",于是设想建构一种既能帮助教师解决实际教育教学问题,又能用教育教学理论引领教师专业发展,落实自己教育教学实践行为改进的培训模式。

本着"从本土出发、以学习者为中心"的培训理念,探寻推动县域内各层次教师建立"学习共同体",实现"抱团成长"的路径。2008~2012年,笔者主持开展了省级课题"教师专业成长和发展与新课程改革实验"和"建构有效参与式培训模式"的研究,以建立起农村教师专业发展支持服务体系,形成区域与校本研修常态化运行机制,全面提高培训的针对性和实效性,全面提升农村教师能力素质,全面推动区域教育健康、科学、可持续发展为目标。怀揣梦想与期待,踏上了探寻推动县域内各层次教师协调发展的路径,致力于促使农村教师逆城镇

[①] 本文曾荣获2018年国家基础教育教学成果二等奖。

化的涅槃重生，为构建优质均衡而有质量的教育不停探索。

培训的最终目标是要转变教师的教育教学行为，实现学生的发展。转变教师课堂行为就要狠抓教师专业发展的常态化机制建设。引导教师自主学习，突出培训机构指导学习，强化校本跟进学习。通过提升教师培训的在场学习力，实现唤醒教师自我潜在的学习意识和能力，真正转变教师"要我学"为"我要学"，变"学一阵"为"学一生"。为确保教师能"学得好、用得上"，在有效确保参训教师参与培训活动的同时，感受身边的真实教育教学情境，让他们感到"实在"，培训者和学习者在找问题、解困惑中共同进步，实现有效转变教师教育教学行为的目标。通过"树牌子、造名师"，在活动中实现教学相长、学学相长，将乡村教师自己身边的课和活动通过打磨，形成案例课，依托案例课教育教学真实情景，由县域内研训专职教师和学科骨干优秀教师组成"土专家团队"，通过"微专题""微课程"的方式，帮助他们寻找案例背后的理论依据与教学改进的方向。在这一过程中，教师基于真实情境中的主题专注力、信息捕捉力、教学理解力、教育反思力、行动转化力等学习品质和思维能力得到根本转变。

二、解决问题的过程与方法

（一）解决的主要问题

1. 解决教师培训模式的同质化问题

落实按需施训，聚焦区域教师专业发展和课堂教学质量提高，基于"用真实课堂情境引领教师教学行为变革"，整体构建了"以课领训"的模式。

2. 解决教师专业学习的同质化问题

落实分层施训，依托教师学习文化体系建立区域教师"学习共同体"，实行教师梯级培养，"用骨干、优秀引领全员，使优秀成为骨干，让骨干走向卓越"，促进教师"抱团成长"。

3. 解决教师专业对话的同质化问题

落实协同施训，推行教师培训从"参与式"引向"拓展式"，把教师培训从"传递中心"的授课，引向"对话中心"，突出每个学习者"在场"的学习力的培养和提升，实现了教师培训从"传递型培训文化"到"思维型学习文化"的建构。

4. 解决教师培训学习的偶发问题

把研修中的问题生成为教师学习的主题,用身边的教师培训身边的人,实现了教师培训学习从"低效、偶发"走向"高效、常态",形成良性"生态圈"。

(二)解决问题的过程与方法

1. 强化研究,提供理论支撑

(1)以调研为依据。为准确、真实把握农村教师专业发展状况,因地制宜、有的放矢地实施教师培训改革,2008年,课题组设计了"县域农村教师专业发展状况调研"问卷,在深入基层学校和一线课堂、走访校长、教师的基础上完成了《农村中小学教师培训现状调研暨建构参与式有效培训模式的尝试与构想》调研报告。主要内容有:① 确立教师的主体地位,改变授课者与学习者的关系;② 明确培训目标,科学设置课程;③ 确立"相对一致"的培训对象,为构建参与式有效培训奠基础;④ 以目标为导向、以问题为引领,为构建参与式有效培训创设情境;⑤ 研训结合,为构建参与式有效培训找准切入点;⑥ 理论联系实践,为构建参与式有效培训创建平台;⑦ 彰显学识人格,为构建参与式有效培训营造氛围,建构参与式有效教师培训模式的尝试与构想,并申报了《建构参与式有效教师培训模式的探究》省级课题,目的就在于希望通过研究,探索出对农村中小学教师具有针对性突出、实效性强的培训之路,为农村基础教育快速均衡发展不断提供师资保证。

2011年,祁门县教师进修学校结合3年的实践探索,以聚焦农村"教师专业发展现状及对策"为中心,实施了覆盖皖南部分区县的教师培训状况与需求调研,形成了《村小教学点教师专业发展现状及对策》专题调研报告,提出了"国培引领,突出骨干;本土长效,面向全体;和谐均衡,持续发展"的培训整体思路和构建"训研教"一体的专业培训、教学研究、课堂发展的基本模式框架。全面实施立足需求,量身打造的"以课领训"培训模式,并成功探寻出乡村区域教师专业常态化发展"生态圈"体系,实现了引领教师学习走向常态化的目标。

2015年,"国培计划"整体区域推进项目改革试点花落祁门,为切实做好"国培计划"项目改革试点,祁门县教师进修学校再次全面开展了新一轮深入细致的农村教师专业发展需求调研,形成了《深化改革底部攻坚 推进均衡聚力乡村——"国培计划"乡村教师专业发展调研报告》,该调研报告并得到教师司关注。报告提出农村教师抓业发展"解决思想观念是关键、解决工学矛盾是保证、解决培训实用是根本、解决分层需求是核心、解决常态学习是重点",并确立用"以课领训"突出教师"思维型学习文化"的建构。

(2)以课题为抓手。我们始终坚持"问题即课题"的思路,将实践经验理论化形成科研成果。2007年以来,先后以"有效参与式教师培训模式建构""教师专业成长和发展与新课程实验""农村县域内教师培训体系创新探究""农村教师培训课程资源开发探究""山区中小学教师培训学习共同体建构"和"乡村教师学习方式与专业发展路径研究"6项省级课题研究为抓手,关注教师专业成长,聚焦教师能力发展,聚力教师学习力提升,实现了师训常规工作与教师培训研究相互补充、相互促进、相互发展的优势。

一路实践,一路改进。先后撰写了如《"以课领训"有效参与式培训模式建构》《"以课领训"夯实教师培训主体实践》《"以课领训"乡村教师专业发展的有效路径》《"以课领训"推进培训生成新资源建设》《"以课领训"建构区域教师专业常态化发展生态圈》《"以课领训"用培训文化推动教师专业持续发展》等23篇论文,并分别发表在中文核心期刊《中小学教师培训》《继续教育》《教师教育论坛》和《教师发展》上,为推进教师培训供给侧改革提供了理论依据。

2. 实践探索,形成框架模式

2007年开始,我们将实践探索注重整体规划、系统设计、整体实施,2012年形成了"以课领训"基本模式框架。

(1)以框架定方向。研究一开始,就从"本土"出发,立足于区域内不同层次教师需求,坚持在区域内"用骨干、优秀引领全员,使优秀成为骨干,让骨干走向卓越,实现全员提升"的原则,以县级师训专职教师为中心建立区域教师"学习共同体",实施乡村教师"抱团成长",成功搭建起了以课领训模式基本框架,如图2.1所示。

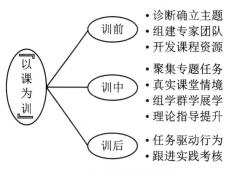

图2.1 "以课领训"框架图

（2）以模式提内涵。从2012年开始，在实践探索中，不断完善"以课领训"基本框架，，把成人学习规律、心理和原则等理论引入，不断完善该模式环节，以目标为导向，用问题引领，通过各种培训"工具"，实施任务驱动，基本形成"训前—训中—训后"三段式六环节，将问题研讨、经验交流、观课议课、心得体验、案例评析等多元互动融于一体，如图2.2所示。

该模式，紧扣目标，分"训前—训中—训后"三个步骤，借助"主题聚焦＋真实情境＋智慧碰撞＋理论引领＋跟进实践＋反思提升"几个环节逐步递进，充分调动和激发了参训教师主动学习的积极性。

① 训前统筹规划。课堂诊断，问题梳理，找准教师主题培训学习切入点；主题聚焦 明确目标，梳理教师培训学习真实需求；在区域内遴选学科骨干组成专家团队，开发课程资源。

② 训中规范实施。主题指导明确环节任务，问题引领思考，做到培训"对症下药""量身定做"；组建学习团队，充分发挥主体参与；课前案例课执教教师说课，让所有参与者知晓案例课环节设计意图；课堂呈现，让参训教师带着任务、聚焦主题研修问题单走进真实情景，观察课堂；主题议课，突出一线教师的"碎思维"和"微语言"；智慧分享，力求通过小组展学探寻出主题对教学本质的理解和追求；理论提升，微专题引领教师进入教学理论层面提升。

"以课领训"从聚焦主题思考，到走进真实课堂，再到思维碰撞，走向教学理论，最终实现实践行为跟进，力求"问题质疑、真实情境、观念转换、理论提升、碰撞思考、行动实践"六位一体。按照"成人学习者应该充分发挥其学习过程中的主体性，树立终身学习的观念，激发个人学习动机，把握特有的学习优势，努力尝试自导式学习，做好相关知识体系的选择、组织、调控及对学习资源的利用，从而投入最有效的学习"。

③ 训后跟进考核。教师培训学习最终目标是要帮助教师把学习成果转化为自己的课堂教学行为，"以课领训"围绕主题学习，设计行为跟进作业，将集中研修与校本研修或依托网络社区开展的网研相结合起来，依托继续教育"学分认定"这一行政杠杆的作用，确保教师任务跟进的实效性。该模式实现了将教师培训从"参与式"引向"拓展式"，把教师培训从"传递中心"的授课，引向"对话中心"的学习转变。

（3）以项目造模子。2012年，以全员主题培训项目为抓手，以"建构区域教师专业常态化发展体系"为目标，完成了区域教师专业发展常态化"生态圈"模式建构，使培训更具活力。如图2.3所示。

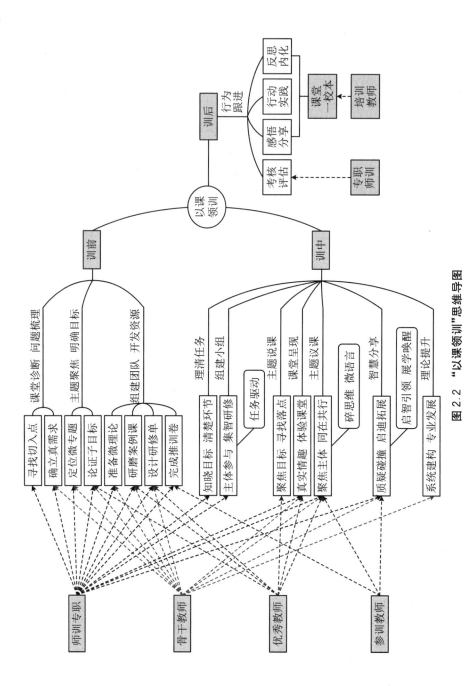

图 2.2 "以课领训"思维导图

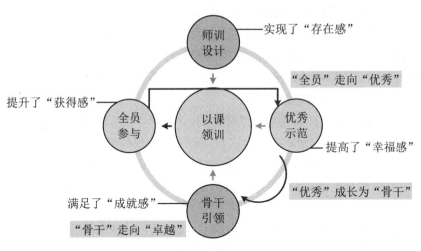

图 2.3 "以课领训"建构的区域教师专业发展常态化"生态圈"

2015 年,"国培计划"整体区域推进项目改革试点花落祁门,按照"探寻路子、打造模子"的整体思路,我们进一步优化该模式,建成的区域教师专业常态化发展"生态圈",更加关注教师培训学习过程,突出每个学习者"高阶思维"的培养和提升,实现了教师培训从"知识传递"到"思维发展""传递中心"向"对话中心"的转变。

3. 建构文化,确立发展方向

课题组建构的"以课领训"生态圈实现了教师培训由"参加"到"参与"的质变;在"培训"到"学习"的跨越基础上,致力于"让培训学习成为职业生活的一部分",开始关注通过建立教师"培训文化力",推动教师培训从"传递型培训文化"到"思维型学习文化"的建构。通过"知行合一"的实践建构起的教师学习的文化,让教师在培训文化的浸润、滋养下,形成自我学习提升的强大的内驱力。目前已探究形成了"以课领训"建构教师培训文化的基本路径。

(1) 问题引领诊断有精度。以课领训始终坚持目标导向、问题引领,聚焦教师课堂教学真问题。只有真问题才是教师学习的真实需求,教师培训的问题来源于课堂诊断,为确保培训的针对性,需要对梳理出的课堂问题加以论证。

(2) 主题指导聚焦有准度。师训专职教师的主题指导聚焦力求有"准度",每次针对不同学科、不同研修主题,教师培训团队反复推敲,力求科学把握,指导教师精准定位,帮助教师实现目标任务的翻转。

(3) 案例课堂呈现有亮度。当参训教师带着"问题"(研修问题单)步入真实课堂情境观课时,帮助教师体验到"新课堂"教学带来的学生学习方式的转变。参训教师们经历了从"培训要我做"变为"我正在做",这就是"以课领训"带来的思维转变。这正是一个可以被激发和培养的过程。培训案例课课堂呈现力求有"亮度",训前依据活动目标定位,培训团队集智研磨案例课,力求在案例课中更好地打开一线教师的思维和视野。

(4) 任务驱动设计有梯度。为有效引导教师学习,聚焦目标,聚力学习,以提升参训教师的在场学习力为宗旨,设计促进教师有效学习的"问题单"。主要涉及三个基本问题:问题一立足主题从案例课出发;问题二聚焦主题引领教师走向教学生活;问题三帮助教师建构主题未来课堂方向。三个问题层次递进。

(5) 研学展学思考有深度。组内聚焦主题,紧扣研修单的研修,是一种智慧的点燃,是一种激情的唤醒,更是一种思维的碰撞。师训团队指导教师要引领学习者组内紧扣问题单深度研学,有时一个人的发言会引起更多的人思想和心灵的共鸣。小组发言人凝练小组研修智慧和成果,把一线教师对课堂教学问题的"微语言""碎思维"进一步梳理归纳,力求系统、完善。

(6) 归纳点拨提升有高度。在教师的"展学"环节,由师训专职教师"主持""引领",力求透过小组梳理出的对课堂教学现象的理解,引向教学本质问题的理解和把握,帮助教师重新建构学科未来的主题教学思路和模型。

(7) 专题引领理论有宽度。微专题在教师充分"研学"的基础上,让参与学习的教师的认知得到进一步拓展和延伸,思维不断获得启发、训练和培养。紧扣研修主题的理论专题,不要求一定要有专家的"高度",也不要求有学者研究的"深度",但一定要追求具有能指导一线教师教学实践需要的"宽度"和能为一线教师教学提供实实在在帮助的"厚度",拓展教师视野和思维方式。

(8) 行为跟进实践有力度。一次主题研修最终是要落实到教师的课堂行为转变和学生学习方式的转换上。通过真实案例课的示范,生动主题的研修,智慧展学的分享,精彩点评的引领,使得参与者的专业理论有所提升,思维和思维力得到发展,并对自己的课堂有新的审视和定位。借助校本研修指导和"学时认定",把这种思路和模型在自己的教学实践中不断尝试,与校本研修同伴互助不断改进,直至与期望的"模型"相遇,确保教师主题学习行为跟进有保证,通过校本分享教师主题学习实践尝试后的收获分享。

三、成果的主要内容

（一）理论创新

1. 创立了教师学习"生态圈"理论

"以课领训"坚持在区域内"用骨干、优秀引领全员，使优秀成为骨干，让骨干走向卓越，实现全员提升"的原则，将县级师训专职教师从"培训者""管理者""专家"转变为教师学习的"设计者""合作者""引领者"，让师训专职教师"擅"培训，职业归属感得到认同；微专题由于切入点小而精，易准备，能驾驭，让骨干教师"能"培训，职业成就感得到实现；优秀教师在师训专职和学科骨干的带领下，研磨案例课，呈现案例课——"会"培训，职业幸福感得到提升。主题研磨能更好地让优秀、骨干朝着"研究型""学者型""专家型"的方向迈进；在环环相扣的引领下，参训教师能紧扣研修的主题和方向，通过观察课堂、聚焦思考、组学展学、行动实践，使潜在的自主学习意识和能力得到唤醒，获得感得以增进，达到了教师"乐"培训的回归。如图2.4所示。

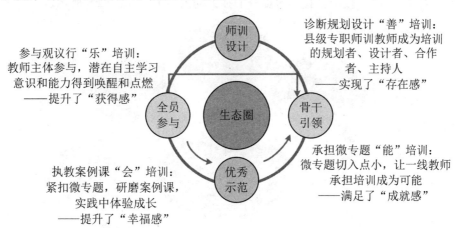

图2.4 "以课领训"建构的区域内教师专业常态化培训学习"生态圈"

2. 创立了教师学习"力点图"理论

"以课领训"教师培训模式支撑点在"课"，着力点在"领"，关键点在"训"，提升点在"思"，落脚点在"行"。如图2.5所示。

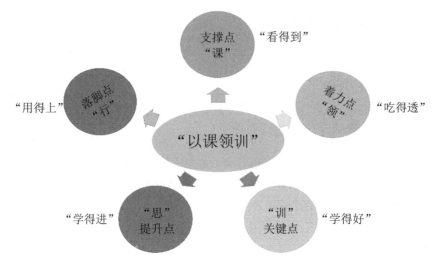

图2.5 "以课领训"力点图

3. 创立了教师学习"文化路径"理论

通过让教师成为培训的主体，成为自我行动学习的设计者、主动自我学习的学习者，形成了教师自我学习提升的强大的内驱力。如图2.6所示。

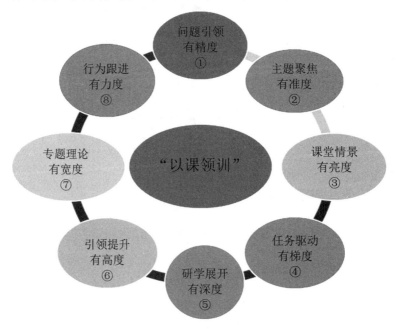

图2.6 "以课领训"过程设计建构培训文化的路径

（二）实践创新

1. 建立了教师梯级培养实践模型

县师训专职教师转变为教师学习的"设计者""合作者""引领者"；骨干教师在承担微专题中朝着"学者型""专家型"迈进；优秀教师主题研磨中更好地走向"学习型、研究型"；全员教师紧扣研修主题和方向，行动实践，潜在的自主学习意识和能力得到唤醒。

2. 建立了教师协同学习实践模型

该模式既有优秀教师的真实课堂，又有骨干教师的专业理论，也有师训专职的点拨提升，更有学习者自我智慧行动；提升了师训教师的"设计力"、骨干教师的"研究力"、优秀教师的"实践力"、全员教师的"行动力"。

3. 建立了教师自我学习提升模型

该模式紧扣教师学习思维型文化建构，形成了"专注力、捕捉力、理解力、思维力、反思力、领导力、转化力"一体的教师在场学习力提升模式。如图 2.7 所示。

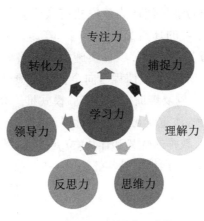

图 2.7 良好的"学习力"

四、效果与反思

(一)成果效果

1. 全国交流实践经验

(1) 2017 年凝练出了模式创新优秀课例,并获教育部表彰。

(2) 2016 年、2017 年分别承担了教育部中学校长培训中心举办的第 7 期和第 8 期"长三角教师进修学院名校长高级研究班"跟岗培训实践,取得了优良效果。

(3) 2017 年 10 月,应高等教育出版社邀请,为辽宁省培训者高级研修班做模式推广,深受欢迎。

(4) 2018 年 1 月在国家教育行政学院——"国培计划"校长培训者高级研修班做介绍,得到充分肯定。

2. 全省交流实践经验

(1) 2012 年、2014 年应安徽省中小学教师继续教育中心邀请,做该模式经验推广介绍。参加培训的学员们认为该模式有效将教师在培训中的主体作用予以调动,实现了教师学习的真实发生。

(2) 2017 年安徽省"国培计划"项目实施办公室将该模式实践列入乡村教师校园长培训团队研修项目"省级课程",向全省相关项目县区推广。

(3) 先后应师范类高校及培训机构做经验模式推广介绍。该模式集实践与理论一体,突出培训主题,注重学习者主体性参与,发挥区域内专职师训、学科骨干、学科优秀不同层次教师的优势和作用,立足本土,致力发展,全员投入,模式思维导图清晰,环节明了,操作简易学。

3. 本地培训全面嵌入

(1) 2012 年 8 月~2015 年 6 月,将"以课领训"模式运用于祁门县中小学幼儿园教师的全员培训中。培训以发展教师学习高阶思维为方向,突出教师在场学习力的提升,充分点燃了一线教师的学习激情,唤醒了其潜在的学习意识与能力,真正实现了"让教师学习真实发生"。参训教师表示收获满满,十分感动。省教坛新星曾勤说:"'以课领训',将我从十多年前的荣誉中唤醒,让我重新找到了自己的价值!""为这样接地气、有实效的培训叫好,点赞。""'以课领训'把全县教师的学习热情调动起来了,让所有教师实实在在地参与到培训学习中来了。""'以课领训'聚焦主题,从典型案例课入手,紧扣问题,聚智研修,聚力实践的模式,有效实现了教师培训学习的针对性,使校本研修氛围走向了目标化、规范化、常态化。"

(2)得到媒体高度关注,黄山日报、安徽青年报、中国教育装备网、安徽教育网等众多媒体报道。

(3)2015年9月~2017年12月,第二阶段以"国培"计划为契机,深度实践应用并推广,不断完善了模式结构,形成理论体系。

(4)2017年模式成果被省教育厅命为安徽省培训课程资源,在全省国培计划整体区域推进实施区县全面推开。

"以课领训"模式核心价值:提高了教师的参与度,满足了教师的获得感,提升了培训的实效性,将教师培训学习引向了常态化。让培训成为提升教师职业存在感、认同感、归属感、成就感、获得感、幸福感的助推点。

4. 理论成果

(1)"基于真实情境学习的乡村教师专业常态化发展模式——'以课领训'"荣获2018年安徽省基础教育教学成果一等奖。

(2)"'以课领训'——送培送训模式创新"荣获2017年教育部"国培计划"首批优秀模式创新典型课例。

(3)"教师培训生成性资源开发与应用"荣获2016年中国教育科学研究所教学一等奖。

(4)"教师培训课程资源建设创新探究"荣获2013年安徽省第九届优秀教育科研成果奖一等奖。

(5)"有效参与式教师培训模式"荣获2012年安徽省基础教育课程改革教育教学成果奖二等奖。

(二)成果反思

在用"以课领训"建构乡村教师专业发展常态化发展"生态圈"培训模式和体系的探究过程中,笔者认为还存在以下问题与不足:

(1)教师培训体系建设是一个综合复杂的系统工程,由于缺乏教师培训评价标准,教师培训效果很难显现。

(2)建构的培训模式是基于教师真实情境的一种学习,需要通过建构教师"培训文化力"来形成长久持续的内驱力,培训跟进转化仍然存在一定限制。

（3）该模式更注重把教师培训内容从"知识"转向"思维"、方法从"传递"转为"引领"、课程从"预设"推向"生成",提升师训专兼职教师整体素质成为关键。

参与式有效教师培训模式创新探究

——安徽省基础教育课程改革教育教学成果报告[①]

教育大计,教师为本。教师培训是加强教师队伍建设的重要环节,是推进素质教育,促进教育公平,提高教育质量的重要保证。加强教师培训,是新时期教育事业科学发展的重要任务和紧迫要求。

祁门县教师进修学校作为一所独立的县级教师培训机构,一直把促进全县师资队伍建设为己任,把不断提高中小学教师培训的科学性、针对性和实效性作为学校工作的不懈追求。2003年祁门县作为新课程改革实验县,为能更好地服务全县中小学教师适应课程改革、推动课程改革,学校及时申报立项了省级课题"新课程背景下农村中小学教师的专业成长与发展的有效途径",该课题经过课题组成员长达5年的潜心研究,于2009年顺利结题。

为更有效实施全省第三轮中小学教师继续教育,我校以第三轮中小学教师继续教育为契机,聚焦"有效培训",在全面总结一二轮中小学教师培训工作的基础上,对中小学教师培训现状进行深入调研核定分析,申报立项了市级课题"建构参与式有效中小学教师培训途径探究"。该课题以提高教师师德素养和业务水平为核心,以提升培训质量为主线,力求突出在培训中实现教师学习由"被动参加"到"互动参与",最终实现"主动学习"的目标。

一、研究的背景与意义

随着义务教育工作重点转移到提升教育教学质量上来,要提高中小学教育教学质量,关键在教师。教师教育与培训已成为教育改革成功的决定因素。因此,教师专业发展也已成为每一个教师无法回避的现实问题,专业化教师更是

[①] 本文于2013年获安徽省首届基础教育教学成果二等奖。

基础教育新课程改革对中小学教师的热切期盼。

目前,中小学教师的继续教育培训让广大教育工作者和社会颇有微词。多数教师缺乏发展的眼光,思想观念跟不上教育发展的实际需求,失去了积极进取的热情。培训主体对培训内容无选择的权利,培训形式单一。在培训过程中,缺少参与、交流和反馈,学员自身的经验得不到重视和挖掘,因此学员参训的积极性不高,培训效果不佳;理论与实践脱节,培训缺乏实践跟进的过程,没有让学员把学到的理论及时内化、吸收。回到工作岗位上后,依旧我行我素,培训效果大打折扣。更为严重的是大规模整体推进的培训模式的弊端日益凸显。

鉴于现实,如何让教师培训的内容与教育教学实践紧密结合,形式与方法符合学校与教师的实际需要,使教师能够以主动、积极的心态投入培训,我校提出了"服务基础教育、服务基层学校、服务广大教师、服务课堂教学"的教师培训指导思想和"和谐共进"的培训理念。坚持走"研训结合,发展教师专业"的培训之路,提出"教研是载体,培训是过程,提升质量是目的"培训思路,积极构建"小班化、参与式""以卷推训""以课领训""带着做"和"问题研讨"等有效教师参与式培训模式,收到了良好的效果,有效地促进了教师的专业发展,实现了提升教学质量的目标。

参与式教师培训,是近年来国内教师培训中一个热门话题,笔者的研究一是结合目前教师培训的主流趋势,更新师训理念,强化培训实效;二是针对参与式教学用于基层教师培训,深入挖掘引导参训者积极主动地学习的方式方法,从而提高教师培训的针对性和实效性。特别是笔者以"小班化、参与式"教师培训模式在实践中的形成与推广作为探索和研究方向,更为我县的教师培训工作注入了新的活力与生机。

二、研究与实践过程

参与式教学法是最近一二十年发展起来的一种新型教学法。该教学法用于基层教师培训还是刚起步,将参与式教学法引进基层教师培训领域是教师培训发展的必然趋势。为使此课题研究能做到有计划、有步骤,走科学严谨的探究之路,本课题组严格按拟定的研究步骤推进。

(一)理论建构阶段

2008年,全省第三轮中小学教师继续教育启动,适逢祁门县教师进修学校领导班子调整,新一届师训工作领导者通过深刻分析、深入调查、深刻思考,决定建构一个全新的教师培训模式和体系。为此,学校精心设计了"祁门县中小学教师培训现状调查问卷",发放到全县各中小学(包括教学点)教师手中,通过调研分析,发现了这样一个实质性的问题:一直以来,教师培训采用的都是大规模的专家讲、学员听的形式对教师进行培训,教师的排斥心理很大,同时还存在以下几方面的弊端:

(1) 培训主体地位没有得到充分的体现。培训主体对培训内容无选择的权利,在培训的过程中无参与的主动性。

(2) 培训形式单一。培训中我们采用的多是专家式讲座,以专家讲授为主,学员大多被动的倾听。在培训过程中,缺少交流和反馈,学员自身的经验得不到重视和挖掘,因此学员参与的积极性不高,培训效果不好。

(3) 理论与实践脱节。培训缺乏实践跟进的过程,没有让学员把学到的理论及时的内化、吸收。回到工作岗位上后,依旧我行我素,培训效果大打折扣。

笔者结合"祁门县中小学教师培训现状调查问卷"撰写完成的《建构参与式有效培训的思考》和《农村中小学教师培训现状调研暨建构参与式有效培训模式的尝试与构想》两篇文章,确立了在教师培训中落实"小班化、参与式"的培训模式和方向,为课题研究奠定了理论基础。

(二) 实践探究阶段

在新的理念引领下,为提高教师培训的针对性、科学性和实效性,笔者及所在课题组不断改进和摸索出了一条适合祁门县教师具体工作实际的培训模式,使师训活动与各基层学校工作和谐统一起来,并与校本培训达到完美结合。

1. 从"大班额、一体化"走向"小班化、参与式"

(1) "小班化、参与式"培训模式率先在干训中尝试与运用,随后在中老年教师基础知识暨新课程能力提升培训、班主任培训、教师专题全员培训中应用和推广。2008年,我们举办祁门县中小学后备管理干部培训班,首先,在形式上实现"小班化",把每班培训人数控制在45人以内,在班主任培训和中老年教师基础知识暨新课程能力提升等培训中将班级学员人数严格控制在50人以内;其次认真设计培训课程,力求培训班课程既能依据国家和省有关文件要求确保培训方针,又能满足学员工作实际需要和心理需求;再次,认真选聘授课教师,并落实备课会议,明确授课教师转变角色,在培训中必须关注学员个体需要,培训环节中要设计能让学员参与和愿意参与的环节,为实现学员"参与"提供平台和保证。

（2）针对教师教学的学科性要求，按不同年级、不同学科划分，开展参与式培训。在"上好课"的集中学习活动中，采用了"分学科、参与式、小班化"的培训模式。本活动将全体教师分为中学段和小学段两大群体，中学按学科性质分为语文、数学、英语、理化、政史、综合六大类别，小学按学科性质分为语文、数学、英语、综合四大类别，采用"以课领训"和"以课代训"的方式开展参与式培训工作。笔者及所在课题组建构的"专家引领＋案例分析＋学习考核"相结合模式，能有效促进教师个体主动参与。这一切活动只有在"小班化"的氛围中才能得到完成。

（3）针对教师不同的年龄段、不同的学习需求，开展参与式培训。针对村小教学点在第三轮中小学教师继续教育中出现的"虚化"现象，经过反复调研，认真谋划，科学地设置培训课程，在2010年、2011年、2012年年分别开展了第一、二、三期农村村小教学点中老年教师培训，其目的就是要组织针对性强、实效性突出的培训。

通过问卷形式进行调研，获取这部分特殊群体教师的实际学习需求，科学地设置课程，采取"小班化、参与式"培训模式，为受训教师在课堂上提供更广泛的互动空间，有效地提升这一群体教师知识的更新及操作能力，强化适合农村教学点的复式教学能力及对农远资源模式二、模式三的应用。由于采用"小班化、参与式"模式教学，教师学的认真且实在，加上培训内容在教学实际中的应用率高，效果明显，深得基层学校的领导和教师的欢迎，在连续3年的继续教育培训过反馈会上，校长们要求继续再办此类型的培训班。

（4）针对教师的学习参与主动性开展的"小班化、参与式、带着做"的新思维模式。在"评好课"专题学习中，围绕"带着做"的理念，采用"小班化、参与式、带着做"模式，先小班化集中通识培训，再由所在学校一名参训教师提供一节常规教学课，其他教师运用刚才通识培训所学知识内容，结合我校制定的"观课议课观察分析表"分小组进行研讨，说出自己的感受与困惑。最后由祁门县教师进修学校的教师"带着做"，将课堂实例与"观课议课观察分析表"有效对接，其目的是去伪存真，引领教师在科学有效的思维轨迹上和谐共进。

2. 从"以卷推训"走向"以考促训"

培训模式的选择直接影响着培训的效果。为改变教师对过去"培训"的抵触情绪，变被动培训为主动学习，我们在建构的"小班化、参与式"集中模式基础上，创造性的建构了"以卷推训"的培训模式。

在"祁门县中老年小学教师基层知识和新课程能力提升培训"和"祁门县中

小学班主任培训"中,制定了"祁门县中老年教师基础知识和新课程能力提升培训调研提纲暨构建有效参与式培训问题征求单"和"祁门县中小学教师班主任培训需求调研暨构建参与式学习问题单",为构建"参与式培训"模式提供保障;同时,根据问卷需求,创新培训内容制定了"祁门县中老年教师基础知识和新课程能力提升培训集中学习课程设置"和"祁门县 2010 年中小学班主任培训课程预设置方案"。

在"评好课""命好题"专题教师学习培训中,开展"以卷代训"。制订了"祁门县中小学教师"评好课"专题学习培训需求调研问卷暨培训问题单""祁门县中小学教师"命好题课"专题学习培训需求调研问卷暨培训问题单",这是继"备好课"和"上好课"专题学习开展的又一次"以卷代训"活动,也是本课题组在探索"建构参与式有效中小学教师培训途径探究"课题研究中摸索总结的建构有效教师参与培训,促进教师专业发展的进一步尝试。

在有效实现"以卷推训"的基础上,笔者所在课题组进一步建构了"专家引领+案例分析+学习考核"参与式的培训模式,紧扣专题理论学习,根据不同学段特点、不同学科内容精心设计了教师学习考核试题。这一做法,使得教师培训从训前的"以卷推训"达到了训后的"以考促训",不仅能让教师在培训的过程中主动参与,还有效地提高了培训的效果。

3. 从"以课代训"走向"以课领训"到"送课领训"

在"备好课""上好课"专题中,邀请一线省教坛新星、教学新秀、骨干教师准备课例,采取"送训到校"的方式,组织教师学习。培训活动按三个环节进行,先由送教教师向参训学员说课,然后由授课教师借班执教,再由专职培训教师结合送教课对学员进行相关备课、上课理论知识培训。先有了对授课教师的教学设计理念和意图的了解,再有了案例课的情景感受与课堂体验,最后让学习者在培训组织者理论的概括中进一步提升。

在"有效评价"(命好题)专题培训中,我们进一步完善"以课领训"的培训模式,采取了分学段、分学科的方式进行,内容上朝着"精细化"方向迈进。在培训中,结合课例建构学员学习参与的平台,设置了"请您分享""请您欣赏""请您参与""请您反思""请您设计""请您思考""请您体验"等培训环节,实现教师在参与中学习、在学习中体验、在体验中感悟、在感悟中提升。

在"以课领训"取得实效的基础上,为进一步提高培训的有效性,我们还对此模式做了进一步拓展,开展了"送课领训"活动,即把一些学校电教周中的优质电教课调整后,选送到其他学校上展示交流课,然后由祁门县教师进修学校的"中心发言人"根据对该优质课的理解和把握,从完善课堂教学环节的操作技能与理论引领的角度,逐步培养教师由案例课的课堂现象提升到课堂教学理论的归纳、提炼、运用。整个培训过程立足课堂,既注重了教学案例的引领,又突出了专业理论的提升。

从"以课代训"走向"以课领训",再走到"送课领训",所有活动都致力于提高教师课堂教学技能和课堂问题诊断能力的培养,真正实现了提升教师专业技能和综合素养的目标。

4. 从"以研强训"走向"研训一体"

教师培训如果仅仅停留在"以课领训"的方式,则很难维持它的持久效应,要想使教师走上一条自觉地专业化发展道路,师训工作还必须借助各种活动为载体,依托学校自身的资源,使之与各校的校本教研和校本研修相交融。在"备好课"专题学习过程中,为进一步提高教师教学设计的能力,有效整合农村远程教育的优质资源及其他信息资源,在全县开展了建立"优质教学设计资源库"的活动。此外,在"上好课"专题学习活动中,我校结合结合县局开展的"学规范、强师德、树形象"活动,及时增补了学时认定的相关内容,在全县教师中开展了"教师课堂教学与师德行为个人体验录"的活动。在全县开展了教师的师德体验录的评比活动,且收集整理成册,取名为《感动在瞬间》,此活动在市里多次受到表彰。

"研训一体"则是在此基础上的进一步发展。要充分利用各校自身的校本教研资源和课题资源,使之服务于我们的师训工作。使我们师训工作自身也走上一条专业化发展之路,实现我们自身的从"教学型"教师向"研究型""专家型"教师的成长之路。

"研训一体"的教师培训体系,立足课堂,既注重案例引领,又突出理论提升。师训工作者也实现了由过去的"教师"走向了现在培训的"主持人",在过程中,培训者始终是以一个"中心发言人"的角色与广大教师合作、交流、引领、生成。整个培训过程立足课堂,既注重了教学案例的引领,又突出了专业理论的提升。

研训一体,实现了由单一教研或培训方式向研训结合的活动方式的转变。"学、教、研、训"融于一体,更能调动教师参与的积极性、主动性和创造性,点燃教师的生命激情,激发课堂的活力,最终实现提升教师专业素养、专业技能、专业情感的目标,达到"提升质量"的目的。

5. 从"以问题为中心"走向"问题引领"

在全员培训中我们以"聚焦问题为中心",突出问题的诊断和解决。在专题干训班中我们调整思路,突出"问题的引领",以问题为抓手、为载体,让学员在岗位中思考、在学习中求知、在研讨中生成、在交流中拓展、在实践中解决。在祁门县"十一五"中小学校长暨学校后备管理干部任职资格培训班和"中小学校长提高班"中,分别都采用了此模式构建。2012年在教导主任岗位培训班中,培训前即设计问题,整个培训紧紧围绕这些问题,通过专家引领、学员研讨、小组交流、岗位实践,最终实现解决问题。学员们对此次学习模式交口称赞,认为这是历次相关培训中,效果最好的一次。

三、成果主要内容

(一)实践成果

1. 确定了崭新的学习模式

"小班化"替代全员集中培训;"以课领训"深化"以课代训";"以卷推训"丰富"以卷促训";专家"主持"取代专家"主讲";"带着做"引领全员互动参与;课堂行动夯实"以研强训","研训一体"完善教师学习体系;问题研讨搭建创新思维发展平台;培训学员全程参与教学实践,从集体备课到课堂实践,从课堂观摩到议课改进,参与、体验、互动、反思、研讨、改进,在课堂实践中发现教学规律,揭示教学现象,创新教学设计,生成教学智慧,真正实现了教师专业化的发展。

2. 形成了有效指导教师校本研修的《学时认定标准》

不断根据主题学习需求,调整《学时认定标准》的相关内容。充分发挥"学时认定"这个行政杠杆在继续教育工作中的作用,特别强调学校和教师要把继续教育学习和学校教科研活动做到有机结合。

3. 设计了有效提升学员集中学习参与录

为把培训的宗旨定位在注重教师对培训的参与度、投入度上,我校自行设计了与教学步骤相吻合的《学员参与录》,人手一册,通过参与录上作业要求的设置,调动起教师参与与反思意识。为强化纪律性管理,严格考勤制度,采用了实名"双签到"制。

4. 独创了科学有效的培训环节设计

为让教师更好地参与到培训中来,在培训中设置了"请您分享""请您欣赏""请您参与""请您反思""请您设计""请您思考""请您体验"等培训环节,以实现教师在参与中学习、在学习中体验、在体验中感悟、在感悟中提升。

5. 制作了《感动在瞬间》《播种阳光》《祁门师训》等刊物

为有效将师德培训落实到课堂教学中,我们应用的《师德课堂体验录》把教师课堂教学中的师德行为再现,编撰《感动在瞬间》小册子。另外,为了充分调动学员主动参与学习,展示学员成果,编撰完成了《架起沟通师生心灵的桥梁》《播种阳光》《祁门师训》等刊物。

6. 完成了本地"优秀教学设计资源库"的建立

7. 建立了有效促进教师专业发展的"课堂观察分析维度量化表"

(二)理论成果

(1)笔者撰写的《农村中小学教师培训现状分析暨建构有效参与式学习模式尝试与构想》一文获安徽省课题研究学术交流会一等奖,《"带着做"有效参与培训模式的建构》一文获二等奖;《霜叶红于二月花》《"以卷推训"参与式培训模式的建构》和《促进中小学教师专业发展,提升课堂教学品质》两篇文章发表在《教学理论与实践》上;《农村山区村小教学点教育的现状及出路》和《科学建构农村县域教师培训体系》两篇文章发表在《中小学教师培训》上;《教研是载体、培训是过程、提升质量是目的》《创新模式、丰富内涵、提升品质》《构建有效培训模式,全面提升教师专业素养》和《"以课领训"参与式培训模式的建构》分别发表在黄山教育网和《教学理论与研究》上;《"以课领训"立足课堂,注重引领,突出提升》一文发表在安徽教育网上;《山区农村中小学教师"研训一体"培训体系建构探究》一文发表在《祁门师训》上。

(2)张萍撰写的《浅谈参与式培训在我县教师培训中的初步应用》一文获安徽省课题研究学术交流会三等奖;《我们的村小老师怎么办》一文发表在《教学理论与实践》上;《理论引领评价 探究提升实效——参与式教师培训模式再探究》一文发表在《现代教师教学研究》上。

（3）许红莉撰写的《参与式教师培训模式的建构》一文发表在《中国教育政策与教学研究》上。

（4）林盛华撰写的《探讨山区县级教师培训机构职责与职能的发挥》一文获安徽省课题研究学术交流会二等奖。

四、实践成效、成果特色与创新

"这样的'带着做'，做得好，有成效""这样的培训有效""我们欢迎这样的培训"……这是老师们在参加培训座谈会上的由衷赞叹之声。

"县教师进修学校针对村小教师长期坚守在偏远的山村教师的特殊情况，聘请了专家及教学一线的骨干教师、村小教学点优秀教师担任授课任务，给我们讲授了在新课标下的基础知识，对如何上好课，如何提高教学能力是很有帮助的。这样的培训应多举办几期，这样才能使我们活到老，学到老。"这是黄汉文老师在《培训学习心得》中说的心里话。

"这次培训既有理论知识，又有实际案例；既有策略方法，又有亲身感受，真正为我们带来了一份'营养大餐'。衷心希望这样严肃又规范的培训越办越多，越办越好。"这是曾健老师参加班主任培训后的由衷感慨。

上述两位老师的话虽不多，但表达了参训教师的心声和对师训工作的真实评价。

教师有效参与式培训模式的建构，有效实现了教师由被动式"参加"培训走向主动式"参与"学习，真正提供了培训的实效性，促进了教师专业发展。

县域内教师教育培训体系创新探究

——安徽省第九届优秀教育科研成果报告①

教育大计,教师为本。有好的教师,才有好的教育。教师培训是加强教师队伍建设的重要环节,是推进素质教育,促进教育公平,提高教育质量的重要保证。新课改以来对中小学教师队伍建设提出了新的更高要求。加强教师培训,是新时期教育事业科学发展的重要任务和紧迫要求。

祁门县教师进修学校作为一所独立的县级教师培训机构,一直以来以促进全县师资队伍建设为己任,把不断提高中小学教师培训的科学性、针对性和实效性作为学校工作的不懈追求,坚持以课题为抓手不断在实践中探究适应山区县域内教师培训体系建构。2003年祁门县作为新课程改革实验县,为能更好地服务全县中小学教师适应课程改革、推动课程改革,学校及时申报立项了省级课题"新课程背景下农村中小学教师的专业成长与发展的有效途径",该课题经过课题组成员长达5年的潜心研究,于2009年顺利结题。

为更有效实施全省第三轮中小学教师继续教育和落实"十二五"教师培训实现质量转型,我校以第三轮中小学教师继续教育为契机,聚焦"有效培训",在全面总结一二轮中小学教师培训工作的基础上,对中小学教师培训现状进行深入调研核定分析,2011年申报立项了省级课题"农村县域内教师教育培训体系创新研究"。该课题以提升教师培训质量为核心,以提高教师师德素养和专业技能水平为主线,力求从教师培训规划设计、课程管理、专题培训、模式运行等方面建构相对科学的培训体系,力求在培训中实现教师学习由"被动参加"到"互动参与",最终实现"主动学习"的目标。

---

① 本文曾获得2013年安徽省第九届教育科研成果一等奖。

一、研究的背景与意义

随着义务教育工作重点由保障机制的基本建立转移到提升教育教学质量上来,要提高中小学教育教学质量,关键在教师。农村教师队伍结构普遍存在年龄老化、观念陈化、知识弱化、激情退化、条件恶化等客观现象,教师教育与培训已成为教育改革成功的决定因素。因此,教师专业发展也已成为每一个教师无法回避的现实问题,专业化教师更是基础教育新课程改革对中小学教师的热切期盼。

我们从自身接受培训到组织实施教师培训,很清楚地认识到,中小学教师的继续教育培训让广大教育工作者和社会颇有微词。大多数教师缺乏发展的眼光,思想观念跟不上教育发展的实际需求,得过且过,失去了积极进取的热情,有的只是把培训看成谋生的需要,培训主体地位没有得到充分的体现。培训主体对培训内容无选择的权利,在培训的过程中无参与的主动性且培训形式单一。培训中基本采用的多是专家式讲座,以专家讲授为主,学员被动的倾听。在培训过程中,缺少参与、交流和反馈,学员自身的经验得不到重视和挖掘,因此,学员参训的积极性不高,培训效果不佳;理论与实践脱节;培训缺乏实践跟进的过程,没有让学员把学到的理论及时的内化、吸收,回到工作岗位上后,依旧我行我素,培训效果大打折扣。

随着基础教育课程改革不断深入,大规模整体推进的培训模式的弊端日益显现。教师在课程改革过程中遇到的问题各不相同,任何具有普遍性的解决问题的策略和建议都难以与各校的具体情况、与教师在成长中的真实需要相一致。在这种情形下,如何使教师培训更富有针对性、实效性成为各级师训机构的重要研究课题。

鉴于现实,如何让教师培训的内容与教育教学实践紧密结合,形式与方法符合学校与教师的实际需要,使教师能够以主动、积极的心态投入培训,我们提出了"服务基础教育、服务基层学校、服务广大教师、服务课堂教学"的教师培训指导思想和"和谐共进"的培训理念。坚持走"研训结合,发展教师专业"的培训之路,提出"教研是载体,培训是过程,提升质量是目的"培训思路,积极构建"小班化、参与式""以卷推训""以课领训""带着做"和"问题引领"等有效教师参与式培训模式,收到了良好的效果,有效地促进了教师的专业发展,实现了提升教学质量的目标。

参与式教师培训,是近年来国内教师培训中一个热门话题,此模式已在国家级师训工作中开展的轰轰烈烈、扎扎实实。本课题的研究一是结合目前教师培训的主流趋势,更新师训理念,强化培训实效;二是针对参与式教学用于基层教师培训,还是出于刚起步阶段的现实,依托县级培训单位,通过一系列学习活动方式的探究应用,深入挖掘参与式教师培训在基层教师培训中,引导参训者积极主动地学习的方式方法,从而提高教师培训的针对性和实效性。有效参与式教师培训模式的建构,使教师的培训学习模式不断由粗犷型向精细型迈进,由关注教师学习培训形式向突出培训内容和质量转变。特别是本课题确定的以"小班化、参与式"教师培训模式在实践中的形成与推广作为探索和研究方向,更为祁门县的教师培训工作注入了新的活力与生机,在应用中做到了培训内容与教育教学实践紧密结合,形式与方法符合学校与教师的实际需要,使教师能够以主动、积极的心态投入培训,深获基层学校与一线教师的好评。

二、研究与实践过程

参与式教学法是最近一二十年发展起来的一种新型教学法。但参与式教学用于基层教师培训还在起步阶段,传统的培训方法"培训者讲、学员听"已无法让学员接受,所以将参与式教学法引进基层教师培训领域是教师培训发展的必然趋势。为使此课题研究能做到有计划、有步骤,走科学严谨的探究之路,学校严格按拟定的研究步骤推进。

(一)理论建构阶段

2008年,全省第三轮中小学教师继续教育启动,适逢学校领导班子调整,新一届师训工作领导者通过深刻分析、深入调查、深刻思考,对过去"500人的培训会,不到中途就跑掉了250人,最后留下的还是'250'"的现象,决定建构一个全新的教师培训模式和体系。为此,学校精心设计了"祁门县中小学教师培训现状调查问卷",并发放到全县各中小学(包括教学点)教师手中;同时,深入学校基层,与教师广泛交流,征求意见和建议。通过调研分析,我们发现了这样一个实质性的问题:一直以来,教师培训采用的都是大规模的"专家讲、学员听"的形式对教师进行培训,参训教师的排斥心理很大,同时还存在以下几方面的弊端:

(1)培训主体地位没有得到充分的体现。培训主体对培训内容无选择的权利,在培训的过程中无参与的主动性。

(2)培训形式单一。培训中我们采用的多是专家式讲座,以专家讲授为主,学员大多被动的倾听。在培训过程中,缺少交流和反馈,学员自身的经验得不到重视和挖掘,因此学员参与的积极性不高,培训效果不好。

(3) 理论与实践脱节。培训缺乏实践跟进的过程,没有让学员把学到的理论及时内化、吸收。回到工作岗位上,依旧我行我素,培训效果大打折扣。

随着基础教育课程改革的不断推进和教师继续教育学习需求的改变,大规模培训的弊端日益显现。教师在课堂教学过程中遇到的问题各不相同,任何具有普遍性的解决问题的策略和建议都难以与各校的具体情况、与教师在成长中的真实需要相一致。为进一步做好教师培训工作,需构建新形势下教师培训模式,促进教师专业发展,推进县域内基础教育均衡发展。

笔者结合"祁门县中小学教师培训现状调查问卷"反馈以及来自一线教师的具体实际需求,并结合参加国培学习和中国教育学会中学语文教学专业委员会语文"活动式"教学课题组关于举办的"活动与教学品质的追求"高峰论坛暨"语文报"名师大课堂活动所得,撰写完成了《建构参与式有效培训的思考》和《农村中小学教师培训现状调研暨建构参与式有效培训模式的尝试与构想》两篇文章,确立了在教师培训中落实"小班化、参与式"的培训模式和方向,为课题研究奠定了理论基础。

(二) 实践探究阶段

在新的理念引领下,为提高教师培训的针对性、科学性和实效性,笔者及所在课题组不断改进和摸索出了一条适合祁门县教师具体工作实际的培训模式,使师训活动与各基层学校工作和谐统一起来,并与校本培训达到完美结合。

1. 从"大班额、一体化"走向"小班化、参与式"

(1) "小班化、参与式"培训模式率先在干训中尝试与运用,随后在中老年教师基础知识暨新课程能力提升培训、班主任培训、教师专题全员培训中全部应用和推开。2008年,我们举办祁门县中小学后备管理干部培训班。首先在形式上实现"小班化",把班级学员数控制在45人以内,在班主任培训和中老年教师基础知识暨新课程能力提升等培训班将班级学员数严格控制在50人以内;其次认真设计培训课程,力求培训班课程既能依据国家和省有关文件要求确保培训方针,又能满足学员工作实际需要和心理需求;再次,认真选聘授课教师,并落实备课会议,明确授课教师转变角色,在培训中必须关注学员个体需要,培训环节中要设计能让学员参与和愿意参与的环节,为实现学员"参与"提供平台和保证。

做到"小班化"不难,要真正建构"参与式"培训模式,其难点关键在培训对象的组合、培训课程的设置和授课教师的备课与实施上。根据这一实际,我们在每次培训时力求做到培训对象的背景"相对一致"基础上,更关注培训课程的设置和备课会议的召开,每次培训班一定会明确课程设计的意图和以期达成的培训目标。为确保培训课程设计的针对性,一方面重视训前的调研规划,一方面对初设课程通过网络或召开座谈会的方式举行"课程论证",为真正实现建构"参与式"学习提供可能。另外,授课教师在进行每期培训备课前,我们会举办备课会,一方面是明确课程设计意图和培训目标,另一方面是对教师明确培训模式和要求。

(2) 针对教师教学的学科性要求,按不同年级、不同学科划分,开展参与式培训。在第二个专题"上好课"的集中学习活动中,采用了"分学科,参与式,小班化"的培训模式。本活动将全体教师分为中学段和小学段两大群体,中学按学科性质分为语文、数学、英语、理化、政史、综合六大类别,小学按学科性质分为语文、数学、英语、综合四大类别,采用"以课领训"和"以课代训"的方式开展参与式培训工作。如笔者建构的"专家引领+案例分析+学习考核"相结合模式,能有效促进教师个体主动参与。在具体培训中,课题组成员还紧扣专题理论学习,依据不同学段教师特点、不同学科内容,精心设计了学习考核试题,试题不仅突出理论延伸和知识巩固,更注重教师技能的提升,如根据学习内容,当堂完成教学设计或叙述教学构思,然后由专家组进行评定。这些做法,有效地提高了教师的实战演练能力;这一些活动也只有在"小班化"的氛围中才能得到完成。

(3) 针对教师不同的年龄段、不同的学习需求,开展参与式培训。针对村小教学点在第三轮中小学教师继续教育中出现的"虚化"现象(校本培训无法合作和互助,远程学习缺乏硬件和技术),经过反复调研,认真谋划,科学地设置培训课程,在 2010 年、2011 年、2012 年分别开展了第一、二、三期农村村小、教学点、中老年教师培训,其目的就是要组织针对性强、实效性突出的培训。

此次参加培训学习的教师均为村小教学点的教师,这是祁门县教师队伍中的一个特殊群体,他们长期坚守在偏远的村小教学点,年龄结构普遍老化,知识基础十分薄弱,教学观念传统守旧,工作热情严重滞化。这支队伍虽然只占全县中小学教师不到 1/3 的比例,但却承担着全县 2/3 孩子的启蒙教育,1~3 年级是孩子学习习惯和思维方式形成的最为关键时期,要提高农村义务教育阶段的教育教学质量,根本在于提升这支队伍的整体素质和能力。为此,笔者及所在课题组结合这部分教师继续教育的实际,规划利用 3 年的时间,每年采取集中学习不少于 40 个学时,聘请专家、电教教研人员和一线骨干教师、村小教学点优秀教师担任培训授课教师,努力建构"小班化、参与式"培训模式。参加学习的教师共计300人,分两期,每期三个班,每班额定人数50人,每期集中8天,培训按职业情感修养、基础知识提升、教学理论引领、现代远程资源运用、案例实践分析、示范研究课研讨等23个模块,开展专业培训。

通过问卷的形式调研获取这部分特殊群体教师的实际学习需求,科学地设置课程,采取"小班化、参与式"培训模式,为受训教师在课堂上提供更广泛的互动空间,有效地提升这一群体教师知识的更新及操作能力,强化适合农村教学点的复式教学能力及对农远资源模式二、模式三的应用。由于采用"小班化、参与式"模式教学,教师学的认真而实在,加上培训内容在教学实际中的应用率高,效果明显,深得基层学校的领导和教师的欢迎,在连续3年的继续教育培训过反馈会上,校长们要求继续再办此类型的培训班。

(4)针对教师的学习参与主动性开展的"小班化、参与式、带着做"的新思维模式。在"评好课"专题学习中,围绕"带着做"的理念,我们采用"送教到校,送教下乡"的模式,将学习培训过程分为三部分。首先,小班化集中通识培训,将本专题学习的内容、要求、操作方式介绍给各位参训学员,让大家首先在理性上有个初步认识。第二步,由所在学校一名参训教师提供一节常规教学课,其他教师运用刚才通识培训所学知识内容,结合我校制定的"观课议课观察分析表",就自己身边的课例进行感性的分析,分小组进行研讨,提出自己的感受与困惑。强化所学的内容与实践动手能力。第三步,由祁门县教师进修学校的教师"带着做",将课堂实例与"观课议课观察分析表"有效对接,逐条比照,逐条分析,共同研讨,并进行理论的回归;其目的是去伪存真,引领教师在科学有效的思维轨迹上和谐共进。从目前的培训实效来看,"带着做"这种模式的培训最受教师欢迎。

2. 从"以卷推训"走向"以考促训"

一直以来,中小学教师培训形式单一化主要表现为"讲座多、论坛少,理论多、实践少,大课多、小课少",参加培训的教师被动听,忙于记笔记,没有什么压力和负担,也来不及消化学习的内容。

培训模式的选择直接影响着培训的效果。县级教师培训机构要积极建构适合培训对象需要的培训模式,提高培训的有效性。为改变教师对过去"培训"的抵触情绪,变被动培训为主动学习,我们在建构"小班化、参与式"集中模式基础上,创造性地建构了"以卷推训"的培训模式。

"以卷推训",即针对教师在学习中"重案例,轻理论"的实际,将培训内容中的理论知识通过"问题"的方式设计在调研问卷和考核试卷中,让教师在参与的过程中,不知不觉接受理论引领。

同时,按照"实际、实用、实效"的原则,以创优为目标,优化工作方法和手段为目的,在"祁门县中老年小学教师基层知识和新课程能力提升培训"和"祁门县中小学班主任培训"中,为切实提高培训的针对性和实效性,我们制定了"祁门县中老年教师基础知识和新课程能力提升培训调研提纲暨构建有效参与式培训问题征求单"和"祁门县中小学教师班主任培训需求调研暨构建参与式学习问题单",为构建"参与式培训"模式提供保障;同时,根据问卷需求,创新培训内容制定了《祁门县中老年教师基础知识和新课程能力提升培训集中学习课程设置方案》和《祁门县 2010 年中小学班主任培训课程预设置方案》,在广泛征求学员意见的基础上,最后确定培训课程。

在"评好课""命好题"专题教师学习培训中,开展"以卷代训";精心设计制定了"祁门县中小学教师'评好课'专题学习培训需求调研问卷暨培训问题单""祁门县中小学教师'命好题课'专题学习培训需求调研问卷暨培训问题单",下发到每位中小学教师手中。一方面,以"聚焦问题为核心,解决问题为目的",本着"问题从教师中来,指导到教师中去"的原则,了解教师的培训需要,根据调研问卷,收集、整理一线教师对本专题学习的期望值、要求、学习内容、学习方式、学习困惑等问题单,以备开展培训时做到有的放矢。另一方面,将培训理论通过练习的方式设计在问卷中,希望通过"以卷代训"的方式,让教师在参与的过程中,提升自己听课评课的理论水平。这是继"备好课"和"上好课"专题学习开展的又一次"以卷代训"活动,也是笔者在探索"建构参与式有效中小学教师培训途径探究"课题研究中摸索总结的建构有效教师参与培训,促进教师专业发展的进一步尝试。

在有效实现"以卷推训"的基础上,结合专题培训学习,笔者进一步建构了"专家引领＋案例分析＋学习考核"相结合的能有效促进教师个体主动参与的培训模式。在教师培训中,我们紧扣专题理论学习,根据不同学段教师特点、不同学科内容精心设计了教师学习考核试题,试题在突出理论延伸和知识巩固的基础上,更注重教师技能的提升。如根据学习内容,当堂完成教学设计或叙述教学构思,然后由专家组进行评定;依据不同的评定结果,计入不等的学时。这些做法使得教师培训从训前的"以卷推训"达到了训后的"以考促训",不仅能让教师在培训的过程中主动参与,还有效地提高了培训的效果。

3. 从"以课代训"走向"以课领训"到"送课领训"

在"备好课""上好课"专题中,我们尝试了邀请一线省教坛新星、教学新秀、骨干教师等准备课例,采取"送训到校"的方式,组织教师学习。活动实施前,承担案例课的授课教师根据培训组织者培训专题目标的要求,在备课时重点突出培训组织者的培训目标要求,双方需反复交流沟通,以便更好地在培训中形成默契。培训活动按三个环节进行：先由送教教师向参训学员说课,让学员了解授课教师设计意图和教学理念；然后由授课教师借班执教,参训学员听课；再由专职培训教师结合送教课对学员进行相关备课、上课理论知识培训。有了授课教师的教学设计理念和意图的了解,让学员明白了老师为什么这样上课的目的,也有了案例课的情景感受与课堂体验,再让学习者在培训组织者理论的概括中进一步提升。

在"有效评价"(命好题)专题培训中,我们进一步完善"以课领训"的培训模式,仍然采取"小班化"和"送训到校"的方式。当时,我们采取了分学段、分学科的方式进行,即中小学分开、学科分开。同时,改革通识培训内容,模式是积极建构"参与式",内容上朝着"精细化"方向迈进。先由参训学员学校根据学科安排公开课授课,然后由培训专职教师依托"案例课"对教师进行"有效评价"(命好题)学科专题知识培训。在培训中,结合课例建构学员学习参与的平台。例如,依托案例课,在培训中设置了"请您分享""请您欣赏""请您参与""请您反思""请您设计""请您思考""请您体验"等环节,让教师在培训中分享课堂快乐、欣赏精彩案例、参与教学情境、反思教学行为、设计教学环节、思考教学困惑、体验教学经验。在具体培训过程的细节中,让教师最大限度地参与到学习过程中来,实现教师在参与中学习、在学习中体验、在体验中感悟、在感悟中提升。

随着教师培训的不断深入,以及教师培训逐步走向精细化的需要,聚焦课堂、立足课堂就成为当前教师培训的必然选择和追求。如何实现培训的务实性,既能使培训的内容实在、实用,让参训者高兴,又能让参训者学到有用的理论,用于指导今后的课堂教学实践,成为当前中小学教师培训的最大问题和制约中小学教师培训工作发展的瓶颈。在"以课领训"取得实效的基础上,我们把"以课领训"活动与学校的电教公开课紧紧结合在一起,即先由参训学校电教公开课的老师献课,再由祁门县教师进修学校以电教公开课为案例,对新课堂技能和建构有效课堂、高效课堂等进行系统的技能提升。为进一步提高培训的有效性,我们还对此模式做了进一步拓展,即把一些学校电教周中的优质电教课调整后,选送到其他学校上展示交流课,然后由祁门县教师进修学校的"中心发言人"根据对该优质课的理解和把握,从完善课堂教学环节的操作技能与理论引领的角度,逐步培养教师由案例课的课堂现象提升到课堂教学理论的归纳、提炼、运用能力。整个培训过程立足课堂,既注重了教学案例的引领,又突出了专业理论的提升。

从"以课代训"走向"以课领训",再走到"送课领训",所有活动都致力于提高教师课堂教学技能和课堂问题诊断能力的培养,真正实现了提升教师专业技能和综合素养的目标。

4. 从"以研强训"走向"研训一体"

在完成有效集中学习的基础上,我们进一步以校本培训中"集体备课"为切入点,组织省级教坛新星、市级教学新秀、教学骨干精心备课,采用"送教下乡"的方式开展"以课代训"。通过几次活动后,我们感觉教师培训如果仅仅停留在"以课领训"的方式,则很难维持它的持久效应,要想使教师走上一条自觉地专业化发展道路,我们的师训工作还必须借助各种活动为载体,依托学校自身的资源,使之与各校的校本教研和校本研修相交融,通过"以活动施训",实现"研与修"一体化,进而促进教师专业化发展。在"备好课"专题学习过程中,为进一步提高教师教学设计的能力,检验和指导专题学习、培训的实效,我校本着找准地方特色,有效整合农村远程教育的优质资源及其他信息资源,在全县开展了建立起适合祁门县教育教学实际的本地"优质教学设计资源库"的活动,将教师的学习过程转化为一种积极的行动。此外,在"上好课"专题学习活动中,我校结合县教育局开展的"学规范、强师德、树形象"活动,及时增补了学时认定的相关内容,在全县教师中开展了"教师课堂教学与师德行为个人体验录"活动。这一活动以课堂行为案例为媒介,采用反思的形式,剖析自己的教学行为与师德理念上的得与失的方式,如教育目标是否合理,教学情境是否把握,是否理解学生等。从情感体验、信念、价值观和道德等方面提升教师自身的职业情感,使我们的教师由"要我学"变成"我要学",以此促进教师专业化的成长与发展,从而达到"以活动施训"的目标。我们还在全县开展了教师的师德体验录的评比活动,且收集整理成册,制作《感动在瞬间》的册子,此活动在市里多次受到表彰。

"研训一体"则是在此基础上的进一步发展。要充分利用各校自身的校本教研资源和课题资源,使之服务于我们的师训工作。因为这些研究资源中包括学校发展中存在的问题和教师专业成长中遇到的问题,是学校、教师实际中发现、思考以及迫切想要解决的问题。祁门县教师进修学校以此为切入点,则能有效提升本校在校本教研中的指导作用,从而使师训工作走上一条专业化发展之路,实现从"教学型"教师向"研究型""专家型"教师的成长之路。"研训一体"使我们的师训工作目的更明确,培训方法更完善,也为我们今后的师训工作日臻完美提供了依据和保障。

充分搭建师训双向交流互动平台,不断探究培训模式的科学化延伸。"小班化、参与式"培训模式在中老年教师培训中,获得了极大的成功。但是,学校经过统一论证后认为,此模式还可以进一步创新,将"以课领训"再拓展,形成"理论学习＋实践操作＋案例引导"的新型参与式培训模式,并把它在校本问题集中指导上进行推广。这一模式首先得到了彭龙中心学校胡峰林校长的支持。新型参与式培训模式的主要步骤是:首先进行理论观念学习,然后按照预先设定的程序由执教培训案例课的教师进行授课说明、上公开课,参训教师"观课",观课完毕即有师训指导教师结合培训案例课实施的观课进行"议课"指导,整个活动取得了良好的预期效果。随之,学校进一步分析、总结,修正培训操作流程、思路、方法、技巧,并逐一在其他中小学推广,得到了所到学校的一致好评和肯定。

在古溪学校培训结束后,田胜喜副校长这样对我说:"看了你们在彭龙中心学校的活动报道①,我有点怀疑,我抱着试试看的心态安排了这次培训。今天,你们的整个培训让我真正感受到了培训的实效,难怪老师如此感慨。"

师训课堂本来就是师训双方共同成长的舞台。"研训一体"的教师培训模式和体系的建构,一方面,有效地解决了当前中小学教师在培训中"重案例、轻理论"的现象②;另一方面,随着教师培训逐步走向精细化的需要,聚焦课堂、立足课堂就成为当前教师培训的必然选择和追求,"研训一体"的培训体系既能使培训的内容实在、实用,又能让参训者在低"负担"中发展。

"研训一体"的教师培训体系,立足课堂,既注重案例引领,又突出理论提升。师训教师也实现了由过去的"教师"走向了现在培训的"主持人",在过程中,培训者始终是以一个"中心发言人"的角色与广大教师合作、交流、引领、生成。整个培训过程立足课堂,既注重了教学案例的引领,又突出了专业理论的提升。

在建构"研训一体"的教师培训体系过程中,我们认为教研与培训的关系应该是:教研是载体,培训是过程,提升是目的。教学研究、教育科研、教师教育的一体化,是实现相互融合、相互促进的有效形式。"研训一体"实现了由单一教研或培训方式向研训结合的活动方式的转变。"学、教、研、训"融于一体,更能

---

① 当时在彭龙中心学校进行师训模式推广,该校教师认为"这样的培训有效""我们欢迎这样的培训"。

② 教师轻视理论,对理论上的东西不屑一顾,已成为一种较为普遍的心态,他们认为培训的内容最好是可以现学现卖,拿起就用。

调动教师参与的积极性、主动性和创造性,点燃教师的生命激情,激发课堂的活力,最终实现提升教师专业素养、专业技能、专业情感的目标,达到"提升质量"的目的。

5. 从"以问题为中心"走向"问题引领"

在全员培训中我们以"聚焦问题为中心",突出问题的诊断和解决,在专题干训班中我们调整思路,突出"问题的引领",以问题为抓手、为载体,让学员在岗位中思考、在学习中求知、在研讨中生成、在交流中拓展、在实践中解决。在祁门县"十一五"中小学校长暨学校后备管理干部任职资格培训班和"中小学校长提高班"中,让学员们通过交流沟通,寻找彼此的亮点与差异,找出问题与困惑,在参与中反思,在探究中获益。然后依据他们的作业反馈,根据学员共同关注的话题,将全体学员分为三个学习小组,以问题为引领,在参与中寻找解决共性问题的最佳切入点。再根据各学员所在学校的性质不同,按中学、小学、九年一贯制,将学员们分为三个学习小组,使学员在参与中能够有效地借鉴,在互动中将理念得到有效的贯通。2012年,在教导主任岗位培训班中,我们培训前即设计问题,整个培训紧紧围绕这些问题,通过专家引领、学员研讨、小组交流、岗位实践,最终实现解决问题。学员们对此次学习模式交口称赞,认为这是历次相关培训中,效果最好的一次。

三、成果主要内容

(一)实践成果

1. 确定了崭新的学习模式

"小班化"替代全员集中培训,"以课领训"深化"以课代训","以卷推训"丰富"以卷促训",专家"主持"取代专家"主讲","带着做"引领全员互动参与,课堂行动更夯实"以研强训""研训一体"完善教师学习体系,问题研讨搭建创新思维发展平台,培训学员全程参与教学实践,从集体备课到课堂实践,从课堂观摩到议课改进,参与、体验、互动、反思、研讨、改进,在课堂实践中发现教学规律,揭示教学现象,创新教学设计,生成教学智慧,真正实现了教师专业化的发展。

2. 形成了有效指导教师校本研修的《学时认定标准》

在新的理念引领下,为提高教师培训的针对性、科学性和实效性,笔者在提出建构"参与式"的培训思路同时,不断改进和摸索出了一条适合我县教师具体工作实际的培训模式,使师训活动与各基层学校工作和谐统一起来,并与校本培训达到一定结合。首先,充分发挥"学时认定"这个行政杠杆在继续教育工作中的作用,要求学校和教师要把继续教育学习和学校教科研活动做到有机结合。其次,为建构教师有效学习,注重学习需求调研问卷,并依据调研问卷,收集、整理一线教师对本专题学习的期望值、要求、学习内容、学习方式、学习困惑等问题单和中小学教师在学习中普遍存在的"重案例、轻理论"的现象,将专题学习理论知识通过调研问卷的方式,让教师在完成调研问卷的过程中实现理论提升。

3. 设计了有效提升学员集中学习的参与度

为提高培训的实效性,把培训的宗旨定位在注重教师对培训的参与度、投入度上,我校自行设计了与教学步骤相吻合的《学员参与录》,要求参训学员做到人手一册,通过设置作业要求,调动起教师参与与反思意识,在学习过程中积极地与授课教师互动,在作业交流中感悟,在思维碰撞中体会,在课例应用中提升,从而达到自己课堂教学观念与技能的转化,有效地搭建了学员与授课教师互动的桥梁。为强化纪律性管理,并严格考勤制度,采用了实名"双签到"制。

4. 独创了科学有效的培训环节设计

在培训中,注重采用小班化培训模式,每班不超过 50 人,其目的是在有限的时空范围内,为学员提供更多的与授课教师进行交流的机会。为让教师很好参与到培训中来,在培训中设置了"请您分享""请您欣赏""请您参与""请您反思""请您设计""请您思考""请您体验"等环节,让教师在培训中分享课堂快乐、欣赏精彩案例、参与教学情境、反思教学行为、设计教学环节、思考教学困惑、体验教学经验,收到了较好的效果,让教师最大限度地参与到学习过程中来,实现教师在参与中学习、在学习中体验、在体验中感悟、在感悟中提升。

5. 制作了《感动在瞬间》《播种阳光》《祁门师训》等刊物

课堂是真正展现师德的舞台,为有效将师德培训落实到课堂教学中,我们举办"师德课堂体验录"活动,把教师课堂教学中的师德行为再现,诠释了新课程改革中课堂教学行为中的师德内涵,提升了教师职业成就感与幸福。另外,为了充分调动学员主动参与学习,展示学员成果,编撰制作了《架起沟通师生心灵的桥梁》《播种阳光》《祁门师训》等刊物。

6. 完成了本地的"优秀教学设计资源库"的建立

7. 建立了有效促进教师专业发展的"课堂观察分析维度量化表"

(二)理论成果

(1)笔者撰写的《农村中小学教师培训现状分析暨建构有效参与式学习模式尝试与构想》一文获安徽省课题研究学术交流会一等奖,《"带着做"有效参与培训模式的建构》一文获二等奖;《霜叶红于二月花》《"以卷推训"参与式培训模式的建构》和《促进中小学教师专业发展,提升课堂教学品质》两篇文章发表在《教学理论与实践》上;《农村山区村小教学点教育的现状及出路》和《科学建构农村县域教师培训体系》两篇文章发表在《中小学教师培训》上;《教研是载体、培训是过程、提升质量是目的》《创新模式、丰富内涵、提升品质》《构建有效培训模式,全面提升教师专业素养》和《"以课领训"参与式培训模式的建构》分别发表在黄山教育网和《教学理论与研究》上;《"以课领训"立足课堂,注重引领,突出提升》一文发表在安徽教育网上;《山区农村中小学教师"研训一体"培训体系建构探究》一文发表在《祁门师训》上。

(2)张萍撰写的《浅谈参与式培训在我县教师培训中的初步应用》一文获安徽省课题研究学术交流会三等奖;《我们的村小老师怎么办》一文发表在《教学理论与实践》上;《理论引领评价　探究提升实效——参与式教师培训模式再探究》一文发表在《现代教师教学研究》上。

(3)许红莉撰写的《参与式教师培训模式的建构》一文发表在《中国教育政策与教学研究》上。

(4)林盛华撰写的《探讨山区县级教师培训机构职责与职能的发挥》一文获安徽省课题研究学术交流会二等奖。

四、实践成效、成果特色与创新

"这样的'带着做',做得好,有成效""这样的培训有效""我们欢迎这样的培训",这是老师们在参加培训后发出的由衷赞叹之声。

"县教师进修学校针对村小教师长期坚守在偏远的山村教师的特殊情况,聘请了专家及教学一线的骨干教师、村小教学点优秀教师担任授课任务,给我们讲授了在新课标下的基础知识及如何上好课,如何提高教学能力是很有帮助的。这样的培训应多举办几期,这样才能使我们活到老,学到老。"这是黄汉文老师在"培训学习心得"中说的心里话。

"这次培训既有理论知识,又有实际案例;既有策略方法,又有亲身感受,真正为我们带来了一份'营养大餐'。衷心希望这样严肃又规范的培训越办越多,越办越好。"这是曾健老师在参加班主任培训后的由衷感慨。

以上两位老师的评价虽不多,但表达了参训教师的心声和对师训工作的真实评价。

"送培送训"模式创新
——"以课领训"[①]

一、落地实效 辐射校本

"为这样接地气、有实效的培训叫好、点赞。"(实验学校 田胜喜)

"'以课领训'把全县教师的学习热情调动起来了,让所有教师实实在在地参与到培训学习中来了。"(历口中学国培置换学员 王秀霞)

"'以课领训'这种模式真正让国培计划惠及了我们每一位乡村教师。"(彭龙中心校校长 陈永通)

"'以课领训',聚焦主题,从典型案例课入手,紧扣问题,聚智研修,聚力实践的模式,有效实现了教师培训学习的针对性,使校本研修氛围走向了目标化、规范化、常态化。"(祁门二中校长 舒洁)

…………

这是祁门县教师进修学校实施"以课领训""送培送训"活动以来,给一线教师培训学习和校本研修带来的实实在在的变化。

二、案例概要 主要做法

祁门县教师进修学校自2009年开始,立足区域内不同层次教师需求,以课题为抓手从"本土"出发,坚持在区域内"用骨干、优秀引领全员,使优秀成为骨干,让骨干走向卓越"的原则,将教师培训从"参与式"引向"拓展式",把教师培训从"传递中心"的学习引向"对话中心"的转变。2015年开始,祁门县教师进修

[①] 本文于2017年被评为首批"国培计划"教育部优秀工作案例。

学校又依托新一轮"国培计划"整体区域推进改革项目"探寻路子、打造模子"和"建立区域内教师专业发展常态化体系"这一总体目标,将"以课领训"模式在"送培送训"项目中加以改造和完善,形成了"主题化深入、主体性参与"[1]的"以课领训"模式再造。再造的"以课领训"模式更加关注教师培训学习过程,注重教师素养和能力的提升,实现了"传递型培训文化"到"思维型学习文化"的建构。这一模式不仅进一步提高了教师培训的针对性和实效性,更加有效地建构了区域内教师专业培训学习常态化的"生态圈"。

三、创新举措　实施成效

"以课领训"将县级师训专职教师从"培训者、管理者、专家"转变为教师学习的"设计者、合作者、引领者",让师训专职教师"擅"培训。"以课领训"整个培训由团队共同实施和完成的,微专题由于切入点小而精、易准备、能驾驭,让骨干教师"能"培训,优秀教师呈现案例课"会"培训,主题研磨中更好地朝着"研究型""学者型""专家型"方向迈进。"以课领训"更突出主体参与,在环环相扣的引领下,参训教师能紧扣研修主题和方向,观察课堂、聚焦思考、行动实践,潜在的自主学习意识和能力得到唤醒,达到了教师"乐"培训的回归。

"以课领训"教师培训模式支撑点在"课",着力点在"领",关键点在"训",提升点在"思",落脚点在"行"。"以课领训"既有优秀教师的真实课堂,又有骨干教师的专业理论,也有师训专职的点拨提升,更有学习者自我智慧行动。提升了师训教师的"设计力",骨干教师的"研究力",优秀教师的"实践力",全员教师的"行动力"。

四、模式框架　典型经验

好的培训是通过有限的知识学习上升到方法论和思维能力提升、价值观培养的培训。祁门县教师进修学校建构的"以课领训"模式,正是在遵循了成人学习规律和心理的基础上,建构起来的一种将"教师培训"引向"教师学习"有效模式。该模式一次活动聚焦一个教育教学行为微主题,让参与培训学习的教师在"看得见、摸得着"的"一题一例一研一改一得"中改善实践,扎实成长的一种培训模式。模式按照"训前—训中—训后"三部曲进行,简单实用,可操作,易推行。

(1)训前统筹规划。课堂诊断,问题梳理,找准教师主题培训学习切入点;主题聚焦,明确目标,梳理教师培训学习真实需求;在区域内遴选学科骨干组成专家团队,开发课程资源。

(2)训中规范实施。主题指导明确环节任务,问题引领思考,做到培训"对症下药""量身定做";组建学习团队,充分发挥主体参与;课前案例课执教教师说课。让所有参与者知晓案例课环节设计意图;课堂呈现,让参训教师带着任务、聚焦主题研修问题单走进真实情景,观察课堂;主题议课,突出一线教师的"碎思维"和"微语言";智慧分享,力求通过小组展学探寻出主题对教学本质的理解和追求;理论提升,微专题引领教师进入教学理论层面提升。

(3)训后跟进考核。教师培训学习最终目标是要帮助教师把学习成果转化为自己的课堂教学行为,"以课领训"围绕主题学习,设计行为跟进作业,将集中研修与校本研修或依托网络社区开展的网研相结合起来,依托继续教育学分认定这一行政杠杆的作用,确保教师任务跟进的实效性。

五、成果呈现 推广价值

"以课领训"扎根教学现场,聚焦教师的专业素质能力提升,既有真实课堂情景,又不止于课堂。有真实课堂情境,更有专业理论提升;有专家团队的集体引领,更有学习者的主体性参与;有训前主题聚焦,也有训中任务驱动,更有训后行为跟进,实现了教师教育应该致力追求的新境界。创新的"以课领训"模式更为区域内各层次教师的专业发展搭建了平台,让他们收获满满。

该模式先后得到《黄山日报》《安徽青年报》的高度关注,多次在省内推广,先后形成的近10万字科研成果发表于全国中文核心期刊。例如,《"以课领训"参与式模式建构》(《中国教育科研》,2010年1月)、《"以课领训"——农村山区县域内教师一体化有效培训模式》(《教师教育论坛》,2015年2月)、《主体性实践 主题化深入——复合式"以课领训"培训模式的再造》(《现代教师教学研究》,2015年10月)、《"以课领训"夯实教师培训主体实践》(《中小学教师培训》,2015年12月)、《乡村教师培训学习的有效支持方式——以课领训》(《继续教育》,2016年12月)和《"以课领训"构建区域内教师专业发展培训学习常态化"生态圈"》(《中小学教师培训》,2017年6月)。一时间,"以课领训"模式享誉大江南北。2016年,祁门县教师进修学校因此被遴选为长三角名校长联合培训实践基地,该模式受到了访学者们的充分肯定和赞许。

"以课领训"模式的核心价值:提高了教师的参与度,满足了教师的获得感,提升了培训的实效性,将教师培训学习引向了常态化。让培训成为提升教师职业存在感、认同感、归属感、成就感、获得感、幸福感的助推点。

基于培训效果显性化的
在场学习力提升送训模式[①]

一、主要内容

培训效果显性化在场学习力提升模式,以李政涛教授"现场学习力(教师最重要的学习能力)和孟繁胜教授"有效培训的内核:学员自主学习"观点为基本指导,结合"以课领训"模式理论形成。坚持以终为始,以行为改变为出发点,以专业主题为切入点,以主体参与为着力点,以任务驱动为撬动点,以真实情境为支撑点,以在场学习力提升为落脚点,致力于"让培训效果显性化"。模式将培训从"参与式"引向"拓展式",从"传递中心"的学习引向"对话中心"的建构。模式更加关注学习者培训学习过程,注重学习者素养和能力的提升,让教师始终保持学习思考的状态,更实现了"传递型培训文化"到"思维型学习文化"的建构。如图2.8所示。

二、主要做法

(一)问诊把脉,确立需求

聚焦乡村教育,聚力校长团队专业发展,坚持尊重需求与引领需求相结合,并经过专家论证,确立将校长专业发展短板作为校长团队为期三年的诊断送训主题。

[①] 本文为2018年"国培计划"教育部优秀工作案例。

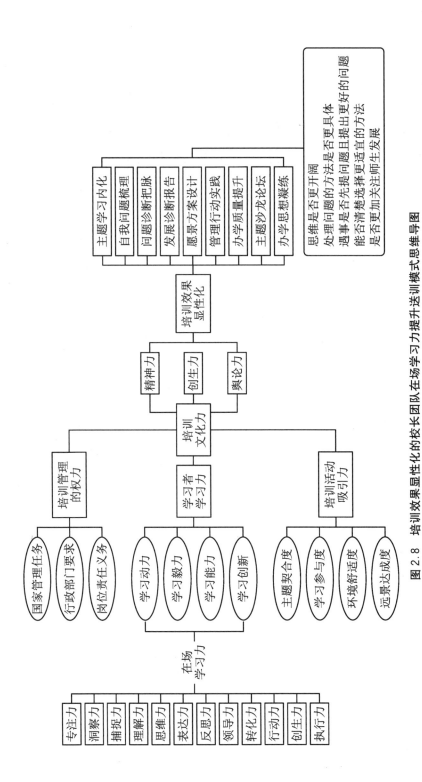

图 2.8 培训效果显性化的校长团队在场学习力提升送训模式思维导图

（二）主题切入，理论引领

以校长专业标准为目标，本着"主题切入，深耕长效"的原则，紧扣主题开发课程，帮助教师建构主题内涵，实现理论提升。

（三）任务驱动，成果呈现

设计主题和研修阶段任务驱动课程及工具，突出挖掘学习者自身资源优势和主体参与的必然，形成在理论引领下的自我认知成果。

（四）主体浸润，情智共生

让每一位学习者都成为智慧的贡献者和成果的享受者：组学确保每一位的参与，凝聚集体智慧；展学让每一人都在状态中展示个体精彩，实现情智共生。

（五）反思凝练，行动辐射

本着"学员即教员"的原则，建立片区联动。学员带着自己的问题"诊断"同行的问题，既是在找"问题"，更是在找破解自己的问题的答案。突出反思中行动，让学习者始终带着"自己的思考"步入下一研修环节。

三、创新举措 实施成效

（一）以问题为载体，以在场学习力提升为切入点，提高了诊断送训的参与度

基于问题的培训模式是引导学习者主动参与培训学习的重要策略之一。问题梳理、方案改进、行动实践、思想凝练、主题论坛、专题沙龙……这些必须在主体参与、实践体验中通过共享、融合、创生实现。在解决问题中，学习者的在场学习力得到提升，将学校教育管理者培训从传统的"学院式"引向了"情境式"，主体的参与实现了学习者的存在感、成就感和获得感。

（二）以目标为导向，以让改变真实发生为动力，提高了诊断送训的实效性

培训，就是让改变发生。基于在场学习力提升的校长诊断式送训让改变看

得见。诊断，不仅仅是要找问题，更是为了学校发展。坚持"迈小步，不停步"，逐步通过"改变"凝练和形成适合自己学校特色的办学理念，实现办"小而美、小而优"乡村教育的目标。校长团队不仅学会和掌握了主题理论，还提升了能力和素养，更唤醒了职业生命。

（三）以思维为核心，以培训效果显性化为突破，提高了诊断送训的整合度

方斐卿指出："如果培训内容在培训现场都没有转化的可能，也难以应用于教学实践。"要提高培训的实效性，必须让培训的效果现场显现出来。在场学习力提升让学习者在生命体验中将培训内容入脑入心，化入自己的生命，使思维习惯和品质得到优化。在群智共享、情智共生中，走向知行合一，有效提升了校长团队培训的整合度，发挥出项目的立体效应。培训的核心亦在于此。

（四）以项目为契机，以师训专业化发展为抓手，提高了诊断送训的指导力

培训效果显性化的校长团队在场学习力提升送训模式，在校长团队诊断项目实施过程中，不仅培训了校长团队，更提升了师训专职教师规划、设计、实施培训的能力，有效实现了培训者自身的转变，特别是团队成员研修中陪伴的过程，是督促，是引领，亦是一种学学相长的过程。一路走来，师训教师这样慨叹：团队让我更优秀——虽不是最美的境界，却是最好的状态，致敬抱团成长。

四、典型经验　成果呈现

（一）欣赏到项目学校面貌日新月异的改变

精确分析学校发展基础，聚焦主旨、秉承逻辑、融通课程、情智共生，致力于引导有潜能、有思想的校长团队率先走上引领乡村学校迈上转型跨越发展之路。

（二）聆听到校长团队成员拔节成长的声音

听到了乡村学校教育工作的转型与变革结出的硕果，汪新生团队致力于"做有温度的乡村教育"的梦想花开，胡祁红团队追求"凝聚一伙人、带动一批人、感染一群人"的协调发展的脉息，陈永通团队为办"小而美、小而优乡村教

育"高歌……

（三）感受到时代教育精神汇涌成泉的力量

通过模式下的项目实施，搭建起异质共学平台，主题引领促进思想凝练，聚智推动乡村教育品质提升；凝聚了新时代基础教育改革精神的先行者们砥砺奋进在建设"小而美、小而优"的乡村教育的道路上，为共筑最具盛名的红茶之乡教育之梦不懈努力。

（四）散发出覆盖本地区域辐射周边的馨香

该模式在第八期长三角名校长高级研究班交流，并先后为合肥师范学院和高教社举办的"国培计划(2018)安徽省中小学培训专家团队与培训管理者培训班"交流，并受到了访学者们的充分肯定和赞许，成果形成的论文《基于培训文化力建构的教师思维型学习》于2019年3月在《中小学教师培训》上刊登。

基于网域的效果显性化在场学习力提升[①]

一、背景与问题

（一）背景

2011年，教育部《关于大力加强中小学教师培训工作的意见》指出：以问题为中心，案例为载体，科学设计培训课程，丰富和优化培训内容，不断提高教师培训的针对性和实效性。努力改进培训方式方法。改进教师培训的教学组织方式，采取案例式、探究式、参与式、情景式、讨论式等多种方式开展培训。祁门县教师进修学校作为教育部校长培训中心长三角教师进修学院名校长高级研修班实践基地，2007年开始结合皖南山区地域特点和基础教育师资队伍状况实际，探寻适合乡村教师专业发展的培训模式和路径；2012年自主探寻的"以课领训"模式形成雏形。该模式于2012年获安徽省首届基础教育教学成果一等奖；2017年获"国培计划"首批典型课例模式创新优秀奖；2018年获国家基础教育教学成果二等奖。2015年，首批"国培计划"整体区域推进项目改革试点工作落户祁门县，为真正探寻实现以学习者为中心的培训方法和策略，最大限度地提高教师培训的参与度，解决培训研修中个性化学习问题，提升认同感，实现满足感、获得感，祁门县教师进修学校先后开展了"教师培训有效参与式模式探究"和"基于互联网的学习共同体建构"两项课题研究，通过致力于教师培训效果显性化，持续不断探寻提升教师的在场学习力，依据培训内容设置有针对性的培训课程、环节，创新培训模式，为提升培训效果奠定了坚实的基础。

[①] 本文于2019年被中国教育学会评为优秀典型课例。

（二）问题

1. 如何真正实现教师培训"以学习者为中心"？

我们一直有一个观点："老师有什么样的体验,他就会把这种体验传递给学生。"过去我们传统的培训方式——专家拼命地讲、学员静静地听,没有参与、没有交流、没有真正的互动。我们提出"让学习真实发生,从教师培训开始"。所以,我们探究的教师培训,用新课程的课堂理念,遵循成人学习的规律,回归到以学习者学习的方式为主,有问题、有互动、有思辨、有争论,追求让我们的老师能够创造出更加生动、充满活力的"教与学"的场景。成人学习是基于经验的学习,建立以教师为中心的培训,充分彰显教师为主体,让教师在参与中实现自主建构。

2. 如何从"知识传递型培训"走向"思维拓展型学习"？

思维是一切学习的核心。基于真实情境,运用网络创设学习场,孕育在场感,锻造话语权,创生新思维。设置科学合理的课程、培训环节,提升培训学员的注意力,是增强培训有效的关键;反之,课程设置不合理,环节不科学,学习气场不活跃,培训的满意度就会下降,培训目标达成率自然低下。培训的组织过程就是帮助教师创建"学习场"。在"场"中改变教师思维习惯,帮助教师形成持续、持久的学习力,是教师培训效果提升的关键。以情境、网络帮助教师进入一种特定的"学习场",深度激活教师的认知潜力,并由"知"到"慧",从而达到最好的学习效果。"学习场"是比"平台"更重要的提升教师学习力的外在因素。教师的"学习场"有多种方式,诸如真实情境场、虚拟网络场,无论哪种场,最重要的一定是"在场",生命以什么样的状态在场？培训就是帮助教师建构主体参与的教育教学多元化的"话语体系"和"思维体系"。

3. 如何实现教师在参训中的满足感、获得感？

培训要通过提升教师在场学习力唤醒教师潜在自主学习意识与能力,帮助形成推动教师持续、长久学习的动力,这是培训的根本目标。教师学习只有在不断参与中获得存在和认同,才能激发起内在的渴望和需求。"在场"更重要的是因为其生命和灵魂在场。要解决集中研修过程中信息单向传输问题,培训方式要从传统的"获取""分享"走向"交互";内容从"知识""经验"走向"生成";情感从"感染""感动"走向"同频""共振"。通过培训效果的显性化,提高教师在场的学力,推动思维的发展、灵性的生长,这是培训的核心;激发学习的活力,培育学习的激情,激活生命成长的动力,这是培训的价值所在。培训活动应该要通过"在场"营造"引力场""思维场""情感场",最终成就教师专业的"生命发展场"。如图 2.9 所示。

图 2.9　以学习者为中心的学习场域建构模型

二、问题解决思路

以"聚焦主体参与,关注效果显性,实现学力提升"为目标,我们提出了从情绪、环境、设计、掌握、应用、评估这六个方面改进培训,包括营造愉悦的学习氛围;创建对学习有利的物理空间环境;设计学习体验;勾勒知识大图景,促进学习者对知识的深层次理解;通过网域建立有效的培训互动,促进学习者对知识的记忆和掌握,以及对学习者进行多元化的形成性评价。从主题聚焦入手,到理论引领、组学融合、展学共享、实践创生、课堂呈现、观课反思、点拨提升,再到行动跟进,始终聚力教师的思维力和学习品质,采取"微切入、深学习,短集中、长发酵,小主题、大提升"方式,追求培训让学习真实发生,立足网域提升教师在场学习力,突出培训效果显性化,最终帮助一线教师改变自己(或群体)的教学思维和课堂行为习惯,形成推动教师专业持续、长久发展的培训文化力。如图 2.10 所示。

培训的文化氛围决定着教师的生命力、创造力、持续发展力;可以为教师提供具有长远意义、

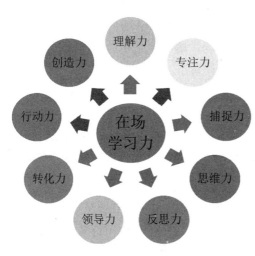

图 2.10　教师在场学习力结构

更大范围的正确方向与重要方法;提高教师的自觉性、积极性、主动性和自我约束;提高教师的责任感、使命感和对工作的感情投入;能够使教师的全面能力得到提升与发展。以上我们称之为"培训文化力",如图 2.11 所示。这种文化力是凝聚教师精神的特殊纽带,它具有精神催化功能,影响和抑制着培训学习成员的价值取向,塑造教师的灵魂,提升教师的精神境界,从而促进教师专业精神的形成。

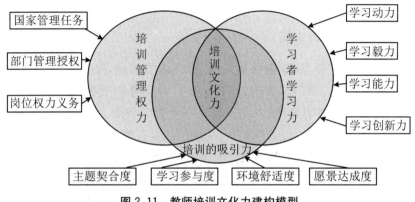

图 2.11 教师培训文化力建构模型

(一)创新设计,规范实施研修路径

学习环境是学习行为发生的物质基础。基于网域的效果显性化在场学习力提升培训,借助网络方式,呈现并利用其易于显性化的优势,使得教师在场学习力得到提升;依托网络支撑,使得教师研修在真实的情境中,通过现场和网络学习共同体的互动性得以更好实现,教师群体之间通过对话和交流,在学习者具有"共同经验"的基础上,解决复杂的实践问题。构建互动的学习情境,让优秀的实践经验和案例得以呈现,让学习过程可见。

最有力量的教育一定是真实的教育。教师培训也不例外。基于切身体验、深刻感悟的成长,是烙印最深,也是最持久的成长。教师培训更应该强调学以致用,让教师经历输出性的学习,才能加深理解,建构意义。

教师的学习可以概括为:① 输入新理念、新知识、新案例、新经验;② 理解教育教学的规律、逻辑,从"知道是什么"逐步转向"追问为什么";③ 整合已有经验与新获取的理念、知识与技能,通过链接原有认知、链接工作实际,深度理解新学习的理念、知识、技能有什么用、在哪里用、怎么用;④ 应用到自己的工作中,解决教师自身的真实问题,进一步加深对已有学习的理解。"基于网域的效果显性化在场学习力提升"借助各个环节设置和培训手段让学习者的思维动起来,为学习者开通多元学习通道,让培养教师的学习品格和学习态度成为学习的支撑,推着教师往前走,进入高阶思维。教师学得轻松,玩得快乐,在不知不觉中收获了方法,提高了能力,释放了自己。在培训研修过程中,培训者自己逐渐往后退,把学习者往前推,转变成教师学习的设计者、陪伴者、支持者与助力者。

按照以学为中心进行培训设计,即为了"训"设计"培",从整体视角对培训内容进行整体思考与设计。

1. 网络众筹研修主题

围绕"学""教"转型,诊断课堂教学,梳理课堂问题,坚持一次活动帮助老师树立一个小问题、微问题意识,或者梳理一种问题解决的方法策略,或者更新拓展一个教学思想观念,或者完善补充一个教学技能。力求主题深耕,融合创生。师训专职教师从"设计"教师学习的角度,在尊重需求和满足需求的同时,更聚焦教育教学发展的方向和目标,积极为教师专业发展引领需求、创造需求。在科学诊断课堂教学和分析课堂教学变革发展趋势的基础上拟出研修意向话题,利用网络,如 QQ 群、微信群,发起研修主题"论证式""众筹"。这样的主题既源于教师的一线课堂和教育变革发展的方向,又回到一线教师通过论证确立教师真正关注和感兴趣的主题。由于主题是教师自己关心的话题,因此这样的主题研修从一开始就能得到更多教师的关注,为教师主体参与提供了基本条件。

2. 精准定位研修目标

有了目标工作效率就会更加有效。一旦某个学习目标被认同、被"激活",就能让教师的学习潜能瞬间迸发,从而调动起教师的感知、思维,甚至是心态,促使其关注与该目标相关的一切。

坚持以目标导向,依据"众筹"主题科学设计研修目标,研修前利用网络呈现培训目标和活动环节,让教师对自己即将参与的研修活动一目了然。这样既符合成人学习活动心理认知规律,确保培训每一环节效果的达成,又能让教师可以全面而精准的认知本次培训的目标,并有导向的引领教师形成努力去完成目标的自主性和能动性。

3. 理论引领突出要点

为教师提供实现目标的方法和路径。每次研修围绕主题,突出专业理论引领,帮助教师建构和提升教育教学理论水平。针对乡村教师整体教育理论素养不高,以及"重案例、轻理论"的客观实际,专家理论引领突出避繁就简,紧扣要点,简明扼要。师训专职教师在专家微理论讲解的同时,即时利用 QQ 群或微信群,在主题学术概念、典型案例运用、专业提升点等处,通过强调、微感悟、微思考、微质疑、微反问与教师互动,帮助教师理解、内化、反思、提升。

4. 组学互助突出融合

基于主题理论知识学习转化和运用,以应用为导向,以能力提升目标,充分挖掘小组成员每个个体的潜力,让每个个体都承担组学的责任,真正发挥同伴互助的作用,在组学及内化专家理论过程中实现自我、同伴、专家的交互式融合;即时随机抽取教师个体,代表小组展示成果、表达观点、呈现智慧、分享思想、传递思维、传达信息,专家即时点评,融合创生。

5. 展学共享拓展视野

在组学基础上,实施群学,不断拓展研修中的教师理论与实践对接的宽度与广度、深度与高度。智慧是在分享中碰撞出来的,以发展思维为目的,利用群学集智思考,力求实现共享、融合、创生,同"组学"环节要求一样,即时由小组成员代表"小组"点评,分享生成,为其他组"同在共行"提供新的思考和策略、方法与路径。同时,为给每一位学习者提供经验分享的机会和评价的可能,利用网络群适时进行互动共享。在这个过程中,智慧的碰撞会生成更多的精彩。

6. 实践体验注重创生

集体合作,切入主题实践。组员结合分享、落实操作(运用主题实施教学设计),突出运用主题理论学习的理念与方法,将组学、群学的思考与智慧融会贯通于教学设计,关注小组集体智慧在实践创造中的生成。同第二环节一样,让每个个体在"责任"中同在共行探究、设计、思考、呈现,这在网域下更有利于教师智慧生成。

7. 课堂呈现真实检验

为将组学、群学改进的教学设计研训成果用于课堂教学,可即时随机抽取参训授课教师走入真实课堂,借班授课,其他教师深入课堂,在观课中反思。课堂呈现,既体现每个教师的学习结果,又展示出学习共同体的学习成果,并使小组的思维成果在即时课堂上得到验证与反思。

8. 交流点评促进提升

课堂呈现观课后,以同伴交流分享和专家点评为主,以进一步帮助教师强化和巩固专题理论引领,特别是在即时的课堂教学中的体验实践应用,为教师内化理论和用理论指导实践提供更具体的指导。

9. 行动跟进夯实体验

行动跟进采用任务驱动的方式,落实在校本研修和参训教师展示汇报课中的应用度,并结合撰写反思录,持续提升教师的自我学习力。教师基于自身教学现场而开展的行动研究,便于教师在"间距"中重构身份、在"威权"中寻求专业自主、在"亲近"中建立和谐师生关系、在"旅途"中实现潜能生长,从而有效保证了教师专业发展的实现。

(二) 促进效果显性化,让学习真正发生

培训,改变教师的教育思维方式和行为方式。当前的教师培训一直只停留在学习时第一次信息转换效果,却忽视了信息自我转换时的深度加工,也就是深度学习、高阶思维没有完成。具体表现在:① 学习者记忆没有实现临时记忆转化为编码贮存的永久记忆;② 碎片化知识没有实现同化、顺应后的自我系统建构,不能快速提取、解码、重组、重构。为此,要把教师培训改革的重点指向破解"如何对信息深度加工"这个主要矛盾,必须将这一培训环节做实,为参训教师在真实情境中能面对真实的任务或挑战,促进教师教学能力提升,引领学员学会学习提供外部支持。如图 2.12 所示。

图 2.12 以学习者为中心的培训效果显性化路径

学习需要让"学习可见"。培训就是思悟的过程。培训中最忌讳的就是参训者由感官到思维内核的不合拍——看不见、看不起、看不懂、跟不上,导致对培训认同的缺失。听什么很重要,但听时的心态更重要。听讲时做记录很重要,但所思、所感、所悟、生成更重要。在场参与式培训让学习者的注意力和思考力始终和大家一起同在共行,思维和情感处在同频共振的轨道上,促进了情智共生,如图2.13所示。在培训现场中,让培训学习成果,对学习者自己可观、学习者之间可赏、培训者可析。参训教师在回到一线教学岗位后,在课堂教育实践中持续关注、思考,让自己看到自身的改变。同时邀请同学科伙伴对比观察其日常教学与校本研修活动中的持续变化,从而做到跟进教师的教学思维发展及应用,使得培训效果得到有效延伸。这样的培训把教师的学习由单一的"输入式"拓展为"输入式+输出式"相融合的方式。成人的学习也只有在"输出"和"寻找最佳实践"的过程中才更加真实、有效,学习才是真实的。

只有经历学以致用,才能建构起教书育人的新思路,才能够将育人理念融入血液,化成行为。而培训要在有限的时空中满足参训教师的个性化学习,实现学习的即时"输出",就要利用网域建立教师在场的学习场域,借助当前信息化时代"网域"这个最为便捷而有效的手段,让教师在场的学习效果得到显现,从而实现学习力的提升成为可能。

尤瓦尔·诺拉·赫拉利在《未来简史》一书断言:"在当今世界,老师最不应该教学生的就是更多的信息,学生的信息已经够多了。相反,我们需要的是理解信息的能力,去区分什么信息是重要的,什么信息是不重要的。最重要的是要去整合许多碎片化的信息,拼成一张有关世界的完整的图画。"基于网域的效果显性化在场学习力提升的各个环节,紧扣培训主题,专职培训教师即时引导教师在主题理论理解、组学群学展学、观课议课中利用网络现场与所有参与者一同即时点拨、评点,分享、分析,基于情境的点拨评点、分享分析、感悟心得最真实,能更好帮助教师增强专注力、观察力、捕捉力、领悟力、理解力、转化力。如图2.14所示。

基于网域下的主题理论提升可以有效提高参与者领悟力、思考力;小组合作可以有效提高参与者的沟通力、领导力;任务驱动可以有效提高参与者的行动力、创造力;观课议课时能有效提升参与者捕捉力、反思力;点拨引领时能有效提高参与者观察力、概括力;拓展延伸时能提高参与者思维力、理解力;基于网域的效果显性化在场学习力提升培训,让教师在获得专业知识、端正专业态度、涵养专业品质中,有效实现提升专业精神,获得专业情怀的目标。

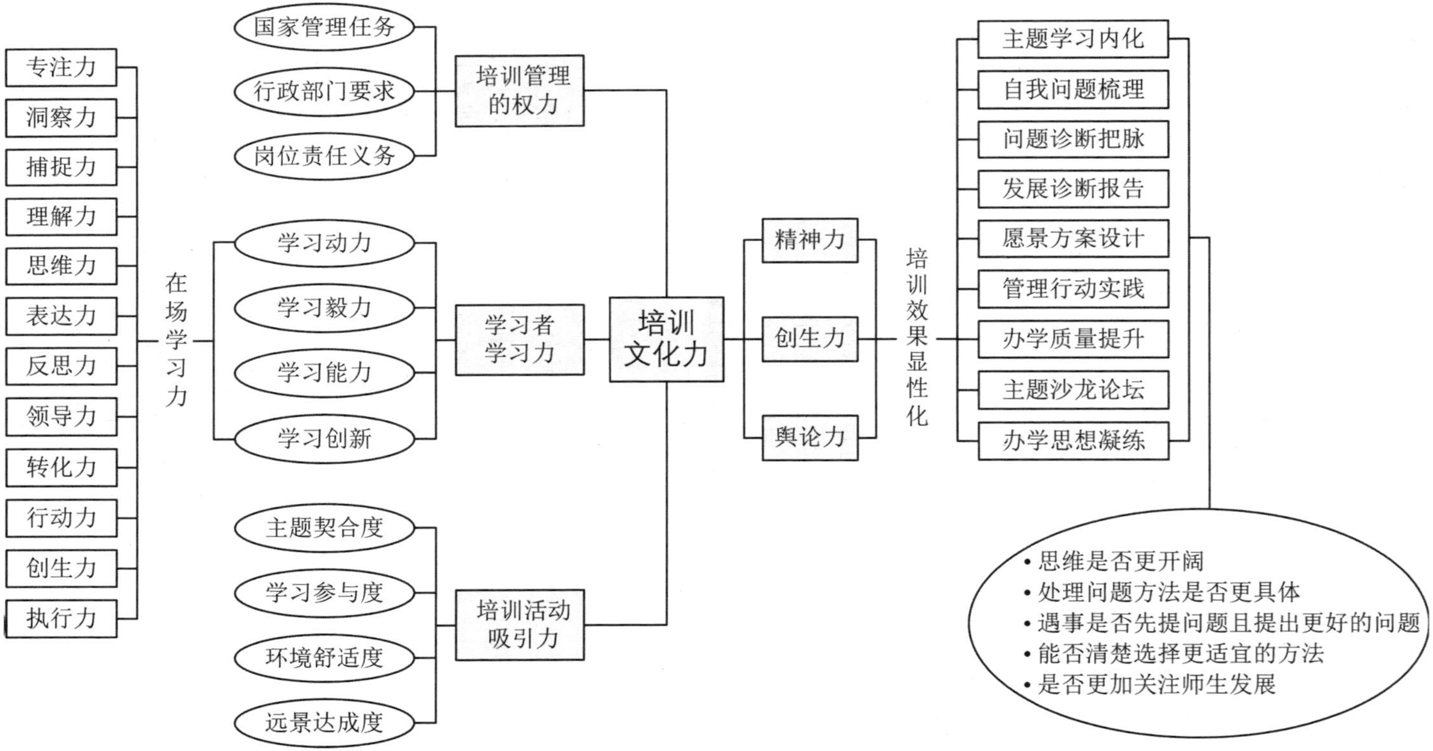

图 2.13 培训文化力思维导图

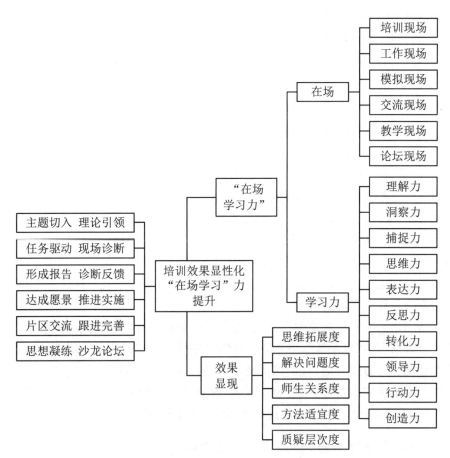

图2.14 以学习者为中心的效果显性化"在场学习力"提升模式框架

(三) 基于真实情境,线上线下联动"改变"真实发生

培训过程就是帮助教师创建"学习场"的过程,即以真实情境的深度学习为出发点,以教师的学习主线,以大任务、大主题实现整体设计,充分发挥互联网的优势,创设真实合理的学习情境,为教师学习提供多样化的学习工具和学习支架,丰富媒体学习资源,交互式学习平台,推进线上线下有机结合的混合学习,支持教师个性化学习、自主合作探究学习。突出项目学习和问题解决方案,设计灵活多样的学习活动,让学习成为质疑和反思、交流和讨论、探究和创造的过程。

通过现代信息手段以最便捷的方式保留、最迅速的速度传播,如 QQ 群、微信群、UMU平台、美篇等,这些线上、线下的网络平台有效实现了教师培训"研—训—评"的一致性,特别是过程中嵌入式评价和阶段性评价,全面、精准、及时地促进了培和训的变革,并通过互动获得交流、认同,实现满足感和获得感。

三、经验与创新

"网域"是一种场域,场域理论是法国社会学家皮埃尔·布迪厄提出的,是社会学的主要理论之一。他将场域定义为一种具有相对独立性的社会空间。"人的每一个行动均被行动所发生的场域所影响,而场域并非单指物理环境而言,也包括他人的行为以及与此相连的许多因素。"未来学习将是"自时代",网域为学习者自定义、自学习、自成长、自建构、自创造提供了保证。"基于网域下的效果显性化在场学习力提升培训"将培训者的主导性与学习者的主体性,得以全新的诠释和真正的落实。

培训永远要厚植教师的学力,使得大家有十分的力量去做十分的事情。以往的教师培训是"坐中学",当今的教师学习是"做中学"。基于网域下的效果显性化在场学习力提升培训,正在将教师的培训从"知识传递型"引向"思维建构型"转变,最终实现聚焦主题、聚力深耕、聚智创生、聚心润情的目标。"基于网域下的效果显性化在场学习力提升培训"案例创新经验与成就有:

(一)主体性参与,凸显出学习者中心

成人学习是基于经验的学习,"基于网域下的效果显性化在场学习力提升培训"以科学的目标导向、精细的环节设计,真正建立起了以教师为中心的培训,充分彰显教师为主体,让教师在参与中实现自主建构。知识,每个教师都有,需要的是通过培训来唤醒。"基于网域下的效果显性化在场学习力提升培训"帮助教师建构了主体参与的教育教学多元性"话语体系"和"思维体系",通过提升教师在场学习力唤醒教师潜在自主学习意识与能力,帮助形成推动教师持续、长久学习的动力。教师在不断参与中获得存在感和认同感,激发起了教师对学习的内在渴望和需求。

(二)团队化实施,突显出学习个性化

"基于网域下的效果显性化在场学习力提升培训"从设计到组织实施,全程由培训者团队共同实施,无论是组学群学、展学智学、观课议课、行为跟进,还是

专题报告、任务驱动,所有培训环节始终都有一个团队的"陪伴",并在陪伴中引领,追求与学习者个体思维情感在"同频共振"的轨道上实现情智共生。

(三)情境性学习,彰显出效果显性化

培训就是帮助教师创建学习场。"基于网域下的效果显性化在场学习力提升培训"基于真实情境,利用网络帮助教师建立"学习场",改变教师思维习惯,帮助教师形成持续、持久的学习力是关键。

情境和网络能帮助教师进入一种特定的"学习场",心无旁骛,聚焦正在学习的核心知识,深度激活教师的认知潜力,并由"知"到"慧",从而达到最好的学习效果。"学习场"是比"平台"更重要的助力教师学习力提升的外在因素。教师的"学习场"有多种方式,诸如真实情境场、虚拟网络场,无论哪种场,最重要的一定是"在场"。"在场"更重要的是因为参训者的学习生命和灵魂思考的在场。

提高教师在场的学力,助推教师思维的发展、教学灵性的生长,这是"基于网域培训效果显性化在场学习力提升"的核心;激发学习的活力,培育学习的激情,激活生命成长的动力,这是"基于网域培训效果显性化在场学习力提升"的价值所在。

教师的学习不再是被动接受和机械训练。深度学习内含的可参与性、开放性和合作性弱化了培训者在培训中的传统角色,教师获取知识、能力、情感的渠道更加丰富和广泛。培训活动通过"在场"营造"引力场""思维场""情感场",让老师在场学习的情绪在状态,思考在进行,行为在变化,最终成就了教师专业的"生命发展场"。

(四)主题化实践,呈现出学习深度性

真实的学习一定是从认识问题,以及努力解决问题开始的。"基于网域下的效果显性化在场学习力提升培训"以目标为导向,以问题为引领,注重群智共享、情智共生。主题聚焦力求"学得好",问题解决确保"用得上",效果显现致力"看得见",行为改变追求"摸得着",学力提升满足"获得多",将"微切入、深学习、短集中、长发酵"贯彻始终。

按照以学习者为中心进行培训设计,为"训"设计"培",从整体视角对培训内容进行整体思考与设计。确定研修的整体目标,选择有效的研修策略和方法,整体设计培训过程和评价。培训有生成就会有评价,有评价就会推动教师持续发展和改变,要让这种改变持续发生就需要阶段性、间隔性地通过任务驱动帮助教师克服惰性，更重要的是在任务驱动下持续对主题问题的深度学习和深层次思考。

（五）常态化研修，显现出培训文化力

培训的本质就是要让改变发生。培训时感动、心动、激动，培训后就是不行动，这是制约教师培训实效性的最大瓶颈。"基于网域下的效果显性化在场学习力提升培训"在真实的学习环境下，通过网络学习共同体的互动，以最便捷的方式，实现教师群体之间的对话和交流。

利用网域共同体，引领、促进现场的所有参与者，按学习目标学习节奏，稳步交流，使学习者的现场观察力、信息捕捉力、教育理解力、链接真实教育教学生活的反思力、理论实践转化力和行动力、真实问题解决的思考力获得专业的发展。在学习者具有"共同经验"的基础上，解决复杂的实践问题，构建互动的学习情境，让优秀的实践经验和案例得以呈现，让学习过程可见，学习真实发生。真正有效解决了教师培训理论与实践"两张皮"的现象，有效将真实情境案例与教育教学理论、实践有机融合。

教师专业发展的燃烧点亦在于此。通过提升职业认同、责任担当实现了学习者精神力凝聚，通过思维解锁、情智共生实现了学习者创生力提升，通过提升专业自觉、品质追求实现了培训文化力的建构。

四、思考与展望

（一）存在的问题

"基于网域下的效果显性化在场学习力提升培训"丰润了教师的专业知识、提升了教师的专业精神、涵养了教师的专业品质、端正了教师的专业态度、厚植了教师的专业情怀，并形成了推动教师持续、持久深度学习的思维习惯和品质，构建了良好的教师培训文化力。但在实践中也存在诸多问题。

1. "培训共同体"建构存在参差不齐

培训课程是决定培训效果的关键因素。由于是"团体化"实施，需要团队整体目标一致，且具有较强的引领能力和水平。目前培训团队成员中存在不少只能处于"陪同"状态的组织者和学习者，还不能完全走向"陪伴"。

2. 现场网域并行，教师适应需要过程

由于"基于网域下的效果显性化在场学习力提升培训"是在真实情境下利用网络追求学习个性化效果显现。山区教师由于年龄结构老化，信息技术手段运用不够娴熟，导致基于情境网络注意力分配不够，经常出现教师顾此失彼，甚至时常出现思维中断的现象。

3. 跟进评价呈现出软肋

教师现阶段需要的是理论在实践中的物化，只有点对点的指导对接，才能让教师心悦诚服，收获满满，才完成真正意义上的"改变"。教师培训只有这样返璞归真，才会更有实效，也才会有学生学业意义上的表现。但目前监控评价手段薄弱，难以持续。

(二) 未来发展设想

1. 加强培训团队素质提升建设

在培训场域中，"主持人"或设计者是引领教师成长的关键人物。坚持用最优秀的教师培训更优秀的教师，遴选组建学科素质好、现场驾驭调控能力强的专兼职培训团队，不断优化培训设计以便团队培训实施更好地服务教师个性化学习。

2. 突出目标导向和问题引领

培训目标是教师研修培训学习的出发点和归属点，任何时候方向永远比力量重要。目标导向，层层递进；活动推进，兴趣互动；精准指导，研修实效性增值。问题永远是学习的起点，问题是思维发展的动力。按照以学为中心进行培训设计，即为了"训"设计"培"，从整体视角对培训内容进行整体思考与设计。用问题不断推动教师培训课程从"预设"走向"生成"。

3. 注重培训细节强化培训评估

一般来说，大脑更喜欢有创造性的、新颖的学习方式。把每次培训都作为"第一次"，不断反思改进，优化实施细节。强化"培训效果显现"形式的多元化、丰富性、科学性，不断优化改进细节，致力于教师在培训中学习可视、可测、可评，扩大教师在培训过程中的获得感。

4. 大力改善培训软件、硬件环境

为更好地发挥网络资源优势,培训研修确保网络流畅,实施老中青教师搭配分组,解决老年教师信息技术滞缓和青年教师专业素养、职业情怀偏弱之间的互补。

5. 帮助教师建立世界的链接

为什么学习需要帮助建立关联？因为人与人之间相处,就是一个大脑和另外一个大脑之间建立的联系,其实就是一个大脑向另一个大脑学习。大脑的通路越多,其观看世界的触角越丰富。我们在培训当中不仅要帮助教师建立知识间的关联,还要帮助教师建立新自我与自身已认知的关联,建立接收和辨析与别人是怎样思考的关联。基于网域的学习可以更好帮助教师在现场的真实情境链接到整个世界,通过链接为教师建立更为广阔的关联,帮助教师更好在研修中提高自我认识,最大限度地激发其学习的内驱力和行动力。

五、案例实践

（一）案例实践情况

（1）应用区域：安徽省、河南省、吉林省、云南省、湖南省部分地区。

（2）项目：徽省教育干训、培训者培训、"国培计划"全覆盖项目推广应用；河南省、吉林省部分国培计划培训者项目及湖南奉化县国培计划项目推广。

（二）案例开发档案

（1）案例归属单位：安徽省黄山市祁门县教师进修学校。

（2）案例开发时间：2015年4月。

（3）案例开发团队（表2.1）。

表 2.1 案例开发团队成员信息

姓名	工作单位	学科背景/职称	主要贡献
胡来宝	安徽省祁门县教师进修学校	汉语言本科/高级讲师	问题提出规划设计研究实施总结凝练
张 萍	安徽省祁门县教师进修学校	汉语言本科/讲师	参与设计和总结

续表

姓名	工作单位	学科背景/职称	主要贡献
林盛华	安徽省祁门县教师进修学校	汉语言本科/高级讲师	参与设计和实施
许红莉	安徽省祁门县教师进修学校	教育学本科/讲师	团队成员
李静茹	安徽省祁门县教师进修学校	计算机/初级	团队成员
万慧玲	安徽省祁门县教师进修学校	汉语言本科/初级	团队成员
陈健进	安徽省祁门县教师进修学校	汉语言本科/讲师	团队成员

基于主体参与的"以课领训"再造
创建学习场提升学习力①

教育从关注"如何教"到关注"如何学",走向关注"如何组织学"。教师培训专业化成了一个不断设计和持续改进的过程。

以专业标准为发展点、以课堂问题为切入点、以典型课例为结合点、以课业品质为引力点、以课堂研究为突破点、以课程建构为追寻点,创生真实学习情境,构建教师话语体系、思维体系,将教师学习的行为体系化和成果显性化,让教师的情绪在状态、思考在进行、行为在改变,从而营造教师"学习场""引力场""思维场""情感场",成就教师专业的"生命发展场"。

一、理论依据

考夫卡场域理论认为,行为产生于行为的环境,受行为环境的调节。"人的每一个行动均被行动所发生的场域所影响,这种场域的建立与一切可以感知到的外部环境相关,包括人与人之间的连接。"培训的"学习场"就是一种"共鸣体",在充满学习氛围的场域中,既能增强教师与外面世界之间的联系与链接,又能让学员实现沉浸式和浸润式的体验学习。这样的状态使得人在场域中的能量不断得到生发,甚至突破或超越个人极限;而且场域的指向越一致,场域中的每个人的能量越巨大。培训就是营造有效的"学习场",不再让教师局限于枯燥的会场、报告场,而是走进训练场,走入体验场,走向创生的真实学习场域。

李政涛教授曾指出:"现场学习力:教师最重要的学习能力。"在"学习场"中,可提升教师的"学习力",让教师学在其中、乐在其中、收获在其中、改变在其中。"以课领训"再造模式,以目标为导向,以问题为引领,以学习者为中心,以

---

① 本文是 2019 年"国培计划"教育部优秀工作案例。

厚植教师学习力和滋养教师职业情怀为追求，引领教师思维方式和行为习惯的改变，形成推动教师专业长久持续发展的力量。

二、主要做法

（一）聚力"学习场"营造

场的建构旨在让一群专业认知、水平、价值大致相同的教师在同一个相对独立的"圈"或"群"中，拥有相同的情境和语境，增强"对象感"，消除"恐慌感"，让真实的思维得到呈现。"以课领训"以再造建构的"学习场"帮助教师实现了"社群化"学习，教师们的思想和言行创造了"学习场"，而"学习场"又使教师们的思想言行趋同，其改变的不仅是教师学习的思维方式，更是教师学习的心态与心智。

（二）聚焦"学习力"提升

教师培训最大的价值和意义就是激发教师学习的内驱力，并将其转化为一种自我持续的学习动力。教师的思维影响学生思维，教师的学习力决定学生的学习力。"以课领训"通过主题聚焦、主体参与、任务驱动、成果呈现，聚焦教师的在场学习能力提升，即教师在培训现场的理解力、专注力、捕捉力、思维力、转化力、创生力等能力的发展。

（三）聚智"在场学习"发生

"以课领训"再造模式强化专业对话、专业实践，在互动中提升思辨能力，互生共长。这种"在场"主要两个方面：一是时空间上在一起（同在一个研修场所或环境内，即真实现场）；二是基于网络既可以同在"现场"，亦可打破时空限制，实现一个"虚拟现场"。教师同在一个"现场"，相互之间形成"互补"，在"体验—理论—认知"或"理论—认知—体验"中，把知识转化为能力，形成智慧。现场让每个学习者成为自己，现场让每个人在"学习场"中进行卷入式研修，当教师的某一观点、某一发言推动其他教师持续深度思考发生时，教师会收获一种来自学术认可的深层次获得感、成就感，真正实现互学共生。思维和思想能更好地同在共行，情感和情怀能更好地同频共振，从而构建出良好的研修生态。

三、创新举措

（一）致力学习"成果显性化"

教师成长的最大捷径就是发现自己的教学天赋。培训最应该做的就是帮助教师发现自己，让教师的成长和改变"看得见""摸得着"。

（1）帮助教师经历体验，文字、图片、视频，无法取代学员的"体验"，教师只有在真实情境中体验了，才能有更多的存在感、成就感，在培训中不断体会更多的获得感。

（2）帮助教师深度学习，让思考发生，让思维呈现，让思想形成。通过不断刺激教师和帮助教师反思，力求在真实情境的"过程"持续生成教师的能力，以此唤起对教学现状深度思考，让教师的深度学习发生。

（3）帮助教师改变行为，将教师生命个体置于培训的真实学习情境中，即"在场"。主题聚焦力求"学得好"，问题解决确保"用得上"，效果显现致力"看得见"，行为改变追求"摸得着"，学力提升满足"获得多"。

（二）孕育教育"培训文化力"

"以课领训"凝聚形成的关于培训职能的共同价值观、行为准则、基本信念以及与之相应的制度载体，是影响教师职业生命力、创造力和持续发展力的力量，使得教师在日常教育教学工作中能自觉、积极、主动将"培训"中形成的思考习惯、思维方法、行为方式用于解决自我教育教学中的问题，并在不断解决自我教育教学问题中保持旺盛的精力、独特的创新、迅速的学习能力，在收获职业成就感、获得感中不断滋养丰厚自我职业情怀，夯实了区域教育文化力的基础。

1. 营造学习文化引领教师行为自觉

"以课领训"建构的教师培训学习效果显性化改变的是教师的学习习惯和思维习惯。习惯引出品性，品性引领认同。培训中把知识上升到文化，根植于内心，形成教师教育教学的自觉行为。"以课领训"建构的"学习场"逐渐成为教师的"思维场""引力场""情感场"。

2. 用培训文化引领教师专业持续发展

"以课领训"努力追求教师的"改变"发生，在教师的自我改变中，培养教师的创新精神和实践能力,聚焦目标、创设节奏、创造归属感,帮助教师建立与主题教学实践相关的密切的"链接"。

3. 用文化提升教师职业认同

"以课领训"基于培训者的职责、职能、职权,通过对培训主题契合度的精准把握、培训环节的精致设计、培训情境的精心创设与以教师"学习力"提升为目标的融合建成培训文化,引领更多的教师提升职业认同,增进教育改革担当认同,增强教学变革信心认同,从而形成巨大的推动新时代教育发展的凝聚力。

四、成果呈现

(一) 经验分享,群英论道

笔者应邀在2019年全国教师培训机构发展联盟在长沙举办的年会上对该模式做分享交流;应中国教师研修网邀请,于2019年在苏鲁豫皖浙沪教育联盟年会上笔者就该模式内容做交流发言,受到与会同行充分肯定。

(二) 案例呈现,引领同行

该模式先后在安徽省初中、小学培训者多个研修班高研班,河南省初中语文化学生物多个培训师高研班,湖南省培训者高研班,贵州省高研班,安徽省太和初中培训者研修班、金安区培训者高级研修班、裕安区培训者高级研修班以案例为载体,引领教师培训者向专业化方向发展。

(三) 成果固化,模式推广

凝练的案例"基于网域的效果显性化在场学习力提升"被中国教育学会评审入选为全国教师教育联盟2019年17个优秀典型课例之一;《基于"以课领训"建构教师思维型学习》一文于2019年发表在《中小学教师培训》第6期上;《提升教师在场学习力 孕育教育培训文化力——基于教师主体参与式学习的"以课领训"再造》一文于2020年发表在《教师教育论坛》第2期上。

"在场""看得见""摸得着",让改变真实发生!"以课领训"模式再造留给教师的不是一个简单的概念和理论,也不是一种具体的方法和策略,而是一种思维的方式和思考的能力,是一种学习的习惯和人生态度,一种对职业的执着追求和事业品质的追寻。

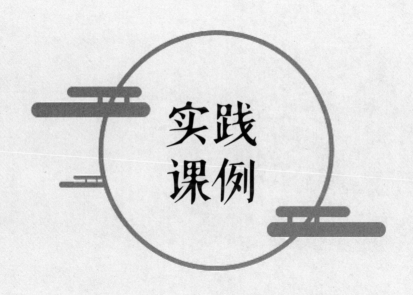

实践课例

初中语文"有效学习评价"专题"以课领训"活动实施方案

根据国培计划送教下乡项目要求,结合安徽省"有效学习评价"专题学习,本着"边学习、边思考、边实践、边提升"的原则,立足真实课堂教学情境,突出教师学习专业理论引领,夯实培训主体性实践,拟聘请一线优秀学科教学骨干教师和理论专家团队开展"有效学习评价"专题"以课领训"主题活动。活动旨在帮助教师将"有效学习评价"思想落实到教师的课堂行为当中,并达到以用促学、学用结合、以学领用、学以致用。

一、活动主题

运用课堂评价　变革学习方式。

二、活动对象

××县中学语文教师及城区学校小学语文教师。

三、活动内容

(一)通识培训

专题:"运用课堂评价转变师生行为"(东北师范大学×××副教授)。

◎ **课程目标**

(1)帮助教师树立课堂评价促进学生发展的教学理念。

（2）引导教师关注和研究学生学习评价的方法，有效实现教师课堂教学行为转变和学生学习方式转换。

（3）引导教师掌握课堂评价策略和方法、技巧，促进课堂教学的优化，逐步实现学生思维优化性发展，努力实现全面提高学生综合素养的目标。

（二）学科培训

初中语文：以案例课为载体，突出在"以学定教"理念下的课堂教学学习性评价应用。

（1）案例课：九年级语文《武陵春》。

（2）微专题：优化课堂评价提升学习能力——"有效学习评价"专题学习行动。

◇ **课程目标**

（1）指导教师运用评价促进学生有效学习和自主发展，推进课堂教学的优化，提升学习质量意识，打造师生生命课堂。

（2）指导教师备课中如何预设引领性评价。

（3）引导教师掌握语文课堂评价策略和方法、技巧，逐步实现学生思维优化性发展，努力实现提高学生语文综合素养的目标。

四、活动形式

"走进真实情境、回归教学理论、提升课堂技能"的主体性实践的"以课领训"送教活动。

根据活动主题和内容，呈现培训案例课，然后由受邀专家团队围绕本次活动主题和活动内容，立足案例课，拓展延伸，开展课堂有效评价专题指导，帮助教师实现从课堂情境体验到教学理论提升的专业发展（即体验课堂、唤醒意识、引发思考、质疑碰撞、启迪思维、点燃智慧、获取知识、提升素养、发展能力）。

五、活动时间

××××年××月××日。

六、活动安排

(一) 问题聚焦

各校接通知后,于活动之日前通过校本研修完成"'有效学习评价'专题'以课领训'主体性学习前移作业"(附件1)(此表于集中学习报到当天提交),开展有关"有效学习评价"教学理论相关学习与研讨,梳理教师个人和学校学科教师在运用学习性评价推进学生自主学习和发展学生综合素养实践中遇到的问题和困惑(2~3条),让教师带着问题参与"以课领训"学习,并在专家对话环节通过面对面或线上方式(如微信、QQ等)与专家团队及其他学员互动,从而解决问题与困惑。

(二) 学科性培训

(1) 8:00~8:15 执教教师说课。突出在备课中贯彻落实"有效学习评价"思想对"课标"、教材、学情等的把握与理解,课堂教学中基于"以学定教"思想有效落实评价行为以及教学环节设计的意图等。

(2) 8:15~9:00 一线教师执教初中语文《武陵春》示范课。

(3) 9:15~10:30 专家理论提升指导。"有效学习评价"主题学习理论提升,帮助教师建构运用课堂学习评价有效实现转变课堂教学行为和转变学生学习方式理论、方法、技巧等方面思维视野拓展与知识能力提升。

(4) 10:30~10:50 教师填写"'有效学习评价'专题'以课领训'主体性学习训中任务驱动表"(附件2)。

(5) 10:50~11:20 教师与专家团队互动交流(专家团队成员)。

(6) 11:20~11:35 教研员等专家团队点评交流。

(7) 11:40~12:00 领导总结。

(三) 训后跟进

各校组织参训教师,围绕"问题聚焦、案例引领、理论提升、碰撞启迪"学习收获,按照"有效学习评价"专题培训任务驱动主体性实践安排,组织实施参训教师在校内或区域内完成一次公开课,校本研修中突出"有效学习评价"专题学习,并利用网络研修平台空间完成至少一篇相关内容的主题叙事、或反思、或研讨交流分享(附件3)。

附件1

"有效学习评价"专题"以课领训"主体性学习前移作业

学　　校：_____　姓　　名：_____

任教学科：_____　考核等级：_____

说明：本部分是"有效学习评价"主题知识性普及实践问卷，目的是聚焦问题，提高学习的针对性，请教师独立完成。集中学习报到时由培训学员所在学校统一收缴送师训机构。考核结果纳入学时认定中："优秀"记2学时，"良好"记1.5学时，"合格"记1学时，"不合格"记0学时。

一、选择题（根据自己理解选择，可多选）

1. 您认为学习性评价应该包括（　　）。
   A. 过程性评价或发展性评价　　　B. 总结性评价或终端性评价
   C. 诊断性评价和形成性评价　　　D. 相对性评价和绝对性评价
   E. 学习性评价和考核性评价

2. 您认为学习性评价的作用有（　　）。
   A. 激励学生保持良好的学习情绪和状态
   B. 促进学生自主学习和思维能力发展
   C. 推进课堂教学，达成教学目标
   D. 提高课堂教学质量
   E. 促进教师专业提升

3. 课堂学习性评价主要从学生的（　　）进行评价。
   A. 情绪状态　　　　　　　　　　B. 注意状态
   C. 参与状态　　　　　　　　　　D. 交往状态
   E. 思维状态　　　　　　　　　　F. 生成状态

4. 在课堂教学中，您认为教师如何才能做到有效评价（　　）。
   A. 真实客观　准确得体　　　　　B. 把握生成　捕捉亮点
   C. 尊重差异　期待成长　　　　　D. 引领拓展　循序递进

5. 课堂教学中,教师的评价应坚持(　　　　)原则。
   A. 多维性原则　　　　　　　　B. 过程性原则
   C. 真实性原则　　　　　　　　D. 发展性原则

二、判断题

1. 课堂有效学习性评价就是表扬和鼓励。（　　）
2. 教师的课堂教学评价直接影响学生对知识技能的掌握以及其情感态度价值观的积极发展。（　　）
3. 一堂课的成功与否,不仅在于教师事先精心设计好的每一句教学语言是否精彩,更在于师生双向交流过程中教师有没有充满教育机智的教学评价的有效发挥。（　　）
4. 有效的课堂教学评价不是停留于表层的作秀,也不是可有可无的衔接,而是在整体深刻理解教学内容和学生实际后焕发的自然而然的创设和生成。（　　）
5. 课堂学习性评价在本质上是一种形成性评价,是师生共同参与的活动过程,其最终目的是促进教学的改进和改善,促使课堂教学的效率和质量的提高。（　　）

三、简述题

新课程改革倡导"课堂是师生生命共同成长的地方"。请您从学习性评价角度谈谈您的理解,并简要说说在今后的教学实践中准备如何去努力尝试。

附件2

"有效学习评价"专题"以课领训"主体性学习训中任务驱动表

说明：本表是"有效学习评价"主题过程参与的记录，旨在帮助教师内化理论，提高学习的实效性，请教师独立完成。集中学习离开时由培训学员所在学校统一收缴送师训机构。考核结果纳入学时认定中："优秀"记8学时，"良好"记6学时，"合格"记4学时，"不合格"记0学时。

学校		学习主题				
姓名		地点		时间		授课者
理论学习纪实概要						
心得领会感悟						

续表

观课：紧扣"有效学习评价"主题进行课堂细节和现象观察，并整理分析建议	课堂中教师运用言语进行的学习性评价及效果	
	课堂中教师运用神态和肢体等语言进行的学习性评价及效果	
	在课堂教学中教师设计作业（当堂练习、巩固习题）进行的学习性评价及效果	
	本节课评价应用的优势与不足	
议课：围绕"有效学习评价"的交流提纲		

附件 3

"有效学习评价"专题"以课领训"主体性学习行为跟进

说明:本表是"有效学习评价"主题行为转换的跟进,目的是促进教师将学习转化为自觉的课堂行为,提高学习的应用性。校内或组内集体研修完成。集中学习后两周内由培训学员所在学校统一收缴送师训机构。考核结果纳入学时认定中:"优秀"记 4 学时,"良好"记 3 学时,"合格"记 2 学时,"不合格"记 0 学时。

学校		培训主题	"有效学习评价"	
姓名		校本研修问题梳理地点	时间	
分享	您在课堂教学中运用学习性评价取得成功的案例			
	触动感悟思考			
在学习性评价运用方面,自我教学中感到的问题与困惑				

初中语文"有效教学研究"专题"以课领训"研修活动方案

根据《安徽省教育厅关于组织实施 2016～2017 学年度中小学幼儿教师全员培训的通知》(皖教秘师〔2016〕34 号)等文件要求,结合"信息技术运用与学科教学深度融合""有效教学研究"专题学习,本着"边学习、边思考、边实践、边提升"的原则,立足真实教学情境,突出主题专业引领,夯实培训主体实践,提升教师专业成长。经研究决定,举行初中语文学科教师"有效教学研究"专题"以课领训"第二轮送培送训研修活动。

一、活动主题

课堂语言行为——师生课堂交流的有效性。

◇ **主题目标**

(1)通过主题研修变革教师课堂教学行为,提高课堂学生参与度,转换学生学习方式,帮助教师实现从关注"怎么教"到关注"怎么学"的转变。

(2)进一步引导教师规范课堂语言行为,提高课堂师生交流的有效性。

(3)以立德树人为根本,引导教师立足学生发展核心素养培养,聚焦专业素质能力提升。

二、活动内容

以示范案例课为载体,关注教师课堂教学行为。

(1)示范案例课:八年级语文下册《春酒》。

(2)微专题:"师生课堂交流的有效性"。

三、活动形式

"聚焦课堂行为、走进真实情境、回归教学理论、提升教学技能"主体实践的"以课领训"送培送训。

四、活动时间

集中活动时间安排：××××年××月××日上午。

五、活动安排

(1) 8:20～8:45　参训学员组建学习团队，落实主体性参与活动任务及问题聚焦。

(2) 8:45～8:55　执教教师说课(重点突出活动设计意图及预设与期待生成等)。

(3) 8:55～9:40　执教教师示范案例课：初中语文八年级下册《春酒》。

(4) 9:45～10:30　教师紧扣专题研修主题问题单，组内完成问题研讨，形成小组汇报提纲交流，质疑碰撞(附件1)。

(5) 10:30～11:20　微专题："师生课堂交流的有效性"。

(6) 11:20～11:45　活动归纳总结。

六、训后跟进

各校以研修社区为单位，组织参训教师开展转换学生学习方式，提升学习的有效性相关主题实践体验分享主题交流，也可以是公开课(或案例课、探究课、研磨课等)，并利用网络研修平台空间完成至少一篇主题叙事、或反思、或研讨交流分享，并于××月××日前在校内完成"'有效教学研究'专题'以课领训'主体性学习行为跟进表"(附件2)。

七、其他

（1）各校接到通知后,拟定参训名单并通知参训教师。

（2）加强安全管理。注意参训教师用车和交通安全,同时做好参训教师培训期间授课班级学生安全管理。

（3）培训统一安排用餐,差旅费回原单位按规定报销。

附件1

"以课领训"分组研修记录表

活动时间		组长		地点	
研修主题	课堂语言行为——师生课堂交流的有效性					
参与教师					
主题研讨单	1. 从您的观察或感知中,您认为案例课中师生哪些"交流"有效帮助学生实现了学习目标？形成了哪些学科素养？ 　　2. 常态化教学中,教师如何通过课堂有效"交流"来实现提升学生自主学习和发展能力的？ 　　3. 落实学生核心素养培养,语文教师需要如何变革自己的课堂教学,建构师生共同发展的课堂？ 　　（每组紧扣话题重点研讨,形成集体智慧成果并分享交流）				
交流 发言提纲					

分组研讨纪实：

附件 2

"有效教学研究"专题"以课领训"主体性学习行为跟进表

说明:本表是"有效教学研究"培训主题行为的跟进,通过边学习、边思考、边实践、边提升,旨在促进教师将学习转化为自觉的课堂行为,校内或组内集体研修完成。于 5 月 30 日前由培训学员所在学校统一收缴送师训机构。考核结果纳入学时认定:"优秀"记 4 学时,"良好"记 3 学时,"合格"记 2 学时,"不合格"记 0 学时。

学校		培训主题	课堂语言行为——师生课堂交流的有效性	
姓名		校本研修时间		考核等级
分享	您在课堂通过有效交流实现学生自主学习与发展,提升教学有效性方面的成功课例			
	触动感悟思考			
通过课堂交流,在转变教师课堂行为,转换学生学习方式教学实践中,自我关注领域遇到的问题与困惑				

实践课例

初中语文"学习效果显性化"专题"以课领训"研修活动方案

为贯彻落实××县教育局提出的"做好教育十篇大文章",向课堂教学要质量、向教师培训要质量。依据《××县2018~2019学年度中小学教师继续教育工作实施意见》和《××县2018~2019学年度中小学教师学时认定指导标准》,聚焦课堂学教转型,聚智教学品质创新,聚力教师校本研修。

一、活动主题

基于学科素养目标的问题化学习。

二、活动目标

(1) 聚焦"学""教"转型,聚智学科核心素养目标落地(本次活动紧扣学科素养目标设计和课堂实施,重点关注教学目标和目标达成的课堂"问题"设计)。

(2) 突出理论引领,注重实践体验;立足主体参与,在真实情境中提升教师在场学习力,致力于群智共享、情智共生。

(3) 通过任务驱动,力求培训效果现场显性,促进教师自我学习力的提升和思维品质的形成。

三、活动形式

微专题理论引领+主题任务组学实践+聚焦主题群学共享+课堂情境体验+反思点评提升+校本行动改进。

四、活动地点

××学校。

五、活动时间

××××年×月×日。

六、专家团队

××教研室语文教研员、特级教师×××，××中学教科室主任、特级教师×××（全国初中语文基本功展评一等奖、安徽省初中语文优质课评选一等奖获得者，安徽省中青年教师教学基本功评选十佳教师）。

七、参加人员

××县中学语文学科教师（不超过 50 人）。参训者必须主动承担研修活动的设计、试讲、跟进等任务（附件 1 和附件 2）。各校参训人员名单于××月××日前报师训处。

八、活动安排

(1) 8:10～08:25　活动主题聚焦指导。
(2) 8:30～09:15　微报告：《教学目标的设计与达成》。
(3) 9:30～11:00　组学：选择初中语文课本中的一篇课文并撰写教学设计（突出教学目标及设计目标的依据、课堂教学主问题即可）（专家现场指导）。
(4) 11:00～11:45　群学：分组抽签确定学员代表小组交流，并质疑答辩（专家点拨提升）。
(5) 12:35～14:25　组学：分组修改并完善教学设计。
(6) 13:50～15:30　展学：第一节课随机抽签确定 1 个组学员代表授课，第二节课在第一组教学设计授课基础上再授课（递进式同课异构）。

(7) 15:40～16:30　议课提升。

(8) 16:30～16:50　活动总结。

(9) 反思改进,返岗试教,总结提升。参加人员于××月××日前自主完成一篇主题叙事或反思。

九、其他

(1) 本次活动要求相关学校认真组织教师参与,所有参训者自行准备教材和教学设计资源素材,以便抽签授课使用(建议有条件的教师带笔记本电脑)。本次活动根据学员完成任务情况分别认定6～10学时。

(2) 参训教师所在学校要切实组织好参训教师培训期间课程安排,强化安全责任意识,做好参训教师学习期间任教班级学生各项安全管理。

附件 1

"以课领训"活动记录表 1

活动时间		地点		设计者 主持人	
研修主题					

磨课研课参与人员：

主题研修目标定位：
  (1) 聚力"学""教"转型，以"聚焦学生、关注学习、提升学力"为主题开展研修理论引领，帮助教师转变课堂理念。
  (2) 让教师体验用课堂问题转变"教"，推动"学"，形成语文学科核心素养目标落地。
  (3) 通过思维碰撞、情智共生，立足主体参与、组学展学，提升教师在场学习力，在真实情境中实现教师思维发展。
  (4) 通过任务驱动，落实岗位实践和自主反思，在学习中实践，在实践中反思，在反思中提高，促进教师自我学习力和思维品质的形成。

研修纪实：

附件2

"以课领训"活动记录表2

活动时间		地点	教师进修学校	设计者主持人	
研修主题					
磨课研课参与人员：					
实践课例教学内容				年级	

教学目标：

重点难点：

为达成学习目标设计的流程（简要说明设计的流程及意图）：

教学设计（简要说明课堂教学设计环节）：

调研报告

农村中小学教师培训现状调研暨建构参与式有效培训模式的尝试与构想[①]

当前,义务教育保障机制已全面建立,教学质量的提升成为义务教育发展的当务之急。推动教育事业又好又快发展,培养高素质人才,教师是关键。没有高水平的教师队伍,就没有高质量的教育。因为编制、体制、历史等问题,农村中小学进入21世纪后教师队伍基本处于"只出未进"的状态,现任农村中小学教师平均年龄为50周岁,特别是有的乡镇50周岁以上的教师占全乡镇教师总数的60%以上(2008年祁门县教师进修学校在实施第三轮中小学教师继续教育前开展的"第二轮中小学教师继续教育教师专业水平发展状况的调研"中,根据调研问卷统计得出该数据)。农村中小学教师队伍存在的结构断档、年龄老化、基础薄弱、知识陈化、信息闭塞、观念滞化、环境艰苦、激情退却、条件简陋、模式单化等问题严重;同时,优秀教师流失情况在逐年加剧。要提升教学质量,就必须通过培训转变这些教师的教育观念,提高他们的教学技能和水平。有效教师教育与培训已成为教育改革成功的决定因素。而从实际看,我国从20世纪90年代后期开始着力开展教师继续教育,但让教师真正满意的培训却不多是不争的事实。亦鲜有真正深入课堂,像常态教学中听课、亮分、研讨式"细剖"中小学教师培训的作为。

为此,祁门县教师进修学校作为县级教师培训机构开展了"建构农村中小学教师有效参与式培训模式和途径的探究"课题研究,希望通过调查、创新、实践,摸索出一条适合山区农村中小学教师有效培训的模式和途径,为促进基础教育均衡发展,提高师资保障提供智力支持。

---

① 本文曾获得安徽省2010年教育科研论文一等奖。

一、农村中小学教师培训现状

笔者从全面接受第一轮中小学教师培训(2002年前,任初中学校教师、校长),到参加实施第二轮中小学教师培训(2003年伴随祁门县实施新课程改革,笔者任教育局基础教育股股长,负责祁门县基础教育课程改革实施,围绕新课改承担祁门县新课改"通识培训"),再到全面实施第三轮中小学教师继续教育(2007年秋,笔者调入祁门县教师进修学校,开始专职从事师训工作),以及从连续三年开展的中小学教师培训(2008年开展了"第二轮中小学教师继续教育教师专业水平发展状况的调研"和"祁门县第三轮中小学教师继续教育教师学习需求调研",2009年开展了"祁门县中小学教师"上好课"专题学习需求调研"、2010年开展了"祁门县中小学教师培训现状调研"和"祁门县小学中老年教师基础知识和新课堂技能提升暨建构参与式学习培训调研")有关调研中掌握的情况来看,当前农村中小学教师培训的现状主要包括以下几点:

(一)农村教师培训观念淡泊,教师培训制度不健全

我国中小学教师在职教育和培训工作起步较晚,始于20世纪80年代的学历补偿教育("两基"教师学历达标需要)。截至目前,就教师继续教育的重要意义讲,从教育行政部门到学校,教师培训工作都应当是基础教育规划中的一个系统项目,应有明确的要求和切实可行的计划,包括组织、政策、目标、实施措施等。但实际是许多农村教育行政部门都未制订教师培训计划,或者虽制订了培训计划,由于实施的保证条件不足,并没有具体落实。由于教育行政部门对教师继续教育缺乏有力的、可行的政策与要求,必然造成学校对教师培训工作不重视,对教师参加培训缺乏明确的要求和支持。教师晋职、奖励等也根本不可能与参加培训挂钩,教师对进修培训主客观上都存在一定的"功利主义"(为完成学时而被动进行)。

(二)教师培训目标没有准确的定位,课程设置过于行政化

目前大多数教师培训仍沿袭传统的目标定位,培训目标抽象、空泛,与教师实际脱节,没有可操作性,培训成果无法检验;仅注重教师所任学科方面知识的积累与提升,如教材梳理、教学重点难点的解读、释疑等。这样的目标定位往往以固定的教材、固定的课程和固定的方式来进行,是一种肤浅的"短视"培训。所开设的培训课程不能解决目前教师急需的更新教育观念、调整知识结构、了

解教改新成果、提升课堂改革新技能、掌握现代教育技术等问题,有些培训教师一看课程设置就觉得黯然无味,学习兴趣大打折扣。有些培训机构和相关主管部门并不明确和重视教师继续教育的目标和要求,不是根据基础教育改革内容和教师需要来组织和实施培训,而是从自己的师资情况来提供培训内容,使培训工作难以上升到为农村基础教育改革服务的高度,培训内容落后于形势发展的需要。

（三）教师培训形式单一,内容、模式陈旧缺乏创新

培训形式影响培训效果。新课程改革以来,中小学教师培训机构在培训方面存在教育思想陈旧、教学内容落后的问题。特别是受经验主义观念影响,许多培训机构的培训课程计划长期囿于传统的教育学、心理学、教材教法等内容,缺乏新颖性、前沿性,与当前基础教育改革相脱节。由于培训机构缺乏对教师需求的分析,忽视教师已有的教育背景和教育工作者教学经验,忽视成人学习的特点,培训内容没有针对性,缺乏连续性、整体性。同时,各地所采取的培训方式大多是专家报告式、集中讲座式,在这些培训方式中,教师成为了"满堂灌"的对象,其主动性难以得到充分发挥,培训成果难以被教师迅速转化吸收。正像有人戏谑的那样:"培训者用最枯燥无味的语言告诉中小学教师怎样在课堂上避免讲课枯燥无味,培训者用最不重视参与者主体地位的方法告诉中小学教师要重视学生的主体地位。"目前的培训模式,主讲教师真正了解学员需要的不多,能真正了解学校需求的就更少。加之培训形式的单一、僵化已经成为制约教师培训效果的一个重要、最直接因素。

（四）培训师资队伍建设滞后,严重制约了教师培训的实效性

祁门县农村中小学教师继续教育除了在职自修提高以外,校外进修培训主要是祁门县教师进修学校承担。多年来,由于主管部门对进修培训工作重视不够,投入力度严重不足,因此造成了县级教师进修学校师资力量不足、老化,培训硬件、设施缺乏,培训质量不高的问题十分突出。甚至一些县级培训机构只有校长、书记等几位管理人员,没有基本师资,学校处于名存实亡的地步,很难承担培训任务。更有甚者,将县级教师培训机构与开展中小学师训毫不相干的职业教育整合一起,依靠职业学校来开展中小学教师培训,不仅难以完成数量庞大的培训任务,其效果更是令人可想而知。一方面,职业学校的教师几乎同中小学教育脱节,缺乏中小学教学实践,并不熟悉中小学教育状况;另一方面,他们有自己的教育任务和教学科研任务,不可能花大力气去对中小学教育教学

改革进行研究,对中小学教师的现状和继续教育的规律、特点也不太清楚,因此离"专职"培训教师的标准相差甚远。虽然很多培训机构聘请有名的中小学教学教研专家或中小学优秀教师讲课,得到了受训教师的欢迎,但由于这种办法缺乏稳定性,且所需经费投入太大,不是解决师资问题的根本办法。

另外,由于县级教师进修学校长期处在"边缘化"境地,举办培训要么是行政被迫,要么是"生存"和"利益"驱动,缺乏主动性的培训其培训效果可想而知。

(五)教师培训杂乱无章,培训名目繁多收效甚微

目前,在教师培训上,除行政部门定期举办的大规模自上而下教师培训外,还存在着名目繁多的各类培训机构,这些培训机构主要为应试教育服务,满足一些学校、一些教师急功近利的需求。这些培训活动很难带来教师未来发展真正需要的、能开阔眼界的、能更新观念的"营养成分"。另外,基教、人事、教研、电教、继教、政教等部门都在进行教师职后培训,由于缺乏对培训活动的有效整合,因此这些培训活动看似各有所指,但其实质大多是低水平的重复培训。还有很多培训内容即使与教师发展关系不大,可由于与教师的切身利益相关,教师也必须参与其中,实际是其培训低效甚至无效(导致教师对其他培训反感)。

二、建构参与式有效教师培训模式的依据

"听来的容易忘,看到的记不住,只有动手做才能学会。"教师的培训也是如此,传统的听讲座的方式很容易使老师们倦怠,培训、业务提高不应该是被动的、被要求的或受条件驱使的行为。参与式的培训对于调动教师的学习热情,增强培训效果,有很好的作用。

所谓"参与式培训",就是通过创设情境,引导参与者在活动、表现和体验中反思自己的经验与观念,在交流和分享中学习他人的长处,产生新的思想,达到新的认识,从而实现自我提高,并能采取行动改善现状。在参与的氛围中,让教师亲身体验主动、合作、探究学习的喜悦和困惑,以达到自身观念、态度和行为上的改变,并能将所学运用于自己的教育教学工作中。参与式教师培训在教师专业发展中的作用有以下几点:

(一)参与式教师培训对教师树立正确的教育信念具有巨大的促进作用

基础教育新课程改革对知识经济时代教师的教育观、学生观、教育活动观

等都做出了明确的规定:"教育观是教育价值的定位。21世纪的教育应把每个学生潜能的开发、健康个性的发展、为适应未来社会发展所必需的自我教育、终身学习的意识和能力的初步形成作为最重要的任务——树立全体发展、全面发展、主动发展的素质教育观;'学会生存、学会关心、学会学习、学会创造'的终身教育观;主体性、公平性、效益性相结合的教育过程观。作为知识经济时代的教师应该具备新的学生观,是把学生看作虽有不足和幼稚但确实具有旺盛的生命力、具有多方面发展需要和发展可能的人,具有主观能动性、有可能积极主动地参与教育活动的人,是学习活动中不可替代的主体。除此之外,新的学生观应该包括对学生差异性、个别性的尊重——以学生为本位,尊重主体性、承认差异性、关注发展性、鼓励创造性的学生观。教育活动是学校教育的实践方式,它是沟通教育理想此岸和学生发展彼岸的具有转换功能之桥,是师生学校生活的核心构成。教师作为教育活动的策划者、组织者、承担者、指导者和评价者,必须围绕教育活动的目的与任务,为学生积极主动地学习,在学习中培养发展能力,学会学习与学会创造等提供可能、创设条件,使学生在教育活动中得到多方面的满足和发展,增强独立发现问题、解决问题的综合能力——尊重爱护学生,注重开发学生的潜能,促进学生个性的全面发展,承认学生是具有主观能动性的千差万别的个体,是教育活动的主体,是学习和发展的真正主人,学生有多方面发展的需要和可能,教育应不断满足学生发展的需要,促进学生尽可能发展。"

在调查中,老师们最津津乐道的话题就是参与式教师培训在改变他们的观念方面所起的作用。他们普遍认为,经过参与式教师培训后,他们对教育、学生、学习、教学、评价、自我等方面都有了新的认识。这也可以从调查问卷的统计分析及课堂观察中反映出来。在课堂观察中,绝大多数教师都能按照调查中反映出的教育信念从事教学工作。以《兰兰过桥》(一年级《语文》实况)为例,"一切为了学生、充分利用学生、高度尊重学生"的思想贯穿课的始终。与其说这是一堂语文识字课,倒不如说是一次"识字游戏",这种教学形式更适合一年级学生的认知习惯,加上教师灵活机智地点拨、扩展,既完成了识字的教学任务,又愉悦了学生的心情,通过这样的课,学生所获得的发展是全方位的。可以看出,参与式教师培训后,新课程所倡导的教育观、学生观、教学活动观等新理念正逐渐被老师们所认可并运用到了实际的教育教学实践当中。

(二)参与式教师培训在一定程度上能改善教师的知识和能力结构

不可低估参与式教师培训对于改善教师的知识和能力结构方面的作用。被调查教师认为:通过参与式教师培训,他们对自己在知识和能力方面的优势与不足有了比较清醒的认识,并且有绝大多数教师针对培训中反映出的不足有意识地进行了学习和弥补。调查同时还显示:参与式教师培训所推行的小组讨论、经验共享、案例分析、角色扮演等方式,本身可以拓宽教师的知识和能力范围。正像调查中教师所说:"在参与式教师培训中,与其他教师的交流和分享拓宽了自己的知识和能力范围。"

对于教师的知识结构,不同的研究者持各不相同的观点,但普通文化知识、学科知识和教学法知识(一般教学法知识和学科教学法知识)是作为一个专业教师必须具备的三类知识。值得注意的是,近年来对教师知识结构的研究特别关注教师的"内隐知识"(又称缄默知识)。"内隐知识是长期以来支配教育行为的不自觉的盲目的力量。同时,它又是有待我们开发利用的潜力无限的宝贵财富。只有有意识地反省并利用内隐知识,盲目的力量才能转化为自觉的力量,实践活动才有可能更为高效和更有质量。"内隐知识的获得是与特定问题或任务情境联系在一起的,是个人在特定的实践活动中形成的某种思想和行动倾向,其内涵与认知者际遇的特定的情境背景有着直接的契合性,其作用的发挥往往与某种特殊问题或任务情景的"再现"或"类比"分不开。内隐知识的获得主要不是靠读书或听课,而是要亲身参加有关实践。在教学中安排相关的实践环节,不仅是为了使受教育者学会课堂所讲授的外显知识,而且要帮助他们获得课堂所不能讲授的内隐知识,从而全面掌握有关知识,并能创造性地解决实际问题。

参与式教师培训的精髓就在于通过创设各种情境,引导教师在活动、表现和体验中反思自己的经验与观念,在交流和分享中学习他人的长处,产生新的思想,达到新的认识,从而实现自我提高并能够采取行动改变现状。所以参与式教师培训在挖掘教师内隐知识方面有其不可替代的作用。

(三)参与式教师培训能够帮助教师形成正确的专业态度和动机

参与式教师培训在帮助教师形成正确的专业态度和动机方面同样具有其独特的作用。我们在开展教师职业道德和职业情感提升培训中,通过开展"教师课堂师德体验录"活动,将师德培训落实到教师课堂教学行为中,帮助教师发现、寻找职业成就感。在选送的教师优秀课堂师德体验录案例中,我们明显感受到教师对教师职业的热爱程度(态度)是比较高的,这说明以"以学习者为中心、平等参与、活动主导"为基本理念的参与式教师培训有利于教师在群体互动中提高自信心和共情能力,形成正确的专业态度和动机。

在参与式教师培训中,培训者与参与者之间、参与者相互之间是一种平等对话的关系,都可以通过讨论互相启发,使培训工作一步步深入下去,变被动培训为主动培训,变"要我培训"为"我要培训",使教师真正成为培训的"主人",确立教师在培训中的主体地位,在学习知识的同时习得学习的策略和方法,不断增加自尊、自信。具体表现在:① 在培训内容上,参训教师对培训内容具有选择权,他们可以自主选择适合于自己的对象化材料;② 在培训进度上,参训教师可以根据工作实际,要求培训者调整或改变部分内容或培训进度:内容难,可以采用小步子缓慢向前;内容易,可以采用大步子快速推进;③ 在培训方法上,参训教师可以结合自己的工作经验,对培训方法的设计提出自己的想法,并可以与培训者一起对培训方法进行设计;④ 在培训评价上,参训教师对培训效果具有评价权。教师接受培训的效果如何? 在传统的教师培训中,是由培训者对培训效果进行评价的,参与式教师培训蕴涵着教师对培训效果的自我反省,它不仅鼓励教师要经常反省自我学习,对学习做出自我评价,还要对培训者的培训工作做出评价,便于培训者可依据教师的评价改进自己的教学方式、方法。这一切都极大地调动了教师的参与热情和积极性,增强了教师的信心,提高了教师对其专业的热爱程度,巩固了其专业思想。

(四) 参与式教师培训能激发教师的自我专业发展需要和意识

实践表明,参与式教师培训对于激发教师的自我专业发展需要和意识具有十分显著的作用。在参与式培训后,教师对自己从事教师工作的目的、历程做了比较系统的反思;对自己现在的专业发展状态、发展水平有了更清醒的认识。可以说,参与式教师培训在激发教师的自我专业发展需要和意识方面具有不可低估的作用。

参与式教师培训特别重视培训过程,因为过程本身能够引起参与者思变,而思变能够改变他们的知觉以及为采取行动所做的准备。参与者在培训过程中之所以会思变,还因为平等参与的方式本身能够为他们起到示范作用。参与者在培训中不仅仅是对参与式方法获得一些概念上的理解,而是亲身有所体验和体悟。"体验学习的重要性不在于学会某种操作技术,获得某种技能,而在于获得对于现实的真实感受;而这种内心体验是参与者形成认识、转化为行为的原动力。"

在参与式教师培训过程中,参与者被要求不断对自己的思想、行为、情感反应和学习策略进行反思,在交流中加深对自己的认识,而自我认识是实现自我超越的一个基本前提。人只有把自身的发展当做自己认识的对象和自觉实践的对象,才能在完全意义上成为自己发展的主体,独立的意识和自我控制能力的形成,可以把个体对自身发展的影响提高到自觉的水平。唯有如此,教师才能够对自身的行为进行控制,对未来的自我进行筹划,从而为在专业水平上取得更大的进步提供可能性。

(五)参与式教师培训有利于教师之间的合作学习

参与式教师培训在促进教师之间的合作学习方面同样具有显著的作用。教师对参与式培训所推行的小组讨论、案例分析、角色扮演、游戏等表现出十分积极的兴趣和态度,有利于教师之间的合作学习。参与式教师培训中,教师在小组讨论、案例分析、角色扮演、游戏等活动中会进行更多的交流,教师之间广泛的思想交流能使彼此之间的认识更加深刻,教师的不同意见可以相互交锋,产生思想上的火花,生成新的知识。在与其他参与者一起讨论问题、一起设计培训方法等活动中,每个人都会感到个人对小组的成功负有责任,彼此之间相互依赖,相互理解和尊重,从而使相互之间的合作与交流变得更加广泛。

三、建构参与式有效教师培训模式的尝试与构想

祁门县教师进修学校在第二轮中小学教师培训中以省级课题"新课程背景下农村中小学教师专业成长与发展的有效途径"为抓手,积极探寻中小学教师的参与式有效教师专业发展途径;同时,在2008～2009年开展的第三轮中小学教师"上好课""评好课"集中培训和小学英语教师培训、中小学骨干教师及学校管理干训中,笔者尝试运用了"参与式"培训的方法,取得了较好的培训效果。具体做法和构想如下:

(一)确立教师的主体地位,改变授课者与教师的关系

参与式培训的整个过程是以学员的积极参与、主动发展为中心展开的,授课者与学员以平等的身份参与学习过程。授课者是学习活动的设计者、组织者,也是学习活动的参与者。授课者虽然设计了活动的学习目标与学习过程,但学习的"答案"是开放的,是由参与者的自由行为、自主精神与合作态度等因素相互作用而产生的,它是发散的、多元的。参与式培训必须要让培训主体的地位得到充分体现,克服专家讲、学员听、交流少、反馈少的培训方式,深入挖掘学员的自身潜力,使学员勇于参与,积极分享,努力实现培训效率最大化。

（二）明确培训目标，科学设置课程

"儿童因为乐趣而学习，成人因为利益而学习。"首先，培训必须对教师有用，或者教师能从中看到个人的未来价值，才会激发学习的动机；其次，个人学习的成果，也会受到某种机制的鼓励，以便应用到教学工作之中。如果培训设计缺乏对个人的吸引或培训缺乏管理制度和培训文化来激励个人对于所学的实践，那么培训就一定收效甚微。整个培训设计是一个互动的有机体，既要有学校的目标，也要有教师的目标，只有协调和满足这个互动有机体的利益与目标，整个培训目标才有可能实现。

另外，在新课程背景下，教师不再是简单的"知识搬运工"和"传道授业解惑者"，已经具有很高的专业化程度和更多的社会责任。在此形势下，为了避免教师在教育改革的浪潮中被淘汰出局，教师培训就是教师成长的必要举措。现阶段，根据新课程实施的需要，应把提高教师专业化程度，充实教师知识，拓宽教师视野，增强教师创新意识，满足教师个人发展和提高的要求作为教师培训的主要目标，并在此基础上进行培训内容的选择和培训课程的设置。

（三）确立"相对一致"的培训对象，为构建参与式有效培训奠定基础

培训前，作为培训的组织者和实施部门，每次开展培训前都要确立好"相对一致"的培训对象，对象的多元化必然会带来"有效性"程度的多元化。同时，为了满足教师个体性发展的需求，开展小班化教学。培训中，注重互动研讨和实践创新相结合，创设民主平等、交流研讨的培训模式，专家和教师、教师和教师之间互动研讨，相互交流、相互质疑、相互启发，促使教师在真实思考中发展。

（四）以问题为核心，为构建参与式有效培训创设情境

在确立培训对象后，对培训对象要进行充分的问题调研、分析，以聚焦问题为原则，以问题解决为核心，设计培训课程的内容，满足培训需求，解决教师需求。

（五）研训结合，为构建参与式有效培训找准切入点

切实在培训过程中解决好理论与实践"两张皮"的问题，主讲教师不仅要有理论研究水平，同时还应有一定的一线实践研究或体验。所以，我们坚持走"研训结合，发展教师专业"的培训之路，开展"以课代训，让教师在参与中学习新知；以赛促训，让教师在过程中品尝收获；以研促训，让教师在碰撞中提升能力"

为主要模式的教师参与式培训。

（六）理论联系实践，为构建参与式有效培训创建平台

主讲教师在培训内容的安排和环节的设计上，要尽可能地让学员有机会参与、能参与、愿意参与，案例的选择要尽可能贴近参训学员的实际，要给学员自主探究的学习空间。如何交流互动，为学员自主探究学习提供互动舞台？从根本上说，只有让学员参与实践，才能深化学员自主探究能力的培养；从实质上说，只有资源共享，才能使学员体验成功快乐，激发探究欲望。培训设计要力求做到"以案引情、以情激趣、以趣促思"，在教师培训中努力通过创设情境，设疑引思，使教师获取新知；通过应用已知，铺垫架桥，使教师探索新知；通过操作实验，丰富感知，使教师形成新知。案例精彩纷呈固然好，平淡朴实更有效。

（七）彰显学识人格，为构建参与式有效培训营氛围

在实施培训的过程中，无论是心灵对话还是激情感染或案例引领互动，培训者都要善于积极营造能与参训者相互交流、共同思考、共同探究、共同达成的学习氛围，让学员在学习的过程中建构起自己的教学理念、教学思路，形成自己的教学模式。

只有建立起教师需要的培训，才能建立起有效的教师培训。目前有不少培训把过去的单一的主讲到讲后仅有的"交流"戴上"参与式"的帽子，认为就实现了"有效培训"，其实不然。参与式有效培训应是一种全新的、能满足学员需求，更能让学员在全面参与的过程中分享理论收获和能力提升的快乐的过程。

教师专业发展是每一个教师无法回避的现实问题，专业化教师也是基础教育新课程改革对中小学教师的热切期盼。笔者申报"建构参与式有效教师培训模式的探究"课题的目的就在于希望通过研究，探索出对农村中小学教师具有针对性突出、实效性强的培训之路，为农村基础教育快速均衡发展不断提供师资保证。

农村山区村小教学点教育的现状及出路
——村小教学点教师培训调研及思考[①]

一说到村小教学点,从教育行政,到社会、到家长,普遍存在的潜在意识是:教师年龄老化、基础薄弱、知识陈旧、观念滞后、课堂技能传统单一。这是客观事实,我们毋庸置疑,也无需否认与争辩。可就是这样的一支队伍,曾经托起了中国农村基础教育的脊梁,撑起了中国农村基础教育的一片蓝天。今天,仍然是他们坚守在中国最艰苦的教育教学岗位,正是他们真正守护在留守儿童的身边。

山区农村由于特殊的地理环境(人口稀疏),村小教学点点多面广。一方面,随着国家计划生育政策效益的显现,适龄儿童不断锐减,另一方面,老百姓对子女接受优质教育的需求日益强烈,"优质"生源的流失已成现实,昔日热闹非凡、规模宏大的村小,如今生源越来越少,其办学规模也越来越小,一人一校或几人一校的小规模办学成为当前农村小学教育的主要办学模式,自然复式班教学也就成了我们村小、教学点的主要课堂教学形式。

眼下,面对当前的新课程改革与社会发展转型,我们的村小和村小的教师也有着说不明、道不清、数不完的心酸与无奈。说起村小复式班教学与管理,老师们都有一肚子的"苦水"和委屈。环境艰苦,条件简陋,角色多重,任务繁重不说,地处偏远,信息闭塞,研修空白,生源流失,隔代家教,评价缺失令他们忧虑棘手;加之复式班教学直接授课时间少,农村又没有学前教育,课堂组织教学管理难度大、困难多,更增添了村小和村小教师的纠结与困惑。从事农村基础教育至今,特别是连续两年举办"小学中老年教师基础知识暨新课程能力提升培训",让我对农村村小教学点的教育感触和思考颇多。

[①] 本文于2011年发表在《中小学教师培训》第11期上,有改动。

一、村小教育的现状

(一) 生源萎缩严重,师资富余却素质薄弱

山区农村由于地广人疏,加之近年来外出打工人口增多,适龄入学儿童逐渐减少。其中,一部分留守儿童还被转至条件相对较好的周边中心学校或城区学校。留下的学生只有一二十名,有的班级只有几名学生。

从师生比来看,村小的教师数量富余,但素质比较薄弱。一个教师教三五个学生的现象普遍存在,更关键的是由于村小教学点人数少,学科教师无法配套,根本不存在体育、美术、音乐专职教师。

(二) 课程开设不齐,教研交流空白

由于村小教学点规模小、生源少,教师数量出现富余,但又因为年级多,教师课头多,除了语文、数学外,其他课程基本没有正常开课。

由于村小教学点教师特殊的工作性质(全天包班),这些教师长期长年都是如此,没有机会参加各类教研和教学交流,远程学习、校本培训也都无法落实,教师的进修、培训机会几乎为零。当前留在村小教学点的教师基本都是年龄比较大,且相当一部分是当年的民师转正队伍,基础本就薄弱,加之信息闭塞,缺少与外界必要的交流研讨,教育观念、教学方法、课堂技能都只停留在过去已有的基础上,与教育教学发展远不适应。

(三) 办学条件简陋,管理评价错位

尽管前些年国家通过"两基""危改""农远"等项目的实施,村小的校园环境、硬件设施也有所提升,但管理水平落后、教育质量不足的问题就更加凸显。如光盘教学,教师能熟练操作播放设备的不多,能有效运用光盘开展教学活动的更少,加之管理不到位,设备效益得不到正常发挥。另外,虽然所有不少村小教学点都配备了"农远模式三"硬件设备,由于设备质量问题和损耗,设备得不到及时维护,教师只好"望机兴叹",学校除了仅有的一点教科书外,其他教学资源稀缺。

由于缺乏客观、科学、全面、公正的考核机制,因此在一定程度上影响和挫败了教师的积极性。教育主管部门在考核教育教学质量时,没有建立适合村促进村小教学点复式班教学发展的考评机制。例如,职称评定、教学检查只看语

文、数学两科成绩,对其他课程置之不问;又如,复式班相对直接教学实践少,教学任务重,如何区别单班教学评估;再有,村小教学点相对中心学校人数少、规模小;在学校管理上,由于种种原因"抓大放小",导致疏于村小教学点的教学管理,出现管理上的缺位。当然,村小教学点也由于学生少、教师少(有的教学点仅有1~2教师)缺乏教育氛围,村小教学点自身教育管理和课堂教学实施都比较松懈。这些都影响了村小教学点学生整体学习习惯的培养和素质的提高。

(四)学前教育缺失,"留守儿童"难于管理

村小教学点由于没有学前教育,孩子到6周岁才能正式接受学校教育,即使少数提前入学,也只能在一年级跟班就读,这给本身就是复式教学的小学一年级教学带来了更大的困难。要确保一年级实施教学,教师必须先做好这些"插班生"的"稳定"工作,导致直接用于实施教学的有效时间更少。

村小教学点复式班的学生,多数父母长年在外务工,留守儿童跟随祖辈生活,学习上缺少必要的家庭辅导,生活上的一些不良习惯得不到及时有效的纠正,给学校教育造成了管理上的困难。

2010年,祁门县教师进修学校在开展教师培训学习需求调研时,该校的张萍老师在深入农村村小教学点调研之后,就农村村小和教学点的生存与发展撰写了《我们的村小怎么办》一文,曾引起了高层教育界的关注。村小教学点的复式教学在过去为中国的农村基础教育的发展,特别是"两基"目标的实现做出了重要的历史贡献。

在当前和今后一个时期内,农村村小教学点在我国还不可能消除,这是客观事实。关注村小教学点和复式教学,就是关注农村教育。只有村小教学点的复式教学质量的不断稳定、发展和提升,农村教育才有保障、希望和未来,教育也才能真正成为惠及老百姓的民生,从而实现提升人民群众生活的幸福指数。据笔者2009年开展的"农村教育基本情况的调查",祁门县72.6%的农村孩子1~3年级的基础启蒙教育是在村小教学点和复式教学中完成的,而这一时期正是孩子学习习惯培养、思维方式形成、基础知识奠定的关键时期。这意味着农村教育发展的成败在一定程度上取决于我们的村小教学点教育的发展。可以说,没有村小教学点高质量的教育,就不可能有稳定的、高水平、高质量的农村小学教育。

那么,如何解决村小教学点存在的问题,使村小教学点的复式教学为农村基础教育健康持续发展奠定良好的基础呢?

二、切实提高村小教学点复式教学的思考

（一）科学规划，加快调整，构建布局合理的小学教育体系

农村义务教育的均衡发展，难点是村小教学点。要填充村小教学点这两个"低谷"，各级政府和教育行政要在认真分析区域产业结构、人口增长，特别是外来人口集聚趋势的基础上，坚持"按标准改扩建定点学校、高标准建设新布点学校、尽早撤并非定点学校"的思路，积极协调和指导乡镇落实新一轮教育布局调整，对村小教学点进行较大规模的撤并，并适时将规模定点村小独立建制，纳入中心小学管理序列，同时整体优化区域内村小教学点布局，探索低年级寄宿、或接送等多种方式的农村小学教育体系，尽量减少中心校辖区内的村小教学点总数。

（二）转变观念，加强评价，建构科学合理的小学教学机制

首先，教育行政和中心学校要转变传统的教育教学管理观念和思想。过去的那种"抓大放小"的管理模式已不再适应当前农村小学教育管理。因为有70%以上的儿童低年级启蒙教育是在村小教学点的复式班中完成的，这和过去单班实施1~3年级启蒙教育管理显然不一样。过去的教学评估、教学检查可以把重点放在中心学校和小学高年级上，现在必须转换角度，应向村小教学点转移，向小学低年级转移。再从教育的长远来说，关注孩子的未来成长远比关注孩子的现在结果重要得多。比如，孩子的写字习惯，1~3年级如果没有养成良好的正确习惯，到了高年级再去纠正，如同"亡羊补牢"。此外，还要积极探寻新课改倡导的自主、合作、探究的学习模式。

其次，学校领导要转变观念。学校领导要从思想上根本改变把升学率高低作为衡量教育质量唯一标准的传统观念，在村小教学点复式教学中既要重视语文、数学教学，又要重视音乐、体育、美术、思想品德、健康教育等课程教学；既要重视知识的传授，又要重视能力的培养；既要重视发挥教师的主导作用，又要重视发挥学生的主体作用，使每个学生在低年级启蒙教育中都能养成良好的学习习惯和思维方式。

再次，村小教学点教师要转变观念，充分挖掘复式班中的积极因素，服务课堂教学。村小教学点因其小而不受人重视的同时，也被村小教学点的教师自己轻视，如影子一般附庸于他人，唯命是从，妄自菲薄，听之任之，看不到自身存在

的价值与意义。如何让村小教学点教师摆脱被动怠惰的生存状态,走出一个积极亮丽的新天地,是每一位不甘寂寞、有所作为的村小教学点教师必须面对的问题。在埋怨、责备村小教学点复式教学之余,要充分挖掘复式教学中的积极因素指导自己的教学改革与实践。例如,可以利用复式教学的动静搭配,充分培养学生的自控能力、自主学习和探究能力,不同年级不同年龄之间孩子的相互交流、相互沟通、相互协作的能力;又如,复式教学教师由于承担多课头教学,能较好地做到各学科之间的相互渗透,知识之间的相互交叉,较为全面系统地传授基础知识;再如,村小教学点复式班教学大多学生少,课堂教学评价和作业评价可以做到及时、全面,这样有利于教师及时把握学生对知识和教学重难点的掌握,并进行针对性辅导,有效推进课堂教学。

(三)改革评估,解放老师,全面考查复式班教学质量

过去,只以语文、数学两科成绩来衡量复式班教学质量的做法是片面的,不公正的。在实施素质教育的过程中,应该按照减轻学生过重课业负担、提高学生整体素质的指导思想,制定体现考查各学科成绩的评估方案。根据学科特点,可将全部课程分为必考科目和考查科目。对于必考科目,实行乡(镇)统考的办法,每学期举行期中、期末两次考试进行考查(如语文、数学);对于考查科目分两种情况进行考查:第一,乡(镇)中心校每学期期末,组织学片教研组同志对所辖复式学校进行抽查(如美术、音乐);第二,学校自评,学校可结合平时的活动、学生的成绩进行综合评定(如思想品德、体育)。

为促进村小教学点实施素质教育,减轻复式班教学教师的压力,音乐、体育、美术、健康、思想品德等课程可以尝试异年级同学科上大课。让村小教学点的每个学生也能真正地动起来,让素质教育落到实处。

总之,要在不增加教师额外负担和学生课业负担的基础上,对复式班工作的考核力争做到客观、科学、全面、公正。只有这样,才能真正发挥农村复式教学的作用。

(四)搭建平台,加强教研,促进村小教学点教师专业发展

村小教学点复式班教学需要品行高洁、德艺双馨的教师。教师的专业发展不是与生俱来的,随着知识信息时代的到来,教师也需要不断学习,不断成长。过去由于村小教学点规模小,教师相对人数少,加之村小学教学点特殊的工作性质,教研活动到不了村小教学点,培训又"虚化",天长日久,本来就薄弱的知识得不到更新和补充,与外面的教师差距越来越大。要切实提高村小教学点教

师的业务素质,可从以下方面着手:一是充分发挥中心校复式教研组的作用,以学片教研组为单位,经常开展复式班教学研究活动,不断改进复式教学方法;二是加强村小学教学点复式教学教师专业培训。教育行政和学校领导应该想方设法为农村教师搭建各种各样的专业发展舞台,挤出一部分经费,让教师"走出去"开阔眼界,把专家请进来开展校本培训,帮助教师不断地自我充电,自我更新,自我发展,自我完善,帮助他们一步一步走向成功。只能这样,这些教师才能保持旺盛的朝气和蓬勃的生机。

祁门县教师进修学校曾举办过"小学中老年教师基础知识暨新课程能力提升培训",我们深深地感受到这些中老年教师们并不因为自己教学经验丰富而拒绝培训和学习,在培训中,他们是那么的认真、那么的虔诚、那么的虚心,他们全神贯注地沉浸在每一位授课教师的讲解与分析中;他们全身心地融入同伴们的交流与互动中;他们对新知识、新技能充满了渴望与期盼。在实施促进这些教师专业发展的培训中,最主要的是要实施有针对性的培训,要针对村小教学点复式教学的特点,围绕他们的基础知识和新课堂技能开展业务学习和培训。例如,我们针对村小教学点教师开展"小学低年级语文(数学)教材资源挖掘与经典案例分析""小学低年级口语习作教学与经典案例分析""小学低年级数学动手操作与经典案例分析"等21门课程,不仅细化了培训课程,而且坚持以案例为载体,聚焦课堂基础,巩固和技能提升,重点突出1~3年级的教材分析和讲解,可操作、能实践、针对性强。在培训模式上,建构"小班化、参与式"模式,培训的实效性得到提高。由于各校在鼓励教师参加学习和培训的政策力度不同,因此教师在学习中也受到不同程度的一定影响。比如,教师参加集中学习除了培训费以外,有的学校教师差旅费全部由教师个人承担,教师表示难以接受。

(五)以人为本,关注和谐,切实维护村小教学点教师的身心健康

从宏观角度看,可以在政策上提高农村教师的待遇和社会地位,为农村教师创设良好的工作和生活条件是根本性的措施。因此,各级教育行政部门和学校领导应该关注村小教学点教育、村小教学点教师,呼吁当地政府和全社会都来支持村小教学点教育,关注和善待村小教学点教师,通过制定相应的优惠政策,进一步大幅度改善村小教学点教师的生存条件和工作条件。

从微观角度看,教育行政和学校要营造教育宽松、民主的心理环境。教育行政和学校领导必须树立民主平等观念,坚持"以人为本"、以教师发展为本的理念,能够真心实意地尊重和爱护教师,从教师的心理特点出发,尽可能实行弹

性的、人性化的、民主化的管理方式,尽可能减轻教师工作上的心理负担,对教师多关心、多表扬、多一点人情味。教育行政和学校领导应经常深入村小教学点看望他们,深入他们的课堂指导他们,在教育内部营造一种互相尊重、平等相待、宽松和谐的平等关系、同事关系和师生关系,使教师置身其间能有一种人际安全感,从而感受到教育大家庭的温暖。

从教师个人角度看,努力提高自身的心理素质,提高应对挫折的能力。外界条件的改变是缓解教师身心压力的外因,只有教师个人具备身心自我调节意识,掌握自我保健的知识和方法,才能及时有效地摆脱不良身心状态,把心理问题消灭在萌芽状态。因此,教师本人要从自身做起,勇敢正视现实,正视自己,不断进取,不断提高自身的综合素质,与时俱进。对农村村小教学点教师来说,心理压力在所难免,身体疲劳也会常常"光顾",故经常开展一些丰富多彩的文化休闲娱乐活动,陶冶和放松身心是非常必要的。同时注意适时适度地调节好自己的心态与情绪,让自己真正拥有心理上的安全感和身体的健康状态。

关注农村村小教学点的教育是落实国家提出的"教育发展要顺应人民群众对接受更多更好教育的新期盼"目标的出发点,更是实现《国家中长期教育改革和发展规划纲要》提出的"保障和改善民生,促进社会公平正义"这一奋斗目标的关键。关注每一个儿童接受教育公平权的问题,是实现能否"让每一个孩子在同一片蓝天下共同成长"和发展农村经济全面实现小康社会目标的问题。我们不仅期盼着我们的培训能真正成为教师的一种福利,还期盼我们的培训只是推进村小教学点复式教学的一个序幕,我们更期盼农村村小教学点的复式教学发展能真正实现"满足亿万家庭对接受良好教育的期盼"和让教育真正成为惠及百姓的改善民生之基。

村小教学点教师专业发展现状及对策
——以皖南山区为例①

一说到村小教学点,人们脑海中普遍存在的潜意识就是:年龄老化、基础薄弱、知识陈旧、观念滞后、课堂技能传统单一。这是客观事实,我们毋庸置疑,也无需否认与争辩。可就是这样的一支队伍,曾经托起了中国农村基础教育的脊梁,撑起了中国农村基础教育的一片蓝天。今天,仍然是他们坚守在中国最艰苦的教育教学岗位,更是他们真正守护在留守儿童的身边。他们的专业发展却一直被遗忘着。

山区农村由于特殊的地理环境(人口稀疏),村小与教学点点多面广。加之一方面,随着国家计划生育政策效益的显现适龄儿童不断锐减,另一方面,老百姓对子女接受优质教育的需求日益强烈,"优质"生源的流失的现实,昔日热闹非凡、规模宏大的村小,如今生源越来越少,村小办学规模也越来越小,一人一校或几人一校的小规模办学成为当前农村小学教育的主要办学模式。所以,复式班教学、包班制或互助合作式也就成了我们村小教学点的主要课堂管理形式。

面对"改课"时代的课堂转型,村小教学点和村小教学点的教师们也有着说不明、道不清、数不完的心酸与无奈。说起村小教学点教师队伍专业发展,教师们每个人都有一肚子的"苦水"和委屈,且不说环境艰苦,条件简陋,角色多重,任务繁重;地处偏远,信息闭塞,研修空白,培训缺位,教师专业发展一直处在"孤军奋战"的境地,时间带给他们的不仅仅是观念和思想的日渐陈旧,意志和精神的消退与疲惫,更有方法和技巧的淘汰与没落。

为探寻农村山区村小教学点教师专业发展的道路,保障村小教学点教师接受培训提升专业素养的权力,全面促进农村教育均衡发展,改进国培政策思路、

---

① 本文于2015年发表在《中国农村教育》上,有改动。

建构村小教学点教师培训模式框架结构势在必行。

一、村小教学点的基本概况

祁门县地处黄山西麓,与江西毗邻,是安徽的南大门。截至2015年,辖8镇10乡,152个行政村,1039个村民组,总人口18.7万(其中农业人口14.8万),是一个"九山半水半分田"的山区县。时有村小教学点119个(占全县不含县城小学144的82.64%),村小教学点在校学生1583人(占全县小学8417人的18.81%),村小教学点教师242人(占全县小学861人的28.11%),基本是复式班教学,或包班制。

二、村小教学点教师培训现状

祁门县是一个"九山半水半分田"的典型山区,村小教学点点多面广。教师普遍存在年龄老化、观念陈旧、基础薄弱、新技能缺失等现象。造成这一现象的主要原因是教师的再学习几乎成为"盲区"。

(一)远程学习"虚化"

由于村小教学点地理位置的偏僻、软硬件设施及个人应用能力等诸多客观因素的制约,加之教师年龄结构老化现象的日趋严重,近年来推行和实施的远程学习普遍存在"虚化"现象。客观上村小教学点的教师不仅在客观上受学习硬件设备和网络制约,主观上还受教师自身信息技术应用技能限制,远程学习基本是"代挂"。

(二)校本研修"缺失"

村小教学点大多一人一校,或是几人一校,以复式班、包班制或互助合作式教学为主,校本研修无法开展。加之班级管理的客观实际,以及举办研修活动单位出于活动"效益"的考虑,研修活动基本上在中心校以上学校举办。若要参加集体研修,教学点就必须"关门"。由于教学工作或班级管理的限制,村小教学点教师几乎没有机会参加各类研修活动。

(三)集中培训"忽悠"

由于教师年度主题的集中培训面向全体,虽说以聚焦课堂为主,实则更关注学科教师的专业发展。但村小教学点教师参加年度主题集中学习也只能是"被忽悠"。一方面,因为村小教学点教师由于上述种种原因,在课堂理念、教学思想、方法技能等方面与其他教师存在一定的差距,他们觉得培训内容与工作实际不匹配,是一种"忽悠式"培训;另一方面,这一类班级基本是复式班教学,培训机构不能为他们村小教学点教师量身打造培训内容,满足不了这一群体教师真正的需求。

(四)国培政策"遗忘"

尽管这几年国家不断加大国培力度,甚至不少教育行政因"派训难"而发愁、叫苦,但是村小教学点教师却没有机会参加。

近年来,村小教学点虽然也有新鲜血液充实,但孤军奋战,难以形成合力,久而久之,学习精神产生倦怠,反而被同化。同伴互助与专家引领空白,整个提升只有完全靠教师个体完全"自然生态化"的自主发展状态。

三、村小教学点教师专业提升对策

2010年来,祁门县教师进修学校基于农村村小教学点教师专业发展的培训,有效促进了农村村小教学点的教师专业素养提升。

(一)集中培训,量身打造满足需求

举办专门的村小教学点教师集中培训,根据这一群体学习需求设计独立的培训方案。只有提高培训的针对性,才有可能实现教师培训的时效性。针对村小教学点教师培训存在的远程学习"虚化"和集中培训"仰望"的客观实际,祁门县从2010年开始,经过充分调研,反复研讨,科学论证,制定了村小教学点教师集中培训实施方案。方案确立用"两个三年"对这一群体教师进行系统培训,第一个三年主题是"村小教学点教师基础知识暨新课程技能提升培训",第二个三年主题是"村小教学点教师新课堂技能暨现代信息技术应用能力提升培训"。每年围绕主题为参训教师开设完全自主开发的不少于15门课程的培训内容,例如,"如何运用教材插图服务教学""低年级计算教学技巧""复式班教学策略""如何解读文本"等。每门课程立足于村小教学点教师的实际,低起点、严要求、实用化、通俗化。培训给了老师极大地帮助,老师慨叹地说:"这才是我们需要的培训。""这样的培训实用。"

（二）"以课领训"校本研修常态化

培训的最终目标是要转变教师的课堂行为,转变教师课堂行为就要狠抓培训行为的跟进。为把集中培训所学转化为教师的课堂行为,师训和教研部门协作,采取分片举办区域内校本研修活动,将农村教师自己身边的课通过打磨形成案例课,依托案例课教学真实情景,由县域内研训专职教师或骨干优秀教师组成"土专家团队"通过"微专题"的方式,帮助他们寻找案例课背后的理论依据与教学改进的方向。一个区域每学年不少于2次,在有效确保村小教学点教师也能有机会参与的同时,感受身边的真实教学情境,让他们感到"实在",有效帮助教师课堂行为的转变落实。

（三）改进国培政策,惠及村小学点教师

国家要改进国培政策,在完成骨干、优秀教师"大跃进"式培训的状况下,把培训目标转向村小教学点教师。

（1）整体思路:国培引领,突出骨干;本土长效,面向全体;和谐均衡,持续发展。

（2）模式框架:构建"训—研—教"一体的教师培训、教学研究、课堂教学发展的基本模式框架。

村小教学点教师培训以县级区域化为单位,以高校优质科研为力量为依托,明确县级政府职责及县级教育行政职权,强化县级师训机构业务职能,充分挖掘高校的培训资源优势作用。

以县级区域化村小教学点教师整体均衡发展为目标,由县级教师培训机构根据县级政府、教育行政部门统一规划和部署,遴选组建县级国培村小教学点培训常态化业务指导专家团队,并与高校共同制定"专家团队"集中培训需求和方案,设计和开发培训课程,组织实施培训者常态化业务指导与开展培训工作;指导团队培训采取"集中培训＋远程学习＋区域指导实践＋训后强化"相结合的方式进行;村小教学点教师采取"相对集中＋区域互动＋自主研修＋学习实效展示"的方式推进;各类培训纳入年度继续教育学时认定;由县级教师培训机构组织区域指导教师负责实施对村小教学点教师进行立足课堂教学的"以课领训"式常态化培训。

四、保障措施

（一）明确职责

县级政府和教育行政实施师资队伍建设主体与职责，将教师继续教育作为加强师资队伍建设考核的主要突出指标。

（二）履行职能

明确县级教师培训机构职能，加强县级教师培训机构与高校在教师继续教育国培项目中的合作与履职。

（三）制定政策

制定和出台有关各级教师培训的制度，明确规定培训者的权利和义务。例如，对承担了村小教学点培训工作的培训教师，明确其工作职责和义务，将其培训履历作为职称评审、优秀教师评选、荣誉称号授予等的重要评价指标。

（四）经费分级

实施国培经费由省教育行政主管部门统一管理，采取国培项目经费统一制，根据培训业务实施，按照一定比例拨付（或以奖代补）支付承担培训项目的高校、地方行政、县级师训机构，统一接受监督与审计。

调整国培方针，关注农村村小教学点教师的专业发展与提升，是落实习近平总书记关于建设"四有"好老师以及促进教育均衡发展的关键，更是实现《国家中长期教育改革和发展规划纲要》提出的"保障和改善民生，促进社会公平正义"这一奋斗目标的关键。关注每一个儿童接受教育公平权的问题，是实现能否"让每一个孩子在同一片蓝天下共同成长"和发展农村经济全面实现小康社会目标的问题。我们不仅期盼着教师培训能真正成为教师的一种福利，我们也期盼祁门县教师进修学校5年来为村小教学点教师培训所做的尝试与实践只是推进村小教学点复式教师专业发展的一个序幕，我们更期盼农村村小教学点的复式教学发展能真正实现"满足亿万家庭对接受良好教育的期盼"。

深化改革底部攻坚　推进均衡聚力乡村

——2015年"国培计划"乡村复式教学教师专业发展调研报告[①]

国家启动新一轮国培计划,以综合改革为主线,重心下移,聚焦乡村。以建立起乡村教师专业发展支持服务体系,形成区域与校本研修常态化运行机制,全面提高培训的针对性和实效性,全面提升乡村教师能力素质,全面推动乡村教育健康、科学、可持续发展为目标,最终是要促使乡村教师逆城镇化涅槃重生。祁门县作为首批新一轮"国培计划"实施项目县,为切实做好"国培计划"项目实施,聚焦乡村教师专业发展。根据培训重心下移到乡村教师的实际需要,为找准乡村复式班教学教师专业发展短板,摸清和科学诊断复式班教师培训需求,祁门县教师进修学校分类、分科、分层设计递进式培训课程,确保培训针对性。

复式教学在农村,特别是在人口居住比较分散、经济尚不发达的山区,仍然是一种不可或缺的重要课堂教学形式。不少教师从当前社会发展形式分析认为:复式班教学在一定时间内还会持续下去,甚至在今后一个时期不但不会萎缩还会有增加的趋势,尤其是"三胎"政策的放开更有膨胀的可能。切实搞好复式教学,是提高农村教育质量的一个重要环节,更是落实义务教育均衡发展,确保乡村儿童接受公平教育的保证。好教师离不开好培训。如何让教学点的教师接受到更好的培训,有效实现专业提升,让乡村教师教得更好,孩子学得更好?带着问题,带着目标,更带着责任,笔者深入农村村小或教学点和小学复式教学课堂,并通过制定三类调研问卷和召开座谈会的方式做了一线调研。此次调研主要目的有四个:一是找准乡村复式班教学教师专业发展短板,二是摸清和科学诊断复式班教学教师学习需求,三是研讨乡村复式班教学教师以课领训送培送教主题课程和模式,四是探寻乡村复式班教学教师培训"工学"矛盾解决的有效途径。

---

① 本文发表于2016年《教师发展》第9期上,有改动。

一、调研方式与途径

笔者在2010年和2014年两次对祁门县农村村小教学点、复式班教学状况开展专项调研。2010年的调研旨在针对远程学习"虚化"、校本研修"缺失"、集中培训"忽悠"、国培政策"遗忘"等客观实际,为该群体量身打造乡村复式班教师培训方案("小学中老年教师基础知识暨新课堂技能培训"和"小学中老年教师有效教学新技能暨综合素养提升培训");2014年初,一方面为把握培训效果,动态设置培训课程,另一方面受有关培训部门委托,再次开展了该群体专业发展状况调研,为新一轮"国培计划"改革实施提供依据。

二、村小教学点教师专业培训状况

近年来,村小教学点教师在专业发展和提升方面,除参加暑期"小学中老年教师基础知识暨新课程能力"和"小学中老年教师有效教学新技能暨综合素养提升"集中学习外,仅有27人参加过中心校以上举办的乡村复式班教学研修活动,占乡村复式班教学教师的25.71%。调研中发现,村小教学点、复式班教学教师专业发展存在以下现象:

(一)历次调研陈旧问题

1. 远程学习技能短板依旧"虚化"

近年来,国家通过薄弱学校改造和均衡教育督导检查,县域内所有乡村村小或教学点全面实现了电子白板、或教学一体机、或数字资源的全覆盖,并且80%以上村小或教学点实现了网络无盲区。但是,由于受包班教学或跟班管理等时间影响,特别是教师年龄结构老化、教师个人应用能力因素的制约,加上复式教学中,学业辅导占用时间偏多(学生70%以上是留守儿童,其中更多的是双亲外出务工子女),因此"国培计划"推行和实施的远程学习大多存在"虚化"现象,远程学习"代挂"依然严重。[1]方建华老师说:"生活学习一个人全包,既要关注孩子学习,更要关注孩子生活和安全。"

2. 校本研修管理缺位研训"缺失"

乡村复式班教学教师工作环境艰苦,复式班教师孤独、寂寞。应该说,坚守是伟大的！调研中,箬坑学校陈良政校长说:"复式班存在七难,听课难、交流难、教研难、培训难、监管难、派人难、提升质量难。"叶新兰老师说:"乡村教师关注偏少,活动惠及不到乡村教学点,村小教学点学生没有机会表现自我,老师的劳动付出得不到展示,获取不到职业的成就感。"村小教学点大多一人一校,或是几人一校,多为复式班教学、包班制或互助合作式教学,校本研修无法开展。加之班级管理的客观实际,以及举办研修活动单位出于教学管理"安全"和活动"效益"的考虑,研修活动基本上全部在中心校以上学校举办。在下设村小教学点的20所中心校中,设有乡村复式班教学中心组的只有一所,复式班教学研修工作一学年能举办一次以上的仅两所。若要参加集体研修,教学点就必须"关门"。由于教学工作或班级管理,村小教学点教师几乎没有机会参加类似的研修活动。在调研新聘任的教师时发现,村小教学点教师重来没有听过其他老师的复式班教学课,也没有其他教师来听自己的课并指导其课堂教学。[2]

（二）本次调研的新现象

1. 新教师对复式教学茫然

随着近两年新教师招聘工作步入常态化,一批批新聘入岗教师不断充实到村小教学点,县域内复式班教学师资队伍年龄结构开始发生变化,走向两端——老龄化、年轻化。队伍年龄结构的变化有利有弊。由于复式教学要求在同一时间里要对几个年级同时教学,不可能按照常规实施,教学时间分配上不可能均衡。所以复式教学要求随机教学、随时整合,低年级教学更要灵活机智,其变动性、灵活性都要大,要采取"游击"战术。村小教学点复式教学的老教师,其教学经验丰富,年级交叉和学科搭配合理,教学过程中动静搭配、长短互动灵活得当,注意力分配有效服务教学管理;年轻的新教师由于缺乏复式班教学知识技能和经历体验,也没参加过相关培训,不知道如何实施,对复式教学很茫然。例如,几个不同年级要同时在一个教室里完成教学任务,老师给一个年级上课,其他年级的孩子说话、做小动作,正常的教学秩序得不到保证,运用数字资源服务教学造成相互干扰,授课时间控制和把握不到位,备课中内容取舍缺乏技巧等。

2. 老教师数字资源辅助教学存在短板

村小教学点数字资源覆盖虽然实现了100％,但是教学中能"常态化"使用已有数字资源辅助教学的不足 1/4,偶尔使用的不足一半。造成现象的最主要原因有:一是大多数老教师信息技术应用技能不支持其课堂应用数字资源辅助教学,年轻的新教师信息技术运用意识和能力虽较强,但在运用数字资源服务教学时年级搭配和时间把控不当;二是认为复式教学中运用数字资源辅助教学,无法避免对非直接教学学生学习干扰;三是极个别地方存在网络费用高,学校"用不起",导致数字资源至今没有使用,一直停留在"五个一"(一块黑板、一支粉笔、一本教材、一个老师、一群学生)传统模式上。

3. 复式教学"有复式之形,无复式之魂"

历口中心学校教导主任吴军良说:"学校开展研修活动,村小教学点由于安全形势严峻,基本被忽视。村小教学点老师基本老龄化,复式教学或包班课程多,教学量重。复式班教师大多数时间花在了学生生活和管理上,真正用于学生教学的直接时间非常有限,教学存在'有复式之形,无复式之魂现象'。"

三、国培实施,提升乡村复式班教学教师专业发展途径

本次调研和前两次调研,乡村教师都表现出对学习培训的强烈渴望和需求。他们渴望交流和分享,渴望学习和提升,渴望变革自己的课堂。历口复式教学中心教研组组长吴西生说:"乡村村小或教学点,一人一校平时连个交流的人都没有,只有'鼻子和眼睛交流'。电脑摸索很慢,专业提升更困难。为了复式班教学,教研交流常态化,为复式教学提供一些好的平台,那就不一样了。我期待更高层次的复式教学研讨活动,希望得到更好提升。为了复式班教学有更好的明天,也希望年轻教师的融入。"叶新兰和方建华老师说:"祁门县教师进修学校连续六年为农村村小教学点教师量身定制的假期培训,每一次对老师的帮助都确实很大、很有用,每一次学习对大家都是一个提升。学校没有报销一分,我们也无怨言,乐意参加。"面对一线农村村小教学点教师对专业提升迫切的需求,笔者认为,要让新一轮国培真正成为实现农村村小教学点教师专业发展的希望和动力,促使乡村教师逆城镇化涅槃重生,必须从以下五个方面入手:

(一)解决思想观念是关键

农村村小教学点因为是"麻雀学校",复式班教学教师专业发展容易被忽视。管理层看不到,中心校顾不了,教研室不重视,培训机构管不了。这些都导

致乡村复式教学教师专业发展受阻。新一轮国培改革要实实在在实现思想观念的改变。

（1）新一轮国培，国家从战略高度给予了关注，实施国培更需要当地教育行政主管部门真正从思想观念上改变，从推进和实现基础教育均衡的高度重视村小教学点复式教学教师的专业发展，将村小教学点复式教学教师整体专业发展纳入教育公平的轨道。根据2011年教育部颁布的《关于大力加强中小学教师培训工作的意见》，要将村小教学点复式教学教师培训，从关注"社会价值"转向关注"人的价值"、注重效率走向注重公平上，重视区域内的农村村小教学点复式教学教师的培训工作。加强部门协调，加大村小教学点复式教学教师培训投入。由于这类教师地处偏远且分散，特别是该类教师培训课程资源短缺，因此要做到有针对性的培训，需要根据具体情况开发相应的培训资源；加上每次培训送培送教或研修受到时空制约，培训规模小，参与人数少，培训投入大，仅仅依靠"国培计划"送培送教资金无法满足培训需求。

（2）根据2011年教育部颁布的《关于大力加强中小学教师培训工作的意见》，训研部门和高校机构要切实从关注社会外在需求走向关注教师内在需求、从注重知识培训转向注重能力和素质的提升，在此基础上考虑和设计、组织和实施农村村小教学点复式教学教师培训。反思促进教师专业发展的训研机构和部门，我们为他们做过什么？提供过多少帮助？训研机构和部门应该带着责任、带着问题、带着思考、带着热情来谋划和组织实施新一轮国培改革，从促进公平，服务教师，提升农村村小教学点教师专业水平的角度出发，不计经济效益，聚焦这一群体，实行重心下移，让"国培计划"和他们心中的期待一致。"'国培计划'和数字资源资源都给复式教学带来了春天，数字资源丰富便利，国培计划全面完善。"吴西生老师说。

（二）解决工学矛盾是保证

面对农村村小教学点教师教学实际（一人一校占农村村小教学点教师数的59.05%），如何让教学点的教师教得更好，孩子学得更好？必须要解决好村小教学点教师培训学习的时间问题。叶新兰老师说："远程学习很困难，平时两个年级的复式班教学无法走出来参加学习，也不实际。"凫峰中心校黄兴强副校长建议暑期集中培训比较实用，实际上如何解决村小教学点教师"出的来"问题是实施有效培训的现实问题。

（1）建立村小教学点复式教学教师专业提升机制。针对乡村教师培训学习"出不来"的实际客观因素，逐步建立乡村教师专业提升制度，推行乡村教师定期脱产研修制度,每2~3年安排村小教学点复式教学教师脱产研修1~2个月(循环轮岗,第一批脱产完成后置换其他教师走出去,以此类推)。脱产期间,除参加相应的集中学习培训外,突出岗位实践,由他们完成一定任务的复式教学送培送教,既是自我研修,又是促进和帮助他人的岗位实践行动。

(2)采取点片结合、相对集中的方式开展送培送教和研修活动。根据2011年教育部颁布的《关于大力加强中小学教师培训工作的意见》和成人学习特点,要提高教师培训的针对性和实效性,需要实施小班教学,采取案例式、探究式、参与式、情景式、讨论式等多种方式开展培训。活动期间由派出参加学习教师所在中心校临时安排教学管理人员到村小教学点负责学生日常学习和管理,确保在校生的学习秩序和安全。

(3)开发复式教学培训课程资源,实现优质资源共享。组织优秀复式班教学专家团队开发立足低年级复式教学培训课程资源,特别是基于真实复式班教学情境下的课例,以及基于课例主题理论提升研讨交流的生成性课程资源建设与开发,制作成视频资源分享。

(三)解决培训实用是根本

新一轮课改走到今天,起决定性的因素还是在"改课"上。"改课",对教师特别是村小教学点教师的理论素养、教育观念、思维方式、课堂技能、专业水平都提出了更高要求。这一切需要培训去改变、去实现。教师培训效果的好坏,关键取决于培训内容的实用性如何。陈良政校长说:"比如远程资源,都是立足于课堂大班教学的,对乡村复式教学帮助明显乏力;此外,还有相当一部分教师不会操作,不会开展,几乎是无效的。"

培训只有提高针对性,才能解决实效性。要提高乡村教师培训的实效性,就必须立足群体,为其量身订造和开发出适合他们实际需求的课程资源,并通过搭建复式教学交流研讨平台促进其成长与发展。特别是村小教学点复式教学教师国培的送培送教必须立足复式教学。由于这一群体的特殊性,大多数商业培训机构也好,高校和地方教师培训机构也罢,一直以来几乎忽视了这一群体的教培需求,因此现有的教师培训资源显然不能适应这一群体的需求。只有地方教师培训机构牵头扎实开展需求调研,规划培训课程和目标,依托高校和一线复式优秀教师、教研人员共同为其量身打造开发相应的课程资源,这样的"上接天线,下接地气"的培训课程,在村小教学点复式教学中才可能落地生根,才有可能确保村小教学点教师能"学得好、用得上",实现培训的针对性、实效性。

同时，培训一定要形成教师的一种能力。复式教学教师专业发展更需要在培训中突出主体性的实践，生成教师自己的体验和感悟。比如，动静搭配、短动长动结合、同动同静应用、教学小助手的培养、复式教学策略、如何运用数字资源弥补教师自身短板等。这些课程，教师只有亲身历练和体验了，并不断反思总结才能内化，转化为自己的课堂行为。

另外，村小教学点教师平时只能"鼻子和眼睛交流"，没有机会走出去，他们对"山外"可谓是"不知有汉，无论魏晋"。更多的老师和吴西生老师一样，更希望自己和这个群体能走出去，开阔自己的视野。

（四）解决分层需求是核心

随着村小教学点教师年龄结构的变化，年轻教师需要加强驾驭复式班教学的实践经验学习，老教师希望得到数字化资源辅助教学应用技能帮助。新教师分配到教学点，有利于稳定，但是不利于教学管理、教学质量提升。年轻教师不知道复式教学如何实施，没有按照复式教学特点开展教学。老教师在运用数字资源辅助课堂教学，特别是借助现代信息技术手段和数字资源弥补自身专业知识与技能优化课堂，提高复式教学课堂质量和效益意识与能力不足。这就需要培训根据群体年龄特征、专业知识结构，设计相应的培训方案。

调研中发现，年轻教师更希望帮助解决复式班教学中低年级教学组织管理难和学科、年级的动静搭配掌控等问题，这需要组织有经验的老师开发一些有关复式教学培训方面的微课，以给他们提供一些帮助，解决他们对复式教学的基本模式、基本策略的短缺；老年教师需要帮助提升其现代信息技术应用和整合数字资源技巧为主的能力。同时，开展新形势下复式班教学模式探究，引导教师在教学中放下身段来，自己当学生，积极主动转变角色，成为学生的学习者、合作者、参与者、引领者。

（五）解决常态学习是重点

培训的最终目标是要转变教师的课堂行为，转变教师课堂行为就要狠抓教师专业发展的常态化机制建设。新一轮国培改革以建立起乡村教师专业发展的常态化机制为方向。

1. "以课领训"引领教师学习走向常态化[3]

以县级区域化村小教学点教师整体均衡发展为目标，建立片区乡村复式教学研究活动小组，遴选组建县级国培村小教学点培训常态化业务指导专家团队,并与高校共同负责制定"专家团队"集中培训需求和方案,设计和开发培训课程资源,组织实施培训者常态化业务指导与培训工作开展。县级教师培训机构组织区域指导教师负责实施对村小教学点复式教学教师进行立足课堂教学的"以课领训"式常态化培训,一方面提升村小教学点教师专业能力,一方面为优秀复式教学教师搭建平台,"树牌子、造名师",在活动中实现教学相长。采取分片举办区域内社区研修活动,将乡村教师自己身边的课通过打磨,形成案例课,依托案例课教学真实情景,由县域内研训专职教师或骨干优秀教师组成"本土专家团队",通过"微专题""微课程"的方式,帮助他们寻找案例课背后的理论依据与教学改进的方向。一个区域每学年不少于2次,在有效确保村小教学点教师也能有机会参与的同时,让他们感受身边的真实教学情境,让他们感到"实在",培训者和学习者在找问题、解困惑中共同进步,实现有效转变教师课堂行为的目标。

2. 建立机制保障教师学习实现常态化

地方教育行政加强教师资格证管理,以教师资格注册制为依托,以学时认定为杠杆,引导教师自主学习,突出培训机构指导学习,强化教研部门跟进学习。积极培养教师浓厚的学习兴趣,通过开展各类培训唤醒村小教学点教师自我潜在的学习意识和能力,真正转变教师"要我学"为"我要学",变"学一阵"为"学一生"。培训还要引导教师善于学习,引导教师带着教育教学问题学习,让教师逐步形成脑子里装着教学问题,想着解决教学问题的意识和能力。

当然,面对乡村复式教学实际如何建立起有效的常态化机制,是各级教育行政和培训机构值得研讨和探究的课题。

村小教学点复式教学是实现边远偏僻地区的儿童享有有质量教育权利的重要途径和保障。同时,乡村复式教学也是一种以儿童的发展为中心,互动、合作学习,跨年龄和跨年级学习的一种方式,可以增强儿童间的团结、合作意识,提高儿童的人际交往能力和领导能力。加强乡村复式教学教师专业发展,有助于重新均衡教师资源,从而让乡村复式教学教师真正教得好,偏远山区儿童学得好。

深化改革底部攻坚,推进均衡聚力乡村。在各级党委和政府、教育行政的高度重视下,我们的农村村小教学点学校已经变得"小而美"。新一轮"国培计划"的实施,我们更有理由相信未来的村小教学点一定会变得"小而精""小而特",她不仅能为乡村儿童健康成长插上腾飞的翅膀,也将引领中国乡村教育改革的明天。

参 考 文 献

[1] 胡来宝.农村山区村小教学点教育的现状及出路[J].中小学教师培训,2011(11):11-13.
[2] 胡来宝.村小教学点教师专业发展现状及对策[J].中国农村教育,2015(1-2):27-29.
[3] 胡来宝."以课领训"推进教师培训生成性资源建设[J].教师教育论坛,2015(6):70-73.

后　记

　　2007年，带着一份责任和使命，也带着一丝惶恐和忐忑来到祁门县教师进修学校，我也从一名普通的初中教师转变为一名专职中小学师训工作者。一路走来，始终坚持以振兴乡村教育为己任，以建构乡村教师专业发展生命场和生态圈为目标追求。从学习、认识、理解教师培训伊始，就让我有幸遇到了宋冬生教授，他的持续帮助和不断鼓励让我学会了教师培训，并逐步理解了教师培训的本质，更坚定了做乡村教师专业发展的设计者、陪伴者、引领者的信心。

　　通过一次又一次针对培训者的培训，让我职业发展的目标和方向愈加明确和清晰。2009年冬，首次"国培计划"培训东北师范大学之行，因航班晚点，凌晨2点抵达长春机场，途中偶遇杭州房地产企业家顾总（从开车接他的司机口中得知），在我满目无奈之际，是他让驾驶员绕道数十公里将我送至东师宾馆，顾总的温暖之举加上东北师范大学孟繁胜老师和他团队的陪伴与启发，让我笃定了做一个能温暖他人的培训者；2012年暮秋，又因"国培计划"学习来到北京高等教育出版社，巧遇浙江同行易良斌老师，他作为师训人的严谨治学和乐于助人的品格，引领着我在师训的路上执着前行；2014年仲冬，再因"国培计划"研修西北师范大学之行，在校史博物馆缘遇李瑾瑜教授，他对乡村教育的深厚情怀和对乡村教师专业发展的执着与忧虑，更是让我这样一个乡村师训工作者不敢有丝毫懈怠；2017年，因参加长三角进修学校名校长高级研修班，在丽娃河畔际遇了华东师范大学一流的教育专家、学者和江浙沪皖一群师训战线上的同仁；2018年初，教育部在国家教育行政学院举办"国培计划"校长培训者高级研修班，在校长大厦夏鹤琴厅相遇于伟涛老师一行，更让自己深感作为师训人肩上责任之重大。一次次的学习，专家学者高屋建瓴的前沿理论、同行同仁脚踏实地的专业实践，不仅拓展了我的师训视野，更增强了我从事师训工作的定力。

　　培训，改变了自己。我更希望通过培训去改变更多的人！

2021年是"国培计划"项目实施十周年。伴随"国培计划"成长的不只有乡村教师,更有乡村教师培训工作者。借助"国培计划"十年,凝练固化伴随"国培计划"成长起来的教学成果,期望为乡村教师专业发展研究提供实践案例支撑和理论借鉴,重构乡村教育新业态、新面貌。

"以课领训",从一开始探究到成果呈现,再到模式再造,得到了宋冬生老师的一路指导;得到了祁门县教育局多任领导与主要负责同志的关心;得到了程国胜、谢永红、余利群、谭六儿等的关注;得到了祁门县部分中小学幼儿园校园长、中小学师训负责同志的帮助;得到了本校全体师训专职教师和县内外部分专家团队的智力支撑;得到了妻子一如既往的支持与鼓励。在此,谨对他们表示诚挚的谢意!